Vor der Kamera

Fünfzig Schauspieler in Babelsberg

Vor der Kamera

Fünfzig Schauspieler in Babelsberg

Herausgegeben von Ralf Schenk
im Filmmuseum Potsdam

Henschel Verlag Berlin 1995

Die Deutsche Bibliothek – CIP-Einheitsaufnahme

Vor der Kamera: fünfzig Schauspieler in Babelsberg/
hrsg. von Ralf Schenk im Filmmuseum Potsdam.
Gestaltung: Gerhard Willmanowski - 1. Aufl. - Berlin: Henschel, 1995
ISBN 3 - 89487 - 235 - 7
NE: Filmmuseum <Potsdam>; Schenk, Ralf [Hrsg.]

1. Auflage 1995
Type Setting: pool – Jan Sebastian Hermann
Bildreproduktionen: Andreas Romey
Druck und buchbinderische Verarbeitung: DBC Druckhaus Berlin – Centrum
ISBN 3 - 89487 - 235 - 7

INHALT

VORWORT

Zuerst wollten wir dieses Buch »Sterne« nennen – deutsche Stars, Stars der DEFA. Der Begriff war im Osten lange verpönt. Denn was aus Hollywood kam, galt zumindest als anrüchig. Aber nicht nur die westliche Himmelsrichtung verhinderte, mitten im Kalten Krieg, daß sich die »Stars« im offiziellen Sprachgebrauch etablierten. Auch das damit verbundene Menschenbild – der oder die aus der Masse »Herausgehobene« – wollte nicht so recht zu einer Ideologie passen, die die Gleichheit aller auf ihre Fahnen schrieb.

Doch Kunst folgt eigenen Gesetzen, und natürlich hatte das Babelsberger Studio seine Stars. Fixsterne, die über Jahrzehnte leuchteten, und Sternschnuppen, die nur einen Sommer lang am Himmel tanzten, wie in allen Filmfabriken der Welt. Es gab freilich auch Besonderheiten bei der DEFA: Manche ihrer Stars wanderten freiwillig zu anderen Feldern des geteilten Himmels, weil sie dort bessere Chancen für ihre Strahlkraft erhofften. Manche wurden vertrieben und gezwungen, woanders wieder zu erscheinen. Auch im Umgang mit ihren Schauspielern war die DDR vor Tor- und Fiesheiten nie gefeit.

Der Satz, daß die Nachwelt dem Mimen keine Kränze flicht, gilt nicht mehr seit der Erfindung des Zelluloids. Das Theater ist vielleicht der Platz, sich »edler« zu entfalten, aber der Film, und nur er, konserviert die Schauspielkunst. Die Kamera als unbestechlicher Beobachter. Das Antlitz des Mimen in Großaufnahme, Jugend und Alter, Eruptionen und Introvertiertheiten, Nähe und Abstand zu einer Rolle, einer Figur. Was gibt es für den Zuschauer Schöneres, als durch faszinierende Akteure in eine Filmgeschichte hineingezogen, zu Lachen und Weinen provoziert zu werden. Und wie selten ist dieses Glück geworden, heute, im Zeitalter der filmischen Massenproduktion und des Serieneinerlei.

So wollen wir noch einmal an vergangene Sternstunden erinnern, an Sternchen und an Stars. Wir haben Regisseure, Szenaristen und Publizisten gebeten, über Schauspielerinnen und Schauspieler zu schreiben, denen das Babelsberger Studio in den vergangenen fünf Jahrzehnten Erfolge beim Publikum und bei der Kritik verdankte. Weil die DEFA vor fünfzig Jahren, im Mai 1946, gegründet wurde, haben wir uns dabei auf die Zahl fünfzig beschränkt – wohl wissend, daß wir damit längst nicht alle Mimen, die das verdient hätten, würdigen können. Diejenigen, die fehlen, bitten wir um Verzeihung – und Geduld.

Die Fotos und Texte dieses Buches mögen dazu anregen, die dazugehörigen Filme neu zu entdecken. Und den Spuren der Schauspielerinnen und Schauspieler über das Ende der DEFA hinaus zu folgen – in hoffentlich vielen und guten neuen Rollen fürs Kino, Fernsehen und Theater.

Ralf Schenk

September 1995

Roland Gräf

HERMANN BEYER

Oft haben DEFA-Filme ihre Botschaften ja eher direkt als verschlüsselt formuliert, sie waren eher schlicht als kunstvoll erzählt, eher durchsichtig als geheimnisvoll. Ein Schauspieler, der unter diesen Umständen seine Figuren so lange wie möglich in der Schwebe läßt, ihre Ambivalenz bis zum Schluß behauptet und ihren letzten Grund auch noch für sich behält – das war die Ausnahme von der Regel.

Hermann Beyers widerborstiges, unbequemes Spiel gegen die allzu deutlichen Absichten der Drehbücher und Regisseure hat immer Früchte getragen. In kleineren Rollen merkwürdige Zeitgenossen, kauzige Sonderlinge, bizarre Einzelgänger, in seinen großen Rollen aber unnachahmliche Charaktere, höchst individuell und exemplarisch zugleich.

Scheinbar leicht und spielerisch vereint er im Landlehrer Pötsch (*Märkische Forschungen*) eigentlich Unvereinbares: Wahrheitsfanatismus und Realitätsflucht, Starrsinn und Anpassungswillen, Besessenheit und Mangel an Entschlußkraft. Wenn Pötsch am Ende allen, auch den eigenen Versuchungen zum Trotz der bleibt, der er nur sein kann – dann erklärt sich dieses Beharrungsvermögen durch nichts als durch sich selbst: es ist einfach so. Es ist weder vernünftig noch unvernünftig, es ist wie ein Naturgesetz, es folgt nicht der These und nicht der Antithese, man muß es akzeptieren, so wie man Sonne und Regen akzeptiert, Tag und Nacht. Auch wenn man (und Pötsch selbst) das böse Ende ahnt.

So wie auch Georg Forster (*Treffen in Travers*) das schlimme Ende ahnt. Und obwohl er die andere, die rettende Möglichkeit ergreifen könnte, fährt er trotzdem wieder nach Paris zurück. Nicht aus Charakterstärke, nicht aus ideologischer Borniertheit, sondern einfach weil ihm sein einmal gefundenes Ideal zur zweiten Natur geworden ist, zu einer Haut, an der alle einleuchtenden Gründe zuletzt doch abgleiten, und die er um keinen Preis mehr abstreifen kann. Auch nicht um Therese und der Kinder willen.

Dabei ist der Schauspieler Hermann Beyer alles andere als ein Mensch ohne deutliche Absichten, im Gegenteil. Er ist einer, der immer wieder mal versucht, die Nacht zum Tag zu machen. Hartnäckig, auch einfach trotzig, wenn ihm keine andere Wahl bleibt. Nicht aus Eitelkeit, sondern »wegen der Sache«, die bei ihm nicht nur die Rolle, sondern den ganzen Film meint. Hermann Beyer gehört nicht zu den Schauspielern, die sich bedingungslos dem Regisseur ausliefern. Er gehört auch nicht zu denen, die, wenn sie schon keinen Einfluß auf den Film nehmen können, wenigstens die eigene Rolle mit Zähnen und Klauen verteidigen. Nein, wo es nur geht, will er tatsächlich ins Ganze verstrickt sein, ist er Schauspieler und dazu Autor, Regisseur, Dramaturg.

Er hantiert mit schlichten Argumenten und gewagtesten Spekulationen, mit hinterlistiger Naivität und verstiegener Hypothese, er stellt sich stur und zeigt sich kompromißbereit, zielt von hinten durch die Brust ins Auge – und spielt zuletzt doch alles mit der selbstverständlichen Spontaneität, die ganz aus dem Moment zu kommen scheint. Frei von allem Handwerk, von jeglicher intellektuellen Gebärde, frei von allem ideologischen Ballast. Ein *Kunst*stück, das für mich nur einen Schluß zuläßt: Hermann Beyer ist gewiß einer der besten Profis seiner Zunft, aber mit Sicherheit ist er ihr bester Amateur.

Obwohl ich hier vielleicht besser sagen sollte: war. Weil solche Arbeit und solche Ergebnisse immer die Verabredung Gleichgesinnter voraussetzen. Filmemachen als gemeinsames Abenteuer und nicht als bestellte Inszenierung und bezahltes Spiel.

Der Kino-Film im Osten ist so gut wie tot. Mehr oder weniger überzeugt und mit unterschiedlicher Energie stellen sich Regisseure und Schauspieler auf die gesamtdeutsche Fernseh-Konfektion ein. Hermann Beyer ist seit 1989 kaum noch auf dem Bildschirm zu sehen.

Kann irgendein Umstand einen Schauspieler seines Formates besser loben?

Mit Jutta Wachowiak in
MÄRKISCHE FORSCHUNGEN
Regie: Roland Gräf

Seite 10:
GRITTA VON RATTENZUHAUSBEIUNS
Regie: Jürgen Brauer

MÄNNER OHNE BART
Regie: Rainer Simon

OLLE HENRY
Regie: Ulrich Weiß

Mit Lucie Gebhardt in
TREFFEN IN TRAVERS
Regie: Michael Gwisdek

HOSTESS, Regie: Rolf Römer

Ralf Schenk

GERHARD BIENERT

Als sein Sohn die Werkstatt betritt, schaut er ihn nicht an. Verbissen arbeitet er weiter an der Kreissäge, in Kittelschürze und mit einer Schiebermütze auf dem Kopf. Während der Sohn redet, hebt der Vater Holzstückchen auf. »Es wird dir immer einer in die Suppe spucken, hier wie dort«, hört man ihn brummen, und: »Ich geh' hier nicht raus, niemals.«

Gerhard Bienert, fast achtzigjährig, in einer seiner letzten DEFA-Rollen. Zweimal taucht er in Roland Gräfs *Die Flucht* (1977) auf, beide Male nur für Sekunden. Und doch gelingt es ihm, eine ganze Biographie, ja das Jahrhundertleben und die Jahrhunderttragik einer deutschen Generation zu umreißen. Der alte Mann, vielleicht war er Arbeiter, vielleicht Meister, auf jeden Fall aber stolz darauf, daß sein Sprößling studieren und Arzt werden konnte. Nun will der Sohn das Land verlassen, heimlich; der Vater könne ja ohne Schwierigkeiten nachkommen, er sei doch Rentner. Der Greis aber erwidert barsch: »Ich geh' hier nicht raus, niemals. Jeder muß seine Dummheiten alleine machen.«

Nichts hören, nichts sehen, nichts wissen wollen. Kein Interesse für Ursachen und Anlaß. Allein der »Verrat« an der Heimat, den Idealen zählt. Die Konturen der Figur sind scheinbar fest umrissen, und doch gibt es Untertöne, Widerhaken. Natürlich schwingen Zorn und Trauer und Verbitterung mit, aber zugleich leuchtet der Schauspieler auch eine Art Borniertheit aus, die nicht nur diesen alten Mann, sondern die komplette Führungselite der DDR betraf. Die Sorgen und Zweifel der Nachgeborenen nicht ernst nehmen. Ihre Fragen gar nicht erst zulassen. Nichts hören, nichts sehen, nichts wissen wollen. Auch daran ist das Land, zwölf Jahre nach der – irgendwie auch wie ein Menetekel inszenierten – *Flucht*, jämmerlich zugrunde gegangen.

Der Vater an der Kreissäge war gleichsam Summe und Endpunkt wichtiger Rollen, die Bienert im Kino verkörperte. Hätte der Lebenslauf des alten Mannes nicht beginnen können wie in *Mutter Krausens Fahrt ins Glück* (1929), als Schlafbursche und sympathischer Zuhälter? In *Kuhle Wampe* (1932) diskutierte Bienert, S-Bahn-fahrend, noch über politische Grundsatzfragen, das letzte linke Pamphlet im deutschen Kino für lange Zeit. In *Das Leben kann so schön sein* (1938), einem von Goebbels verbotenen Film, war der Akteur dann den Weg aller Kleinbürger gegangen, zum Abteilungsleiter avanciert. In *Lissy* (1957) ist Bienert ein Sozialdemokrat aus dem Berliner Wedding, der zusehen muß, wie Sohn und Schwiegersohn den Verlockungen der SA folgen. In *Polonia-Expreß*, gedreht im selben Jahr, steckt er in der Uniformjacke der Deutschen Reichsbahn und ist als Betriebsratsvorsitzender und Reichstagskandidat der SPD auf Friedhofsruhe im Klassenkampf erpicht. Erst am Ende, als er erkennt, daß er von Waffenschiebern schamlos ausgenutzt wurde, stimmt er in die Marseillaise ein. Seine Charaktere, schrieb Friedo Solter nach Bienerts Tod, »hatten Rinnstein-Philosophie. Bienus' Sicht war von unten.«

Und dennoch war »Bienus«, wie ihn seine Freunde und Kollegen vom Deutschen Theater nannten, nur in Maßen der Edel-Proletarier des deutschen Films. Viel öfter als im Anzug des Arbeiters sah man ihn, mit oder ohne Uniform, in den Diensten der Staatsmacht. Treu allen Farben dieses Jahrhunderts. Im *Blauen Engel* – ein Polizist. In *M. Eine Stadt sucht einen Mörder* – ein Kriminalsekretär. In *Pour le mérite* – ein Gefängniswärter. Bei der DEFA durfte er wieder den Wachtmeister spielen (*Die Unbesiegbaren*) und stieg schließlich sogar zum Gefängnisdirektor (*Der Prozeß wird vertagt*) oder Gerichtspräsidenten (*Die Elenden*) auf.

Bienert – die Inkarnation des systemunabhängigen Mitläufers? Oder was mochte es sonst sein, das die Regisseure immer wieder dazu animierte, den schnauzbärtigen, schnoddrigen Berliner zum Hüter von Gesetz und Ordnung zu befördern?

Sicher, er konnte zackig sein, insistierend, unerbittlich am Schnauzbart zwirbeln wie Kaiser Willem. Aber durch den Mantel der Macht ließ er oft auch den Humanisten schimmern, Güte und Verständnis für Abgründe und Irrwege. Der utopische Entwurf eines »besseren« preußischen Beamten. Kein Wunder, wenn einer selbst als Schlafbursche ins Rampenlicht getreten war...

Seine Komik indes, die »Bienus« auf dem Theater mit Wollust zelebrierte, wurde vom Film kaum genutzt, und wenn, dann meist unter Niveau. Auch das ein deutsches Kontinuum vom Kaiserreich über den realen Sozialismus hinaus: Über Polizisten lacht man eben nicht.

Mit Hans-Peter Thielen in
EMILIA GALOTTI
Regie: Martin Hellberg

ELIXIERE DES TEUFELS
Regie: Ralf Kirsten

Mit Aribert Grimmer (rechts)
und Nico Turoff in
DIE UNBESIEGBAREN
Regie: Artur Pohl

Mit Traudl Kulikowsky in
SUSE LIEBE SUSE
Regie: Horst Seemann

DIE LEIDEN
DES JUNGEN WERTHERS
Regie: Egon Günther

Nächste Seiten:
Mit Karin Düwel in
SABINE WULFF
Regie: Erwin Stranka

DAS SINGENDE, KLINGENDE BÄUMCHEN, Regie: Francesco Stefani

Bärbel Dalichow

CHRISTEL BODENSTEIN

Christa Bodenstein war ein Sonntagskind, und das Leben schien ein Kinderspiel, ein Mädchenroman... Das bewegliche Kind tanzte gern, also besuchte es fleißig eine Tanzgruppe der Gesellschaft für Deutsch-Sowjetische Freundschaft. Die Leiterin der Gruppe war aber nicht irgendeine x-beliebige Dame mit Liebe zur russischen Folklore, sondern eine richtige Meisterin, die in Leipzig, wo unser Sonntagskind aufwuchs, auch eine Ballettschule führte.

Die Elevin Christa wuchs zu einer jungen hübschen Tänzerin heran. Als die Siebzehnjährige nach bestandenem Examen an einem freundlichen Sommertag ihren zarten Körper zum Sonnenbade in den Ostseesand bettete, kam ein Filmregisseur des Wegs. Kein namenloser junger Spund von der Filmhochschule, sondern deren Rektor, Professor Kurt Maetzig, der schon von Berufs wegen schöne und häßliche Mädchen auf den ersten Blick zu unterscheiden wußte.

Maetzig bat Christa Bodenstein zu Probeaufnahmen nach Babelsberg. Doch für seinen nächsten Film *Schlösser und Katen* wählte er – erster Patzer des Schicksals – ein anderes Mädchen aus. Aber die Aufnahmen gefielen einem Kollegen, Slatan Dudow, der immerhin mit Brecht und Eisler 1932 *Kuhle Wampe* gedreht hatte, aber nicht nur deshalb eine Berühmtheit war. Er gab Christa eine – kleine – Hauptrolle in seiner Satire *Der Hauptmann von Köln*. Christa war 18. Man schrieb das Jahr 1956. Weil die niedliche Christel – so hieß sie in ihrem neuen Leben – unbewacht auf dem Filmgelände herumlief, kürte sie Regisseur Helmut Spieß sofort zur Prinzessin im *Tapferen Schneiderlein*. Und weil diese Prinzessin so süß und so trotzig war, durfte sie dann auch im *Singenden, klingenden Bäumchen* eine süße, trotzige Prinzessin sein.

In diesem Märchenfilm, der in seiner düsteren Künstlichkeit an Ufa-Stummfilme oder russische Märchen erinnert, ist die Prinzessin bis zu ihrer vorbestimmten Wandlung eine hochmütige, hysterische Person, die wenige, aber stark kontrastierende Launen zur Schau trägt. Das naive, laienhafte Agieren der jungen Bodenstein verbindet sich mit dem stilisierten Spiel der übrigen Darsteller, mit altmodischen Filmtricks und naturfernen Studiobauten zu einer dunkelromantischen, entrückten Märchenwelt.

Auch das Leben in Babelsberg und Berlin glich einem Märchen: die kleine Tänzerin studierte an der Deutschen Hochschule für Filmkunst Schauspiel, trat bald in eins, zwei, drei, nein, in mehr als zehn DEFA-Filmen und außerdem im Fernsehen auf, sie wurde fotografiert und interviewt, selbst Westzeitungsredakteure scheuten den Weg nach Ostberlin nicht. Leser von Jugendzeitschriften erwählten sie zum Publikumsliebling. Christel arbeitete vorbildlich bei der Freien Deutschen Jugend mit, sie tanzte, sang, lachte und liebte, unbekannte und bekannte Männer. Sie lebte mit Armin Mueller-Stahl. Sie heiratete auch, in zweiter Ehe den grüblerischsten und talentiertesten aller DEFA-Regisseure, Konrad Wolf. Sie wurde Mutter.

Für das Kino zeigte sie ihr schmales, noch von Babyspeck gerundetes Gesicht mit den vollen Lippen her – die Unterlippe eine Spur zu üppig, die Nase um eine Winzigkeit zu klein. Die Augenbrauen aber waren überraschend dunkel und stark wie ihre Stimme. Dieser unerwartete Altton und ein Hauch von Damenbart verliehen dem Antlitz des braunblonden Sternchens eine herbe Würze. Nach Hauptrollen in etlichen harmlosen Gegenwartsfilmen (darunter *Ein Sommertag macht keine Liebe*, in dem sie eine ostdeutsche Brigitte-Bardot-Variante abgab) und kreuzbraven Klassikeradaptionen (*Minna von Barnhelm*) kam 1963 endlich die ersehnte Traumrolle.

In *Beschreibung eines Sommers* spielte sie die Grit, eine gradlinige, pflichtgetreue FDJ-Sekretärin, die wie ihre Freunde aus innerer Überzeugung am Aufbau der DDR-Industrie mittun will. Auf einer Großbaustelle begegnet sie Ingenieur Tom, gespielt von Manfred Krug. Ihn nerven die Phrasen und die hochmütige Unwissenheit der Überzeugungstäter. Er läßt sie abtreten, weil sie mit dem heiligen Beton nicht umzugehen wissen, aber ohne Unterlaß von Sozialismus faseln. Männliche Kraft und trotziges Einzelgängertum – die Wucht einer ostdeutschen Marlon-Brando-Variante ohne die bittersüße Melancholie des Originals – reißen Grit aus ihrem geordneten Leben. Ein Liebessommer beginnt, zwischen Pflicht und Hingabe. Mit seinen Naturbildern, seinen literarisch beeinflußten Dialogen und Montagen trifft dieser Heimatfilm den ernsthaft-zukunftsgewissen und

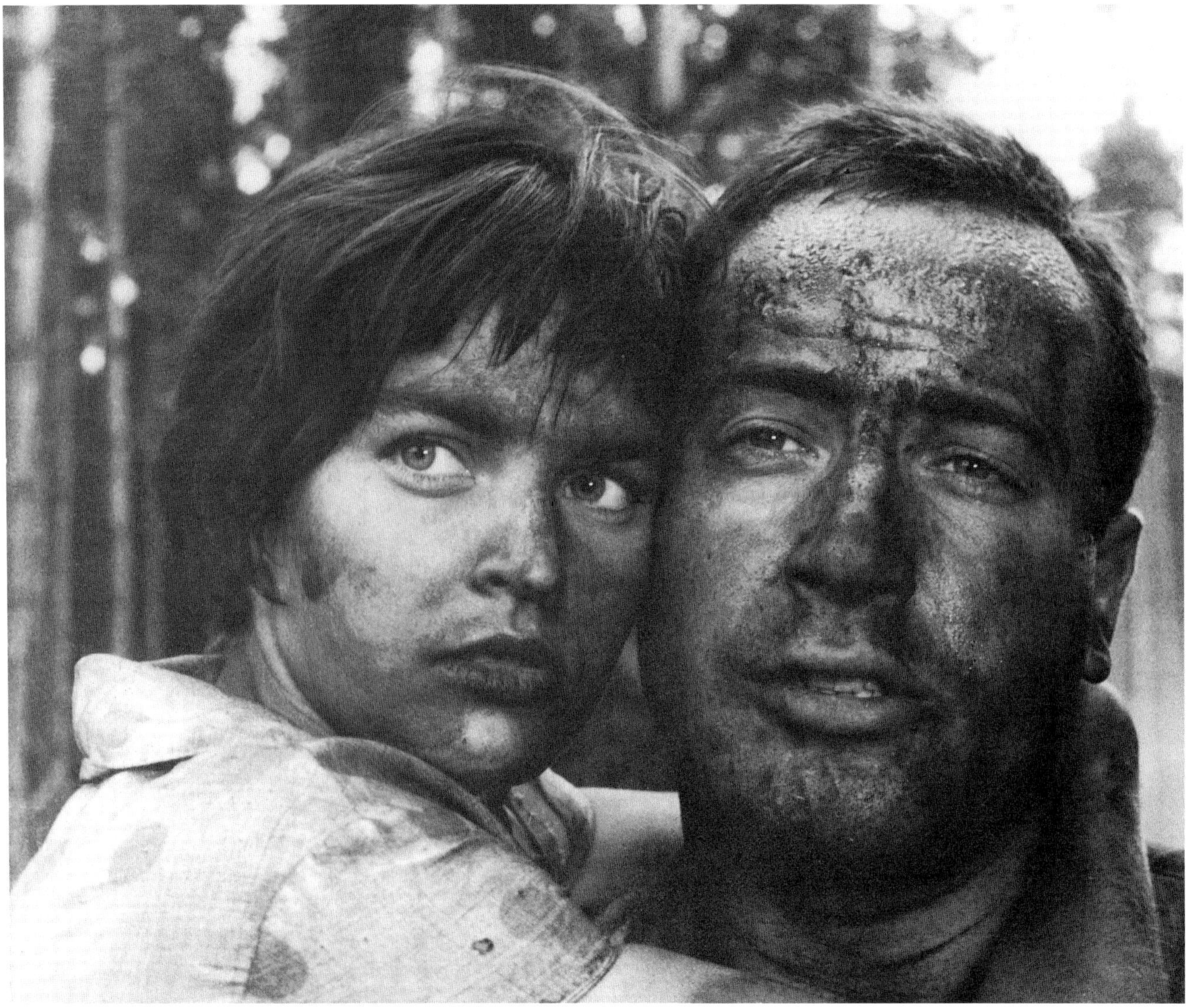

Mit Manfred Krug in BESCHREIBUNG EINES SOMMERS, Regie: Ralf Kirsten

aufrührerischen Ton der »Jazz und Lyrik«-Veranstaltungen und der Hootenanny-Bewegung der frühen sechziger Jahre. Die Charakterrolle der sozialistischen Prinzessin, die sich für die Wahrheit der Liebe entscheidet, wurde zur Hoch-Zeit des Sternchenlebens von Christel Bodenstein. Sie liebte die Rolle, arbeitete an ihr, füllte sie, die Figur begann zu atmen. Doch obwohl Grit prinzipiell, albern, ernst oder traurig sein konnte, riß sie uns nie hin. Irgend etwas fehlte, das alles entscheidende Quentchen Grazie, Provokation oder Poesie, vielleicht auch der letzte Hauch an Begabung...

Das Märchen vom Sonntagskind dauerte ungefähr fünfundzwanzig Jahre. Dann war es zu Ende. Aber die Prinzessin ging nicht unvorbereitet in die lange, lange Zeit danach. Anläßlich eines auf dem Glanzpunkt ihres Ruhms organisierten Fototermins im VEB Treffmodelle Berlin kommentiert sie einen von ihr getragenen Mantel aus Welwara, einem soeben entwickelten Nähstrickgewebe, so: »Den finde ich wirklich hübsch – obwohl ich etwas gegen die ›goldenen‹ Knöpfe habe. Ich bin gegen alles Talmi, und die großen Taschen sind sehr praktisch: für den Personalausweis und die Stullen.«

SILVESTERPUNSCH
Regie: Günter Reisch

EIN SOMMERTAG
MACHT KEINE LIEBE
Regie: Herbert Ballmann
und Gerhard Klein

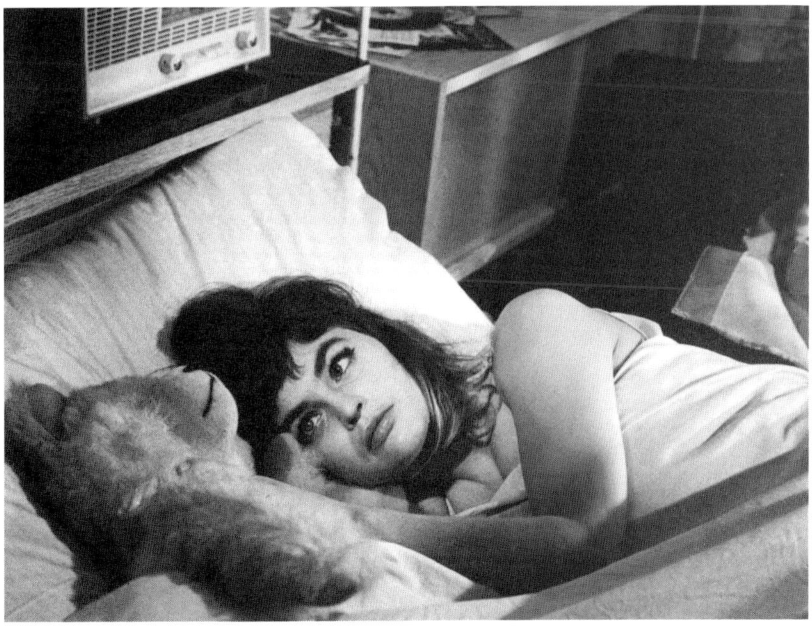

OHNE PASS
IN FREMDEN BETTEN
Regie: Vladimir Brebera

JADUP UND BOEL, Regie: Rainer Simon

Rainer Simon

KURT BÖWE

Ein Bürgermeister aus der DDR darf sich nicht prügeln, nicht mal in Notwehr mit randalierenden Jugendlichen, die Staatsgewalt ist unantastbar, wehe dem, der die Hand gegen sie erhebt, wo kämen wir denn hin, wenn das Schule machen würde – falls die Szene aus dramaturgischen Gründen nicht eliminiert werden kann, muß sie auf ein Mindestmaß gekürzt werden. Mit dieser verqueren Logik könnte es gesagt worden sein in einer der unzähligen Abnahmediskussionen des Films *Jadup und Boel*, die schließlich zu dessen Verbot führten. Das war 1980, Hauptrolle: Kurt Böwe.

Einen Herrn Paul darf man zerhacken, eine Hand ab, ein Bein, Blut spritzt, gleich darauf kommt er wieder unversehrt zur Tür herein, der ist unantastbar. So geschieht es in Tankred Dorsts Bühnenstück »Herr Paul« in den Kammerspielen des Deutschen Theaters 1995, Hauptrolle: Kurt Böwe.

Herrn Paul, vormals Jadup, kann man auch als Kriminalkommissar im Fernsehen begegnen, ein menschliches Fossil unter zappelnden, plappernden Zombies. Die Jugendlichen von damals schieben jetzt mit Autos und Thai-Mädchen, wenn sie nicht gerade Obdachlose von der Müllkippe aufklatschen, und der Kommissar sammelt die Indizien in einem Einkaufsbeutel, den er von Jadup geerbt haben könnte.

Als der Schauspieler Böwe 1980 durch die märkische Kleinstadt zum Drehort ging, stellte ihn eine Einwohnerin energisch zur Rede, fordernd, daß er, der Bürgermeister, endlich die versprochenen Handwerker zu ihr schicke. Böwe kommentiert, da siehst du's, du hattest mich richtig besetzt, ich habe diese DDR-Fresse, mir glaubten sie den Bürgermeister, ich habe diese Geschichte, ich mußte mich nicht verstellen.

Als er die Jugendweiherede für seinen Filmsohn Max hielt, Sätze, die Jadups Erfinder, der Schriftsteller Paul Kanut Schäfer geschrieben hatte, mußte er sich auch nicht verstellen: »... Ja, ich glaube, daß das Schicksal der Revolution, unser aller Schicksal mit Menschen verknüpft ist, für die man bürgen kann, daß sie kein Wort auf Treu und Glauben hinnehmen, kein Wort gegen ihr Gewissen sagen werden... « Gedanken, von denen später viele meinten, erst Herr Gorbatschow hätte sie erfinden müssen, sie waren längst in vielen Köpfen, nur eben nicht in denen der Herrschenden, die in der Regel damit beschäftigt sind, ihre Macht zu erhalten, und deshalb etwas langsamer denken.

Als ich Böwe die Rolle des Jadup anbot, fragte er, wie willst du das durchkriegen, und ich soll geantwortet haben, versuchen wir's mal – es hat damals leider nicht geklappt, aber Böwe hatte sich aus Fernseh- und Theaterverpflichtungen für die riskante Rolle freigemacht, und nach der acht Jahre verspäteten Premiere hat er dem zwiefach aufmerksam beobachtenden Publikum die Fragen Jadups gestellt: »... Hütet euch davor, alle Fragen endgültig lösen zu wollen, ich habe es immer wieder versucht, und jetzt weiß ich, es geht nicht, das Leben ist keine Frage, die man endgültig löst. Es bliebe dann nur Stillstand und Tod...« –

Das war 1988 im Ost-Berliner Kino »Babylon«, das bis heute ein Ort für öffentlich ungeliebte Filmasylanten geblieben ist. Ein reichliches Jahr später hatten sich diese Fragen erledigt.

Was macht ein fiktiver Bürgermeister wie Jadup heute, der sitzt im Vorruhestand vorm Fernseher und sieht aus alter Anhänglichkeit *Polizeiruf*. Da gibt's einen Kommissar, der ist ihm sympathisch. Der ruht in sich und tut etwas. Der sieht hin, lächelt, schweigt, stellt sich nicht dar und verstellt sich nicht, der ist heute noch genausowenig der positive Held wie früher. Die optimistisch dreinschauenden Parteisekretäre aber sind mutiert zu den positiv denkenden Geschäftsleuten, die auch mal einen zerhacken, wenn's nicht anders geht, wenn einer sich anstellt wie Herr Paul.

Der ist die neue Gefahr: Verweigerung, Anarchie, Terrorismus... Herr Paul will einfach nur Herr Paul sein, nichts anderes.

An Jadup mußte ich denken, als ich letzten Sommer in Montségur war, auf der geschliffenen Ketzerburg der Katharer.

DER NACKTE MANN
AUF DEM SPORTPLATZ
Regie: Konrad Wolf

ZWISCHEN
NACHT UND TAG
Regie: Horst E. Brandt

BLAUVOGEL
Regie: Ulrich Weiß

TAMBARI
Regie: Ulrich Weiß

Mit Erwin Geschonneck in
LEVINS MÜHLE
Regie: Horst Seemann

ABSCHIED, Regie: Egon Günther

Heidrun Wilkening

ANNEKATHRIN BÜRGER

Es gab keine Stars bei der DEFA. Es fehlte die Maschinerie, Marketing und Boulevardpresse eingeschlossen, die einen Schauspieler zum Star macht. Der Künstlerberuf war hart, und nur wenig ertragreich, die Alltagsprobleme unterschieden sich nur unwesentlich von denen, die Arbeiter und Angestellte hatten. Ein Privileg hatten Künstler jedoch auf jeden Fall: das der Öffentlichkeit und der Chance, daß ihre Stimme gehört wurde. Und auch Gleichberechtigung hieß zumindest soviel: Frauen sind in erster Linie Menschen, keine Sexsymbole. Schönheit kommt von innen, sie hat etwas mit Würde, Offenheit und Güte zu tun, mit Individualität und Sinnlichkeit, nicht unbedingt mit äußerem Ebenmaß und Kurvenreichtum. – Es gibt nur wenige Schauspielerinnen in Deutschland, die mir einfallen, wenn ich sagen sollte, was neben dem Äußeren ihren Ruf begründete. Zum Beispiel Annekathrin Bürger, der Name ein Credo.

Den Start als Schauspielerin schaffte die gelernte Gebrauchsgrafikerin im dritten Anlauf. Ablehnung an der Schauspielschule Berlin. Aussortiert bei ersten Probeaufnahmen, und dann doch von Gerhard Klein für die Rolle der Uschi in *Eine Berliner Romanze* ausgewählt, weil das damals noch etwas rundliche, sächselnde Mädchen »Gefühle rüberbringen« konnte. Bei Probeaufnahmen auf Rügen entdeckt und über Nacht berühmt, welche Schlagzeile. In Wirklichkeit arbeitete sie sich ehrgeizig von der Pike auf hoch. Erst nach dem Debüt wurde sie als Studentin an der Filmhochschule Babelsberg immatrikuliert. Eine unter Gleichen, obwohl sich die Bürger mit der Rolle der Uschi – ein junges Mädchen entdeckt ihre Liebe im geteilten Berlin – bereits in die DEFA-Filmgeschichte eingeschrieben hatte.

Ihr Profil schärfte sich als Kunststudentin Sonja in *Verwirrung der Liebe* von Slatan Dudow. Sie spielte die schöne, kluge Konkurrentin der wunderbar-naiven, lebenslustigen Siegi (Angelica Domröse). Eine Frau, die rational versucht, mit ihren Gefühlen umzugehen. Ohne Intrigen, weil sie den Mut hat, zu ihren Verwirrungen zu stehen und begangene Fehler auch öffentlich rückgängig zu machen. Ein Publikumserfolg, streitbar und sensibel zugleich.

Annekathrin Bürger schien danach eine Zeitlang auf antifaschistische Filme (z. B. *Königskinder*) abonniert, Aufgaben, die sie forderten, an denen sie wachsen konnte, für die sie oft ausführlich recherchieren mußte. Dabei blieb sie stets wach für die großen und kleinen Bewegungen der Zeit, mit Lust auf Gegenwartsrollen.

In Komödien wie *Mit mir nicht, Madam!* oder Filmen ihres Ehemannes Rolf Römer, *He, Du!* und *Hostess*, wurde ihr diese Sehnsucht erfüllt: sie spielte attraktive, selbstbewußte junge Frauen. Die Filme trafen den Nerv des Publikums, aber nicht unbedingt der Kritiker, das aber war ein Problem des Genrefilms bei der DEFA überhaupt. Ende der siebziger, Anfang der achtziger Jahre gab es eine Durststrecke im Film, die Annekathrin Bürger durch Präsenz in Fernsehproduktionen ausglich. Dazu war sie im Theater zu sehen, seit fast drei Jahrzehnten an der Berliner Volksbühne, und hielt mit Chanson- und Satireprogrammen einen direkten Kontakt zum Publikum.

Die Bürger gehörte zu jenen Künstlern, die sich am 4. November 1989 auf dem Alexanderplatz für eine radikale Erneuerung der DDR einsetzten. Dann spielte sie, 1990, in einem Fernsehfilm von Bodo Fürneisen, *Der Rest, der bleibt*, eine selbstbewußte Frau, die einen wesentlich jüngeren Mann liebt und sich selbst über diese Liebe neu entdeckt. Da war sie endlich wieder: die Frau, die alle Sinne benutzt, um ihren Verstand zu begründen, die nicht bereut, die zu sich und ihrer Geschichte steht, zu ihren Falten und den Schmerzen verlorener Jahre.

Heute ist Annekathrin Bürger dabei, sich mühsam den Fernsehmarkt des geeinten Landes zu erobern, ein irgendwie fremdes Land, mit einem anderen Menschen- und Frauenbild, in das man sich schwer hineinfindet, wenn man seinen Geist nicht ausschalten kann. Die Bürger-Rechtlerin kehrt über Vorabendserien zum Publikum zurück. Mit ihrem einprägsamen Gesicht, den lebendigen Augen und genauen sozialen Gesten... Charaktere, die sich selbst in kleinsten Auftritten formen.

Es waren nicht viele, aber prägnante Rollen, die sie zum Publikumsliebling machten. Keine Skandalgeschichten, kein Klatsch über Liebe, Ehe und Untreue, keine Starallüren... Eine Bürgerin.

Mit Ulrich Thein in
EINE BERLINER ROMANZE
Regie: Gerhard Klein

Mit Angelica Domröse in
VERWIRRUNG DER LIEBE
Regie: Slatan Dudow

Mit Jochen Bley in
FÜNF TAGE –
FÜNF NÄCHTE
Regie: Lew Arnstam und
Heinz Thiel

Mit Horst Jonischkan in
DAS ZWEITE GLEIS
Regie: Joachim Kunert

Mit Helmut Schreiber in
MÖRDER AUF URLAUB
Regie: Bosko Boskovic

Mit Hannjo Hasse in
TÖDLICHER IRRTUM
Regie: Konrad Petzold

Nächste Seiten:
KÖNIGSKINDER
Regie: Frank Beyer

ORPHEUS IN DER UNTERWELT, Regie: Horst Bonnet

Margit Voss

FRED DELMARE

Wer weiß, wie es ihm ergangen wäre, hätte er seiner Mutter auf dem Totenbett nicht versprochen, ein Held zu werden. Wie im Märchen schien ihm das Leben drei Wege zu eröffnen, um sich zu bewähren: als Arzt, tapferer Krieger oder aber als Schauspieler. Ungerecht, wie das Schicksal nun einmal ist, hatte es den Jüngling mit Talent, Kraft, Phantasie und Pfiffigkeit ausgestattet, dafür aber an seinem Wachstum gespart. So mußte er jene ihm fehlenden zwanzig Zentimeter, die andere an die Meßlatte legten, durch doppelten Fleiß, Einsatz und Disziplin wettmachen. Und dies ein ganzes Schauspielerleben lang.

Alfred Vorndran, 1922 im Thüringischen geboren, war im besten Alter, als Deutschland den Krieg begann. Nicht ein Geschoß, sondern ein Unfall warf ihn aufs Krankenbett. Vielleicht war das ein Glück, denn als die Waffen niedergelegt wurden, konnte er ungehindert die Bretter, die die Welt bedeuten, erstürmen. Ausgebildet als Operettenbuffo und mit einem Zertifikat für Schauspiel des Hebbel-Theaters versehen, ließ er sich, nach zahlreichen Tourneen, 1950 in Leipzig nieder. Zwanzig Jahre lang sollte er von nun an im Ensemble der Kammerspiele das Handwerk aus dem ff erproben. Nicht als Vorndran, sondern unter einem Pseudonym: Fred Delmare. Das klang wie Musik, sogar ein bißchen italienisch. Kollegen und Freunde aber nennen ihn nur Axel.

Er hat Eindruck gemacht. Von seiner Interpretation des Truffaldino in Goldonis »Diener zweier Herren« spricht man noch heute. Seine Quirligkeit schien die Bühne zu sprengen. Delmare bezog das Publikum ein, sprang zwischen die Reihen, sammelte Geld und Kekse in einem Hut, um anschließend wieder seinen Herren zu dienen. Eine Rolle, wie auf den Leib geschrieben. Danach, in der Kantine, bildete er gern den Mittelpunkt des Kreises, unerschöpflich im Geschichtenerzählen, unerschöpflich in seinen Affären, Ausdruck seiner Lebensgier, die nicht selten Anlaß für leisen Neid und Spott gab, allerdings immer gepaart mit Hochachtung: »Wenn ihr einen Mercedes ohne Fahrer gesehen habt, dann ist es Axel.«

Einmal heiratete er in eine Kneipe ein. Auch darum ranken sich Geschichten. Er selber sagt, er hätte seinen Gästen beigebracht, auf die Schönheit des Bieres zu achten. Andere wollen wissen, daß er dort seine Studien trieb, um Taxifahrer, Schornsteinfeger, Möbelträger, Reifenhändler, proletarische Typen und kleinbürgerliche Gewohnheiten besser verkörpern zu können.

Seit er Anfang der fünfziger Jahre seinen Fuß zwischen die Ateliertüren in Babelsberg gesetzt hatte, war der Bedarf an unterschiedlichsten Figuren, die Delmare zu verkörpern hatte, immens. Gründlichkeit, Ehrgeiz, aber auch die ihm eigene Spielfreude verboten ihm, Klischees abzuliefern. Er erhob die Nebenrolle zum Meisterstück. Wenn andere fünfunddreißig Minuten Zeit hatten, eine Figur zu formen, mußte er sie in fünf Minuten prägen. So entstanden im Laufe von vierzig Jahren einhundertsechsundsiebzig unverwechselbare Charaktere im Miniformat. Ein Zwerg Naseweis in der Märchenverfilmung von *Schneewittchen*, nicht einen Augenblick regungslos; ein Reifenhändler namens Saft, der trotz karikierendem Äußeren, in Lederhütchen und Lederjacke, als tragischer Verlierer rührt, weil seine Liebe zu Paula, der Schönen, in der *Legende von Paul und Paula* so hoffnungslos und traurig ist; ein Möbelträger in *Der Dritte*, der unverhofft in ein Liebesnest platzt, das Paar anguckt und grinst, sich seinen Teil denkt, ein Genießer.

Unverzichtbar in Frank Beyers *Nackt unter Wölfen*, wo er den Pippig spielt, einen Häftling, der weder das Große und Ganze im Auge hat noch Verantwortung für viele trägt, sondern mit gesundem Menschenverstand, selbstlos und mutig handelt. In der einen Minute das versteckte Lagerkind mit einem »Muh« zum Lachen bringt, in der anderen heroisch schweigt, ohne unglaubwürdig zu sein. Es war seine liebste Rolle.

Fred Delmare ist nicht bereit, sich zu verbiegen. »Mein Leipzig lob ich mir...« – bis heute. 1200 Pfund Gewichte stemmt er täglich, läuft, macht Kampfsport: »Ich habe eine junge Frau...«. Und hält sich, mittlerweile dreiundsiebzigjährig, fit für den Beruf.

DER TEUFELSKREIS
Regie: Carl Balhaus

Mit Krzysztyn Wójcik in
NACKT UNTER WÖLFEN
Regie: Frank Beyer

TROTZ ALLEDEM!
Regie: Günter Reisch

SCHÜSSE UNTERM GALGEN
Regie: Horst Seemann

Mit Angelica Domröse in
DIE LEGENDE
VON PAUL UND PAULA
Regie: Heiner Carow

Mit Viktor Semjonow in
DAS BLAUE LICHT
Regie: Iris Gusner

AN FRANZÖSISCHEN KAMINEN, Regie: Kurt Maetzig

Heiner Carow

ANGELICA DOMRÖSE

Als wir den Film *Die Legende von Paul und Paula* vorbereiteten, wollten wir nicht, daß Angelica Domröse die Paula wird. Sie hatte gerade *Effi Briest* gespielt und erschien uns zu vornehm, zu aristokratisch für die Rolle. Außerdem glaubten wir, sie sei schon zu alt. Sie war gerade dreißig geworden.

So machten wir Probeaufnahmen. Mit jungen Mädchen und Frauen, mit Hunderten, wochenlang. Die Paula fanden wir nicht. Am Ende schickten wir Angelica doch ein Drehbuch. Sie rief sofort an und erklärte, diese Paula sei ihre Rolle, sie werde sie spielen und niemand anders. Über meine Bedenken lachte sie.

Etwas später machte sie mit Winfried Glatzeder Probeaufnahmen, und sie verwandelte sich, wie ich es vorher noch bei keiner Schauspielerin erlebt hatte. Sie war plötzlich nicht nur viel jünger, sie war scheinbar eine ganz andere Person. Naiv, zärtlich, voll von Liebessehnsucht und absolut in ihrem Anspruch auf Harmonie und Glück. Überzeugend durch die Ehrlichkeit ihrer Gefühle. Sie *war* Paula, ein Mädchen, das auf einem Berliner Hinterhof aufgewachsen war, eine junge Frau vom Kiez, die tagsüber zur Arbeit ging und sich abends mit ihren Freundinnen traf. Sie brauchte sich nur an ihre Kindheit und frühe Jugend zu erinnern und diese Erinnerungen in sich selbst wieder lebendig zu machen. Das klingt einfach. Und doch gelingt so etwas nur einer wirklich guten Schauspielerin.

Als wir den Film zu drehen begannen, probierte die Domröse gerade »Die schöne Helena« an der Volksbühne bei Benno Besson. Sie mußte gleichzeitig probieren und bei uns drehen. So stieg sie am Theater als Helena ins Auto und bei uns am Drehort als Paula wieder aus. Und das wochenlang.

Schon vor der Premiere gab es Gerüchte, der Film würde verboten. Aber die Premiere fand statt. Das Kino war brechend voll. Der Beifall für Angelica dauerte zwanzig Minuten. Die vierhundert Leute, die sich ihre Karten an der Kinokasse gekauft hatten, klatschten ohne Unterbrechung und warfen Blumen auf die Bühne. Die übrigen achthundert, die auf den »bestellten« Plätzen saßen, rührten so gut wie keine Hand. Sie pfiffen nicht, sie randalierten nicht. Sie saßen schweigend da, die Hände im Schoß. Sie waren »diszipliniert«. Nur einem von ihnen war es gelungen, türenknallend noch vor dem Beifall den Saal zu verlassen. Das war der damalige Stadtrat für Kultur von Berlin.

Es wurde eine Pressekampagne organisiert. Die Chefredakteure bestellten bei den Kritikern Verrisse, und viele Kritiker schrieben sie. Aber das Publikum strömte in die Kinos. Überall waren die Vorstellungen ausverkauft, überall wurde Angelica Domröse gefeiert. Wir machten eine Premierenreise durchs Land, wurden zu den sogenannten Schwerpunkten des Sozialismus geschickt, damit man uns gründlich die Meinung sagt. Aber die bestellten Kritiker, die die Diskussion in die »richtige Bahn« lenken sollten, wurden ausgepfiffen oder ausgelacht.

In einem kleinen Ort in Sachsen klappte die Organisation nicht. Die Delegation der Filmleute kam zu spät, von ihr waren nur die Domröse und ich am Ende der Vorstellung im Kino. Angelica ging allein nach vorn: »Hallo Leute, hier bin ich.« Die Frauen im Publikum standen von ihren Plätzen auf. Einige liefen zu ihr, umringten sie, berührten sie, streichelten sie, und eine ältere Frau sagte: »Laß man, Kindchen, wir verstehen dich.«

Auf der Straße oder in den Geschäften sagten Frauen zueinander: »Mir geht's wie Paula.« Kinder wurden »Paul« und »Paula« getauft. Angelica Domröse war eine der beliebtesten Schauspielerinnen im Land.

Ein paar Jahre später protestierte sie per Unterschrift gegen die Ausweisung von Biermann. Von da an bekam sie keine Rollen mehr, man boykottierte und demütigte sie. Sie verließ gemeinsam mit ihrem Mann, Hilmar Thate, die DDR. Man hatte sie buchstäblich aus dem Land getrieben. In den folgenden zehn Jahren verloren wir uns aus den Augen. Ein paarmal trafen wir uns auf irgendeinem Festival und umarmten uns. Dann hörten wir wieder nichts voneinander.

Nach der »Wende« sahen wir uns am Wahltag im März im Palast der Republik. Ich entdeckte Angelica auf einem der vielen Monitore, sie gab ein Interview. Später trafen wir uns. »Wollen wir wieder einen Film zusammen machen«, fragte ich sie, »diesmal eine Paula mit fünfzig?« Es ging um *Verfehlung*, die Liebesgeschichte einer fünfzigjährigen Frau aus einem Dorf in der DDR mit einem Mann aus Hamburg. Wir

Mit Winfried Glatzeder in DIE LEGENDE VON PAUL UND PAULA, Regie: Heiner Carow

haben Zeit gebraucht, bis wir uns entschließen konnten, den Film gemeinsam zu drehen. Zwischen uns war ja all das, was die nun wieder vereinigten Deutschen trennte. Auch Mißtrauen.

Doch unsere neue Zusammenarbeit wurde genauso leidenschaftlich und intensiv wie bei *Paul und Paula*. Nur, scheint mir, wir sind trauriger und problembelasteter gewesen. Die politischen Ereignisse, der Zusammenbruch der DDR, unsere Ideale, die zum Teil wie Seifenblasen zerplatzten, das alles war noch ganz nah und gegenwärtig. Und für Angelica waren die Erinnerungen, die sie mit jedem Schritt auf DDR-Boden hatte, schmerzlich. Ob in Leipzig oder in Berlin.

Wir drehten zum Teil in ihrem Kiez. In der Nähe ihrer Schule oder in der Kirche, die ihr aus der Kindheit vertraut war. So schien es, als sei sie von weither nach Hause zurückgekommen. Aber sie konnte sich nicht wie zu Hause fühlen. Sie stand manchmal da und weinte.

Und dann war da noch diese »Paula mit fünfzig«, die sie zu spielen hatte. In fast jedem Fernsehinterview wurden erst einmal Bilder aus der *Legende von Paul und Paula* gezeigt und dann Bilder aus *Verfehlung*. Älter werden macht für die meisten Leute Probleme, und für eine Schauspielerin ist es erst recht nicht leicht, wenn ihr per Bildschirm vorgeführt wird: So sahst Du mal aus, vor zwanzig Jahren. Und jetzt siehst Du so aus, denn Du wirst fünfzig.

Angelica hat diese Elisabeth Bosch, die Paula mit fünfzig, mit sehr viel Liebe gespielt. Aber auch mit großem Zorn und mit Trauer im Herzen.

Wenn ich mich an die Drehzeit von *Paul und Paula* erinnere, fallen mir Spaß und Freude ein, die wir an der Arbeit hatten. Bei *Verfehlung* denk ich an Angelica Domröse mit tiefer Rührung.

Bleibt mir nur nachzutragen, daß ich mir einen weiteren Film wünsche. Ein Resümee unseres Lebens, in Erinnerung an unsere Träume: Daß die Kinder in einer friedlichen Welt aufwachsen, daß Gerechtigkeit herrscht und nicht Hunger, daß die Leute Arbeit haben und daß die Liebe gedeiht...

Vielleicht eine Paula mit sechzig?

Mit Martin Seifert (rechts)
und Horst Schulze in
BIS DASS DER TOD EUCH SCHEIDET
Regie: Heiner Carow

Mit Gottfried John in
VERFEHLUNG
Regie: Heiner Carow

Mit Heinz Klevenow in
ENTLASSEN AUF BEWÄHRUNG
Regie: Richard Groschopp

CHRONIK EINES MORDES
Regie: Joachim Hasler

Nächste Seite:
UNTERM BIRNBAUM
Regie: Ralf Kirsten

Mit Wilhelm Gröhl in LISSY, Regie: Konrad Wolf

Günther Rücker

HORST DRINDA

Zehn Jahre nach Kriegsende traf ich einen Jugendfreund wieder, der als Junge keinen andern Wunsch kannte, als Kohlentrimmer zu werden, denn da verdiente er mehr als sein Vater. Dann aber besuchte er die Textilfachschule, wurde eingezogen und verwundet, floh, verlor die Heimat, wurde Neulehrer, litt unter schwerer Furunkulose, unterrichtete mit einem über den Eimer gehaltenen Bein, aus dem der Eiter rann, holte sein Studium nach und lehrte am Ende an der Universität Geschichte der Pädagogik. Nach seinen Erzählungen schrieb ich den Film *Die besten Jahre* und nannte, als es ums Besetzen ging, den Namen Horst Drinda. Diesen Elegant?, wurde ich gefragt. Dieser Mann sei vollendet in Sachen Mode und Kultur, warnte mich eine Kollegin, bei dem stimmt zur entsprechenden Anzugfarbe das entsprechende Deodorant. Und dazu sein gepflegtes Aussehen, seine gediegene Erscheinung!

Der erste Drehtag ging in der Bibliothek des Gymnasiums zu Schulpforta vor sich, eine Gründung der Zisterziensermönche im 12. Jahrhundert. Es lagerten dort die Abschlußarbeiten von Klopstock, Nietzsche, Bethmann-Hollweg und vieler anderer Söhne aus dem protestantischen Großbürgertum des vorigen Jahrhunderts, Galileis »Discorsi« in der Erstausgabe, bis hin zu Friedrichs des Zweiten Gesamtwerke. Drinda war in der Bibliotheksszene hinreißend. Er, der von dem allen kaum etwas wußte, führte seine Ängste und seine Neugier vor, sein Nichtwissen und seinen Willen, als Direktor dieses Gymnasiums nicht zu versagen. Den perfekten Studienrat, der ihm lässig die Menschheitsschätze präsentierte, spielte Rolf Hoppe. Bis dahin war er immer mit Arbeitern besetzt worden, denn er war mit breiten Schultern und einem stabilen Körper ausgestattet. Ich hatte vor dieser Szene einen Heidenrespekt. Sie wurde in einer einzigen Einstellung gedreht und es hätte grauenhaft schiefgehen können, es war mein Prüfungstag als Regisseur. Die beiden spielten die unter langen Textpassagen glimmende Feindschaft, als hätten sie tagelang probiert. Und es war, glaube ich, ihre erste Begegnung. Solidarität, Hilfe dem andern. Am Ende glückliches Aufatmen. Jeder Ton hatte gestimmt.

Später erzählte Drinda aus seinem Leben. Er wollte Flugzeugingenieur werden, aber die Infanterie holte ihn sich im Februar '45 in die Schlacht um Berlin. Er wurde verwundet, floh zum Wedding, wo er aufgewachsen war, begann als Trümmerarbeiter, verdiente sein erstes Geld als Bügelgerüstmonteur. Einer von denen, die nach Todesfurcht mit Lebenshunger begannen, Arbeitsgier, sich hineinstürzen in das, was der Frieden mit sich gebracht hatte.

Im Spätsommer spricht er, achtzehnjährig, Gustav von Wangenheim am Deutschen Theater vor, wird 1946 mit einer Rolle in dem Stück besetzt, über das damals viel geschrieben wurde, »Wir heißen euch hoffen«. 1951 spielt er den Ferdinand im »Egmont«, 1956 besetzt ihn Konrad Wolf mit dem Fromeyer in *Lissy*. Hätte man damals hierzulande gewußt, was Film wirklich bedeutet, hätte man für diesen jungen Mann eine Rolle nach der andern schreiben lassen müssen. Er brachte mit, was das Publikum erwartete: Können, Aussehen, Stilgefühl, Wissen. Er kannte die Spannungen der Zeit, hatte sich einen Standpunkt erworben. Aber alles, was wie »Starwesen« aussah, war verpönt. Seine heitere Kraft, die Komik, die er nicht nur in Rollen auf der Bühne immer subtiler beherrschte, interessierten eigentlich vorwiegend die »Stacheltier«-Produktionen. Die Komödie kam im DEFA-Film über Versuche kaum hinaus, so artig man sich auch mühte. Was für ein herrlicher Chlestakow war Drinda auf dem Theater, wie souverän spielte er den Maske im »Snob«, die Besson-Inszenierung »Der Drache« machte internationales Furore. Dann ging Drinda zum Fernsehen.

Eine Zeit lebendigster Popularität begann. Jetzt, im Zeitalter nicht endender Serien, sieht man mit Staunen und zunehmender Bewunderung, was Adlershof damals im Serienbereich produzierte. Wieviel Realität, wieviel Wahrheit kommt da vom Bildschirm zum Betrachter. Und einer, dessen Erscheinung in diesen Erinnerungen immer wieder beglückt – ich sage das Wort, obwohl uns aus jener Zeit ja nichts zu beglücken hat –, ist Horst Drinda. Das Verhältnis vom Mimen, der Nachwelt und ihren Kränzen hat sich geändert. Gewiß aber ist, daß das Echte – gewandelt oder, wenn man's so nennen will, gewendet – unverloren bleiben wird. Es gibt im Leben Tage, für die man dankbar ist, so lange das Leben dauert. Einige dieser Tage waren für mich die Tage mit Drinda. Dafür danke ich ihm und danke mit einer tiefen Verbeugung.

DIE BESTEN JAHRE, Regie: Günther Rücker

EINMAL IST KEINMAL
Regie: Konrad Wolf

Mit Valentina Thielová in
DER DIEB
VON SAN MARENGO
Regie: Günter Reisch

NACHTSPIELE
Regie: Werner Bergmann

Renate Holland-Moritz

EBERHARD ESCHE

»Es ist ein großes Privileg für mich, Ihnen heute abend Eberhard Esche vorstellen zu dürfen. Dieser faszinierende Schauspieler haßt nämlich nichts so sehr wie die öffentliche Zurschaustellung der eigenen Person. Daß ich ihn dennoch überreden konnte, hat mehrere Ursachen. Erstens bin ich seit Jahrzehnten Esche-Fan; aber wer ist das nicht? Zweitens mögen wir dieselben Leute. Und drittens ist Esche ein Fan meiner Thüringer Klöße. Weil er dazu unbedingt wieder eingeladen werden möchte, ist er heute hier.«

Mit diesen Worten eröffnete ich im Frühsommer 1992 eine Veranstaltungsreihe, die sich die Stammgäste der Galerie 100 in Berlin-Hohenschönhausen gewünscht hatten. Ich sollte ihnen die früheren DDR-Stars ins Haus holen. Es war den Leuten durchaus bewußt, daß sie die einst so beliebten Mimen von Bühne, Bildschirm und Leinwand vorübergehend aus den Augen verloren hatten, weil es etwas bis dahin Unbekanntes zu sehen gab: die große, weite Welt. Aber nun war der erste Rausch verflogen, und man erinnerte sich wieder an das, was das Leben vor dem Anschluß an eine saisonunabhängige Bananenrepublik interessant gemacht hatte: ein jedermann zugängliches Kulturangebot und Künstler, die mit ihrem Publikum auf vertrautem Fuß standen.

Die Leute wollten ihre Privilegien wiederhaben!

Mein erster Gast in der Galerie 100 war also Eberhard Esche. Wir hatten uns Mitte der achtziger Jahre kennengelernt und waren sogleich in heftigen Streit geraten. Ich schwor damals auf Gorbatschow als den großen Reformer des real stagnierenden Sozialismus. Esche nannte den Mann einen Scharlatan, bestenfalls einen Träumer. Der Schlagabtausch endete remis, doch die Zukunft sollte zeigen, daß ich verloren hatte.

Esche ist nicht nur ein hochgebildeter, sondern auch ein kluger Mann. Er sagt, was er denkt, aber das Gesagte ist gründlich durchdacht und nicht beliebig interpretierbar. Das haben einige Regisseure des Deutschen Theaters, dem der gebürtige Leipziger seit 1961 angehört, schmerzlich erfahren müssen. Esche empfindet sich als Diener der großen Dichter, allen voran Goethe. Wenn er den Eindruck hat, daß ein Regisseur »interessantes Theater« machen will, indem er das Stück des Dichters nicht auf die Beine, sondern auf den Kopf stellt, verweigert er sich. Er spielt einfach nicht mit. Diesen Luxus leistet er sich seit 1983.

Zu Freunden werden Esche nur Gleichgesinnte. Beispielsweise der Dichter Peter Hacks, der auf seine Bitte die Komödie »Das Jahrmarktsfest zu Plundersweilern« schrieb. Sie enthielt 18 Rollen für drei Schauspieler. Der inszenierende Esche-Freund Klaus Piontek besetzte sie mit Esche-Freund Dieter Franke, Esche-Gattin Cox Habbema und Esche himself. Die totale geistige, ästhetische und komödiantische Übereinstimmung führte zu einem Riesenerfolg.

Befragt nach Erinnerungen an gute Rollen, die ihm von der DEFA geboten wurden, nennt er zwar den bis dato besten Mauer-Film *Der geteilte Himmel* (Regie: Konrad Wolf) und natürlich Frank Beyers Meisterwerk *Spur der Steine*, aber am liebsten spielte er, neben Cox Habbema, die titelgebende Majestät in Rainer Simons *Wie heiratet man einen König*. Immerhin wurde das Liebesheiratsmärchen auch im Leben wahr!

Das einzigartige Genie Eberhard Esche entfaltet sich allerdings im Alleingang. Wenn er leise, unprätentiös und mit klugen Zäsuren »Deutschland. Ein Wintermärchen« oder »Reineke Fuchs« spricht, dann ist es, als hätten die Dichter ihr Werk erst gestern für uns Heutige geschrieben. Es gelingt ihm, die Worte der Klassiker von allem Hehren, Verstaubten zu befreien und sie in den Rang anspruchsvollster Unterhaltungskunst zu erheben. Als einst berühmte Show-Stars allabendlich 3600 Besucher in den Palast der Republik lockten, stahl ihnen Eberhard Esche die Schau. Dabei hatte er nur den »Zauberlehrling« aufgesagt.

Von all dem wollte ich den Gästen in der Galerie 100 einen Eindruck vermitteln. Zu Esches Orientierung hatte ich ihm die Frage verraten, die ich am Schluß der Veranstaltung zu stellen beabsichtigte. Doch schon nach der Begrüßung fühlte ich, daß sich ein Desaster anbahnte: Esche war einsilbig und verweigerte jede zweite Antwort. Nach 45 Minuten war ich bei der verabredeten letzten Frage gelandet. Er sah verblüfft auf die Uhr. »Schon zu Ende? Warum denn so schnell?« »Weil Sie sich wie eine zickige Diva aufführen«, gab ich wütend zurück. »Das tut mir leid«, sagte er ehrlich zerknirscht, »fangen wir also von vorne an.«

Mit Renate Blume in DER GETEILTE HIMMEL, Regie: Konrad Wolf

Mit Cox Habbema in
WIE HEIRATET MAN EINEN KÖNIG
Regie: Rainer Simon

Mit Hansjürgen Hürrig in
NOVALIS – DIE BLAUE BLUME
Regie: Herwig Kipping

LEBEN MIT UWE, Regie: Lothar Warneke

LEVINS MÜHLE, Regie: Horst Seemann

Roland Gräf

DIETER FRANKE

Als Dieter Franke 1970 in *Mein lieber Robinson* seine erste größere DEFA-Rolle spielte, kannten wir uns bereits fünfzehn Jahre.

Wir hatten zu gleicher Zeit unsere Ausbildung begonnen, er 1954 in Berlin, ich in Babelsberg, und ich erinnere mich noch gut an die gemeinsamen Sportfeste der beiden Schauspielschulen (Leipzig noch dazu) und der Babelsberger »Hochschule für Filmkunst«, deren – von den Veranstaltern natürlich unbeabsichtigter – Lustspiel-Charakter auch durch Dieters ehrgeizlose, meist nicht ganz alkoholfreie Mitwirkung geprägt wurde.

Dieter und ich waren zudem, was wir aber erst Jahre später entdeckten, nicht nur an demselben Tage geboren, sondern auch noch im selben Jahr: am 13. Oktober 1934. Als sich diese verblüffende Verwandtschaft herausstellte, drehte ich meinen vierten Film, und zum dritten Mal war auch Dieter dabei. In einer Rolle, die für uns sehr wichtig war, für ihn aber vermutlich wieder nur eine, die nicht einmal annähernd seinen eigentlichen Fähigkeiten entsprach.

Im Deutschen Theater gehörte er inzwischen längst zur ersten Schauspieler-Garnitur. Sein John Boyle etwa in »Juno und der Pfau«, sein Trutzwackerl im »Schwitzbad« oder sein Dorfrichter Adam waren unvergessene Glanzpunkte nicht nur dieses Theaters, sondern der Schauspielerei überhaupt. Dieters unbändiges Komödiantentum erlag nie der Klamotte, sein Spiel war volkstümlich, ohne je anheimelnd zu sein, es war messerscharf, aber nie denunziatorisch, es war aufregend und auf unwiderstehliche Art einleuchtend.

1972, nach der Arbeit an *Mein lieber Robinson*, wollten wir mit ihm und Christine Schorn in den Hauptrollen *Die zweite Haut* drehen, eine Ehegeschichte über Monotonie und Routine, über die spürbare Stagnation der DDR-Gesellschaft. Man kann darüber spekulieren, welche Auswirkung, wäre uns das Projekt nicht im letzten Moment zerschlagen worden, diese Arbeit für Dieters DEFA-Zukunft hätte haben können. Aber mit großer Wahrscheinlichkeit wäre es trotzdem so gekommen, wie es nun einmal gekommen ist: Rollen in Hülle und Fülle, zwanzig für die DEFA, achtundzwanzig für das DDR-Fernsehen. Nebenrollen, Hauptrollen, weniger bemerkenswerte und sehr eindrucksvolle, vor allem in Märchen- und Kinderfilmen. Nicht eine einzige aber dabei, die den Filmschauspieler Franke in die Lage gesetzt hätte, das zu zeigen, was den Theaterschauspieler Franke vor allem auszeichnete: souveräne Beherrschung tragikomischer und grotesker Stilmittel.

Natürlich waren das künstlerische Mittel, die, gewissermaßen von Staats wegen, nur am Rande oder gänzlich außerhalb des allgemeinen DEFA-Spektrums lagen. – Aber in zwanzig Jahren nicht ein einziger Versuch in dieser Richtung? Nicht ein einziger satirisch-grotesker Blick mit ihm auf die DDR-Wirklichkeit, die ja wahrlich zu jeder Zeit genug Anlässe dafür bereithielt? Unverzeihlich noch heute und nicht nur die Schuld dogmatischer Kulturpolitik und subalterner Obrigkeit. Sondern auch schlichtweg Unterlassung von Autoren und Regisseuren, auch von mir. Und alles in allem womöglich nur eine Frage mangelnder Zivilcourage, politischen Kleinmutes.

Reichlich zehn Jahre nach *Mein lieber Robinson* spielte Dieter in *Märkische Forschungen* seine letzte DEFA-Rolle, natürlich wieder eine Miniatur: Fritz, der Traktorist. Er hatte sich zu jener Zeit, 46jährig, nach langem Hin und Her doch entschlossen, ein Auto zu kaufen. Irgendwie hatte er die Fahrprüfung hinter sich gebracht und bestand eines Tages zu unserem Schrecken darauf, nun mit dem eigenen Wagen zum Drehort zu kommen. Ich sehe uns noch heute ungeduldig und nervös auf der staubigen Straße eines märkischen Dorfes stehen, spüre noch die Erleichterung, die uns überkam, als endlich um eine Hausecke herum ein roter Shiguli auftauchte.

Und ich vergesse nie, wie Dieter unter Applaus aus dem Auto stieg: sichtbar angestrengt zwar, das Haar über den Schläfen schweißnaß, aber erleichtert und stolz wie ein Schauspieleleve nach seiner ersten erfolgreichen Premiere.

VERLIEBT UND
VORBESTRAFT
Regie: Erwin Stranka

Mit Detlef Gieß in
EINE HANDVOLL
HOFFNUNG
Regie: Frank Vogel

Mit Jutta Wachowiak
und Hermann Beyer in
MÄRKISCHE FORSCHUNGEN
Regie: Roland Gräf

Mit Jan Bereska in
MEIN LIEBER ROBINSON
Regie: Roland Gräf

WER REISST DENN GLEICH
VOR'M TEUFEL AUS
Regie: Egon Schlegel

Mit Renate Geißler in
DACH ÜBERM KOPF
Regie: Ulrich Thein

WO DER ZUG NICHT LANGE HÄLT, Regie: Joachim Hasler

Günter Reisch

ERICH FRANZ

Sein breites, gutmütiges, auch zerfurchtes Gesicht erzählte von einem bewegten Leben. Mit vierzehn Jahren im ersten Weltkrieg Munitionsarbeiter, Bergmann im heimischen Kattowitz. Erfahrungen unter deutschen und polnischen Fabrikherren bringen ihn 1923 in die KPD. Mit seinem Volkschor singt er Brecht, Tucholsky, Weinert. Nach dem deutschen Einmarsch arbeitet er in der Illegalität. 1945 meldet er sich zum Wiederaufbau in die Sowjetunion, kommt '49 zurück, der Suchdienst des Roten Kreuzes fand seine Familie in Köthen. Dort überredet ihn der junge Lehrer Manfred Wekwerth, den Pedro in Brechts »Gewehren der Frau Carrar« in einer Laiengruppe zu übernehmen. Beide bringen die Aufführung zu einem solchen Erfolg, daß sie 1951 von Bertolt Brecht an das Berliner Ensemble engagiert werden. Eine lange zweite Lehrzeit begann.

Im Hörspielen, bei Lesungen und durch eine Vielzahl der von ihm synchronisierten Filmrollen wurde seine rauhe, kehlige Stimme mit dem oberschlesischen Dialekt zu einem unüberhörbaren Erkennungszeichen. Besonders auch für Millionen von Flüchtlingen und Vertriebenen, die in einer neuen Heimat Spuren ihrer Identität suchten.

Auf Brechts Bühne lernte er die dialektische Analyse, mit der der Schauspieler einen Charakter demonstriert. Vor den Babelsberger Kameras, die ihn bald entdeckten, blieb er der einfache, durch nichts verfremdete Mensch. Alles, was er in die Hand nahm, wie er ging, wie er sprach, kennzeichnete ihn als einen Mann des Alltags, jedem vertraut, dabei oft grantig, unzufrieden polternd, mitunter listig die Querelen seiner Zeit angehend.

Ich lernte ihn als »Atje Vierbreiter« bei den Aufnahmen zu Kurt Maetzigs *Thälmann*-Film kennen. Er spielte einen Hamburger Werftarbeiter, schwerblütig, jedes Wort abwägend, in den Szenen mit Erika Dunkelmann von aufblühender Herzlichkeit. Sein letzter Auftritt in dieser Rolle, als Angeklagter vor dem faschistischen Volksgerichtshof, sollte unvergessen bleiben.

Ende der fünfziger Jahre bat ich ihn, die Hauptrolle in *Maibowle* zu übernehmen. Es ging um das Jubiläum eines Familienvaters, eines derjenigen, die nach dem Krieg als erste zupackten und deren nun erwachsene Kinder in diesem Land studierten, Karriere machten und ihre in alten Wertvorstellungen verharrenden Erzeuger belächeln. Eine Komödienrolle, in der sich Erich ganz zu Hause fühlte.

Stets überpünktlich, präzise im Denken und Handeln, hantierte er mit dem am Berliner Ensemble erworbenen Dialektikverständnis. Kauzig und knurrig gestaltete er einen alten Übervater dieses Landes, der schon damals seine Probleme mit der Jugend und ihren Erwartungen hatte. Premiere sollte am 10. DDR-Jahrestag sein. Daraus wurde nichts. Die kritische Ironie erschien für diesen Anlaß unpassend.

Erich Franz hat in vielen DEFA-Filmen eine Spur seines Charakters hinterlassen. Er wollte seine Rollen stets genau beschrieben haben, um sich gewissenhaft vorzubereiten. Nichts wurde aus dem Ärmel geschüttelt, jedes Detail mußte präzise erfaßt werden, sozusagen mit der Mikrometerschraube. Erich Franz hatte etwas von dem, was Jean Gabin dem französischen Zuschauer bedeutete – er vertrat die Vätergeneration, die sich für die Nachfolgenden verantwortlich fühlte. Auch am Berliner Ensemble, wo man dem einstigen Arbeiterschauspieler inzwischen Rollen von Ernst Busch anvertraute, überraschte er immer wieder mit neuen komödiantischen Gestalten, so daß Brecht ihm eines Tages bekundete: »Wissen Sie, Franz, Sie spielen bei uns nur noch Komiker und Intriganten.« Was auch mit der Absage an den agitatorischen Ton der ersten Jahre im Hause am Schiffbauerdamm zu tun haben mochte.

Ich erinnere mich noch an Premierenfahrten mit dem »Metall- und Filmdreher«. Bei den obligatorischen Rundgängen in Großbetrieben liebte er es, an eine Werkzeugmaschine zu treten und sich mit verschmitztem Lächeln seiner Fähigkeiten als Facharbeiter in der Praxis zu erinnern. Als Volkskammerabgeordneter suchte er das Gespräch über Lebensfragen, über Engpässe der Versorgung und Persönliches. Ein Millionenpublikum, sachkundig, achtete die Identität seiner Rollen mit seinem öffentlichen Auftreten.

Mit seiner künstlerischen Arbeit wollte er eine Heimstatt einrichten helfen, die allen gehörte. Es wäre ihm nicht in den Sinn gekommen, daß dieses Grundstück irgendwann als Privatbesitz zurückgefordert würde. Erich Franz bestand auf Freundlichkeit und gab sie weiter – eben nicht nur privat.

Mit Günther Simon in ERNST THÄLMANN – FÜHRER SEINER KLASSE, Regie: Kurt Maetzig

STÄRKER ALS DIE NACHT
Regie: Slatan Dudow

SIE NANNTEN IHN AMIGO
Regie: Heiner Carow

Mit Gisela May
und Doris Abeßer in
EINE ALTE LIEBE
Regie: Frank Beyer

Rosemarie Rehahn

ERWIN GESCHONNECK

Die Wohnung im neunten Stock. Blick auf die Anmut der Marienkirche, auf den Himmel über dem Marx-Engels-Forum. Im Rücken, über graue Dächer und Straßenschluchten hinweg, liegt die Ackerstraßenkindheit, Stube und Küche, zweiter Hinterhof. Er ist im Kiez geblieben, Berlin Stadtmitte. Aber nach vorn heraus.

Ich habe ihn oft besucht und oft befragt – nach Gott und der Welt und dem Mann Geschonneck. Weil ich glaubte und immer noch glaube, daß hinter manchem seiner Worte noch ein anderes steckt, das er mir heute nicht sagt. Vielleicht morgen.

Zu guter Stunde, als er sich, Vorstellung für zwei, in ungebremster Sangeslust der Marie A. erinnert: »An jenem Tag im blauen Mond September...«, in diesen Herz-Schmerz-Minuten frage ich, wie er, Erwin G., erinnert werden möchte.

»Ab und an könnt ihr ruhig mal von mir reden: das war ein Kommunist, der kein schlechter Künstler war.« – Das kommt gelassen, als habe er diese Sache längst ohne Lyrik bedacht.

Kein schlechter Künstler... Geschonneck weiß, wer er ist: einer, der zu den großen Charaktermimen der Filmgeschichte gehört, wie sein persönlicher Favorit Heinrich George – »in Döblins *Berlin Alexanderplatz*«, fügt er, die Vorliebe politisch präzisierend, hinzu. Uneingeschränkte Bewunderung und Sympathie für Charlie Chaplin.

Geschonneck ist ein Mann, der für sein Leben gern lacht, einmal sogar um sein Leben gelacht hat. Damals, im Juni 1943, als er im Konzentrationslager Dachau, da die Verzweiflung groß war und die Zahl der Selbstmorde stieg, zur Ermutigung und Belustigung der Leidensgenossen komplizenhaft ein doppelbödig komisches und grausliches Ritterspektakel inszenierte. Messerscharf am Begriffsvermögen der SS-Schergen vorbei.

Durch drei KZ-Höllen ist er gegangen, ist in der Lübecker Bucht, Minuten vor Kriegsende, dem tragisch irrwitzigen Fehlbombardement britischer Jagdflieger auf das Totenschiff »Cap Arkona« entkommen, davongekommen durch Feuer und Wasser und letzte Schüsse der SS. Er kennt die Kälte der Emigration, den Bitterschmerz des Verrats. Und hat doch nie einen von uns gefragt, wo unsere Väter und Vettern in jener Zeit gewesen sind, hat nicht nach dem Kainsmal auf der Bruderstirn geforscht.

Suchst du den Abdruck der schweren Jahre, du findest ihn in einem intensiven Lebensgefühl, einer fordernden Ungeduld. Er war vierzig, als der Hufschlag der Apokalyptischen Reiter verhallte. Bestes Mannesalter. Wieviele Rollen hat ein Schauspieler gespielt, wenn er vierzig ist. In seinem Fall: Wieviele hat er nicht gespielt, wieviele Lieder nicht gesungen, wieviele Küsse versäumt?

Da war viel nachzuholen. Die Uhr in der Brust lief. Auch Brecht, der hingerissen war von Talent und proletarischer Machart des Mannes, der ein einzigartig unknechtischer Knecht Matti war und als Molières Don Juan, nach des Meisters kennerischem Urteil, »eine sexuelle Großmacht« – auch der kluge Brecht konnte den Unruhigen weder mit Lob noch List an sein Theater binden, das in den Fünfzigern der Traum jedes Schauspielers gewesen ist.

Geschonnecks Kunst war der Film. Er brauchte das breite Publikum, das erkennende Lächeln auf der Straße. Braucht's immer noch, genießt es, ein Volksschauspieler zu sein. Und wenn Heike, seine Hübsche, Junge provoziert: »Du sonnst dich, Erwin«, gibt er's vergnügt zu.

Als in den sechziger Jahren sein erklärter Lieblingsfilm *Karbid und Sauerampfer* auf die Leinwand kam, passierte es, daß Unbekannte ihm freundschaftlich Kalle zuriefen, den Namen des Filmhelden. Es war die Komödie von einem Vollblutkerl, der im Auftrag seiner Arbeitskollegen im Trümmer- und Besatzerjahr '45 so unerschrocken wie gänzlich unerlaubt ein paar Karbidfäßchen aufbauhalber durchs Land rollt – in Lebens- und Liebeslust ein Aktivist der ersten Stunde. Da steckte im Kalle-Zuruf des Kinopublikums durchaus Erinnerung an die eignen Abenteuer jener wilden Hoffnungszeit.

In der DDR-Gesellschaft war er als Künstler und antifaschistischer Kämpfer einer, den man in Präsidien berief. In Parteileitungen wurde er nicht gerufen. Ein Querkopf mit ewiger Mäkelei an gewissen wundersam ungebrochenen Film- und Fernsehhelden, mit lästigen Fragen nach ungeliebten DEFA-Kindern wie *Berlin um die Ecke*, *Das Beil von*

DAS BEIL VON WANDSBEK
Regie: Falk Harnack

Seite 62
BANKETT FÜR ACHILLES
Regie: Roland Gräf

Wandsbek oder gar nach *Sonnensucher*, Konrad Wolfs aufregendem Zeitbild vom Kampf ums Uran für Moskau – im erzgebirgischen Aue. Leinwandwerke, die Geschonneck als Hauptdarsteller mitgeprägt hat.

Mehr als hundert Rollen hat er gespielt, hat die gestohlenen Jahre auf Bühne, Leinwand, Bildschirm nachgeholt. Eine Gestalt ist dabei, die mich nie verlassen hat: sein Kowalski in *Jakob der Lügner*, der zärtlichsten und bittersten Ghetto-Geschichte, die ich je im Kino sah. Kowalski ist Jakobs Freund und Nachbar aus früherem schmalen Kleinleuteglück. Im Ghetto, wo ringsum gestorben wird, und der kleine ehrliche Herr Jakob Heym den Überlebenswillen der anderen mit erlogner guter Nachricht aus mysteriösem Radio aufrecht hält, wird Nachbar Kowalski sein schlimmster Quälgeist. Gibt keine Ruhe, pfiffig, listig nach immer neuen Botschaften fischend, den winzigsten Hoffnungsfunken mit einem Freudentänzchen feiernd – bis Jakob, der tapfere Lügner, dem Freund die Wahrheit gesteht. Sekunde tödlichen Begreifens in Kowalskis Gesicht. Schon in der Tür ein letzter Blick, ein Augenzwinkern der Ermutigung für Jakob, ein Lächeln – das jäh zerfällt: Einer, der keine Fragen mehr stellen wird.

Das sind Filmminuten, in denen du zu spüren meinst, daß der Schauspieler Geschonneck Bilder und Klänge gespeichert hat, die keine Schauspielschule lehrt.

Auch außerhalb des Ateliers Unruhe, Sehnsucht, Versäumtes nachzuholen. Fünfmal war er verheiratet. Er hat drei Kinder. »Der Rhythmus fehlte. Gefühle brauchen Zeit.«

Ich höre sein herzliches Lachen, sehe sein spöttisches Zwinkern, wenn mit neunzig Silberhochzeit ins Haus steht.

SONNENSUCHER
Regie: Konrad Wolf

DIE FAHNE
VON KRIWOJ ROG
Regie: Kurt Maetzig

JAKOB DER LÜGNER
Regie: Frank Beyer

KARBID UND SAUERAMPFER
Regie: Frank Beyer

BERLIN UM DIE ECKE
Regie: Gerhard Klein

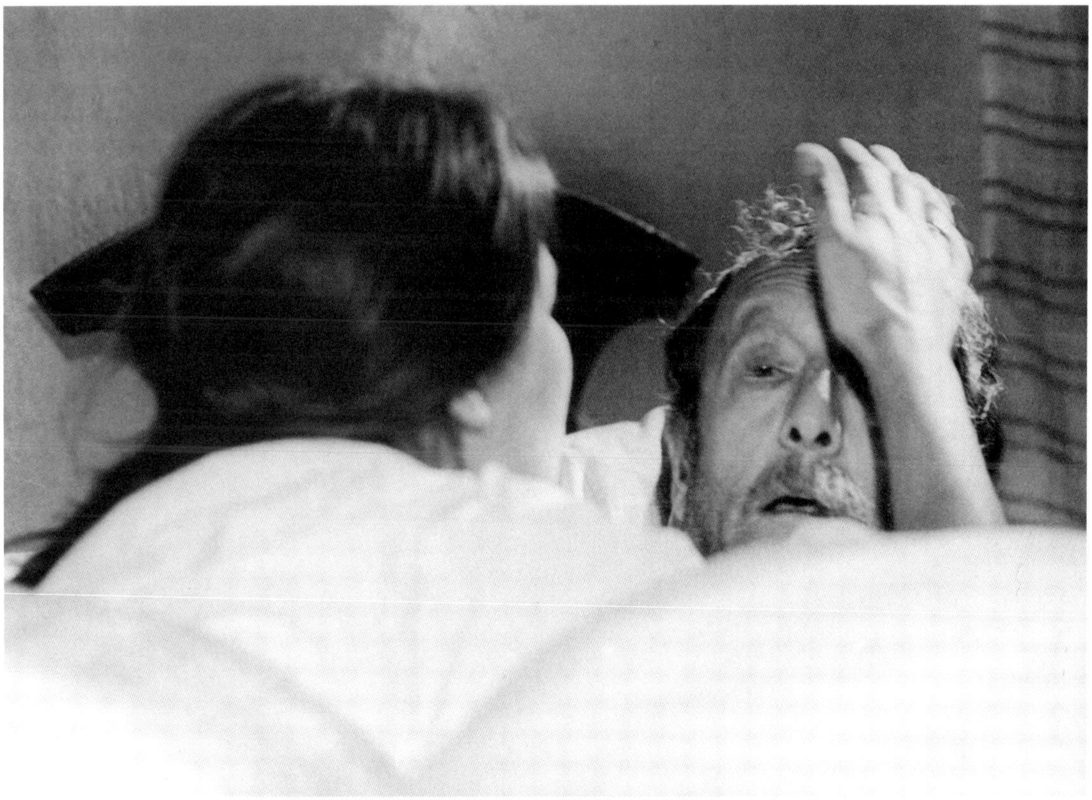

EIN LORD AM ALEXANDERPLATZ
Regie: Günter Reisch

LEVINS MÜHLE
Regie: Horst Seemann

DIE LEGENDE VON PAUL UND PAULA, Regie: Heiner Carow

Hans-Jörg Rother

WINFRIED GLATZEDER

Der jähe Blick von unten, das herzliche, alle Gefahren wegschiebende Lachen, die großen, dunkel abwartenden Augen im schmalen, von schwarzen Haarsträhnen umrahmten Gesicht – wer diesen Kopf einmal auf der Leinwand gesehen hatte und dazu den schlanken, schlaksigen, sehr agilen Körper, vergaß kaum, nach dem Namen des Schauspielers zu fragen.

Der klingt nicht, wie sich Künstler gern dem Publikum empfehlen, sondern spröde und bezeugt östliche Herkunft. Glatzeder hat das Kantige, Ungelenke in seinem Auftreten nie geleugnet, ebensowenig wie er die schwere, aber sehr modulationsfähige Zunge zu glätten versuchte.

Obwohl er inzwischen fünfzigjährig ist, wird man ihn, wie es bis jetzt ausschaut, immer als jugendlichen Darsteller und Draufgänger in Erinnerung behalten. Etwas Aufbegehrendes liegt in der verschlossenen Kühle seiner Haltung, die ihre innere Unruhe verbirgt, bis aus ihr plötzlich eine überraschende Aktion erwächst.

Von scheinbarer Duldsamkeit schlagen Ton und Gebärde dann in einen höhnischen Ausbruch um, an dessen Ende, wenn die Aktion gelang, ein herzliches Lachen steht. Erst in dem Moment wird die Distanz aufgehoben, die Glatzeder zu seinen Figuren hält und ihnen damit den noch im Zorn abwägenden, beherrschten Gestus leiht.

Drei große Rollen haben ihn bei der DEFA geprägt – und mit ihnen er die Firma. Unter Roland Oehmes Regie fing es auf den ersten Blick harmlos an: ein Mann, der einer vielbeschäftigten Familie den Haushalt führt (*Der Mann, der nach der Oma kam*). Aber hinter der pseudobürgerlichen Herkunft der Figur, denn Hausangestellte waren im Sozialismus obsolet, verbarg sich ein anarchischer Unruhestifter, der das neobourgeoise Rollenspiel von damals DDR-bewußten Männern und Frauen in Frage stellte.

Glatzeder wurde der richtige Mann für unberechenbar-eigenwillige Zeitgenossen. Unter Heiner Carows Regie sollte er in der *Legende von Paul und Paula* nicht nur die liebe Verkäuferin Paula erobern, sondern auch die Herzen Zehntausender junger Frauen, die gern an ihrer Stelle gewesen wären. Sein Paul ist freilich ein Neues-Deutschland-lesender Staatsangestellter, ein Funktionär, und wenn er schließlich die versperrte Wohnungstür einschlägt, wirkt es wie ein kleiner Aufstand gegen die gegebene Ordnung.

Ein Höchstmaß von Erfahrungen mit Schläue, Wagemut und Liebesfähigkeit brauchte Glatzeder für *Till Eulenspiegel*. Der unheimlich trostlose Unterton von Rainer Simons Film geht nicht auf den Schauspieler zurück, im Gegenteil, der verkörpert in ihm das lichte Element: den Narren, der seinen Spaß beinahe zu hoch bezahlt, aber auch als geschorener Outsider nicht aufgibt.

Aber die anarchische Obsession, und ohne sie verlieren manche kleineren Rollen Glatzeders an Farbe, konnte hier vielsagend auftrumpfen. Der Narr des Kaisers – mit dem Regenten eines Reiches hatte man es bislang nicht zu tun gehabt – verschaffte viel aufgestautem Frust über die scheinbar unaufhebbare Arroganz der Macht eine wilde Entladung. Ohne Glatzeders die Mittel schroff wechselnde Darstellungskunst hätte der Versuch leicht mißlingen können...

Die Spielregeln der Komödie waren für ihn nun ausgereizt. Fortsetzungen mußten an der Verengung des Liberalismus, an der allgemeinen Vernunft und an dem scheitern, worüber Glatzeder gern lacht: den deutschen Zuständen.

DER MANN, DER NACH DER OMA KAM, Regie: Roland Oehme

TILL EULENSPIEGEL
Regie: Rainer Simon

DAS LAND HINTER DEM REGENBOGEN
Regie: Herwig Kipping

DAS VERURTEILTE DORF, Regie: Martin Hellberg

Bärbel Dalichow

HELGA GÖRING

»Ich habe ein erfülltes Leben, ein erfülltes Berufsleben gehabt. Aber ich möchte es gern bis zum Schluß haben. Mein größter Wunsch ist, auf der Bühne oder vor der Kamera umzufallen und tot zu sein, mitten aus der Arbeit.« Als Helga Göring diesen Wunsch einer Journalistin zur Veröffentlichung anvertraute, war sie achtundsechzig Jahre alt. Von ihrem achtzehnten Jahr an hatte sie ununterbrochen auf Bühnen und vor Kameras gestanden, hatte von Jugend auf immer auch große Rollen spielen dürfen, war '44 in Hamburg das jüngste Gretchen in Goethes »Faust« gewesen, hatte in den fünfziger Jahren das Grundmuster aller folgenden Vorstellungen von aufrechten Antifaschistinnen mit ihrer Gerda Löning in *Stärker als die Nacht* geprägt, bekam, nachdem sie zum Ensemble des Deutschen Fernsehfunks gewechselt war, auch dort bedeutende Aufgaben. Mehr als zwanzig Kinospielfilme, nahezu einhundert Fernsehfilme – da scheint es paradox, daß die Göring fast an jedem runden Geburtstag – vom vierzigsten bis zum siebzigsten – klagt, es mangele an guten Rollen für Frauen ihres Alters.

Helga Göring ist arbeitsbesessen. Sehr deutsch, sehr protestantisch-sozialistisch. Ernsthafte Arbeit, nicht die Vielgestalt des Lebens, nicht das Spiel sind Quelle ihres Seins und ihrer Schauspielkunst. Ganz in der Tradition des Pflicht- und Aufgabendenkens stehend, macht der Beruf das Zentrum ihrer Biographie aus, die Bewunderung der Zuschauer bietet die stärkste Wärmequelle. Deren Verlust bedeutet Bitterkeit und Verzweiflung.

Ihre erste Filmrolle, die Käthe Vollmer im *Verurteilten Dorf*, bekam Helga Göring 1952. Martin Hellberg, der Intendant des Dresdener Staatstheaters, an dem die Göring engagiert war, nahm sie nach Babelsberg zu seiner ersten Filmregie mit. Der Kampf der Einwohner des bayrischen Dorfes Bärenweiler gegen die geplante Errichtung eines amerikanischen Militärflugplatzes steht – mit umgekehrtem ideologischen Pathos – ästhetisch in der unseligen Tradition deutscher Propagandafilme. Bauerntochter Käthe ist die Ehefrau eines ortsfremden ehemaligen Offiziers, der sie schlecht behandelt. Die Bekümmerte wagt es dennoch, auf eine stille Weise widersetzlich zu sein, sich endlich gegen den Ehemann und für ihre Jugendliebe, den Anführer des Aufruhrs, zu entscheiden. Die Göring kann als Käthe sehr, sehr traurig aussehen, selbst in ihrer Freude liegt immer auch ein Seufzen und Bedenken.

Auf Kinoleinwänden erscheint sie von nun an als eine Unglückliche, als Prototyp der einsamen Frau, die die Last der Nachkriegsjahre mit erhobenem Kopf und tiefer Traurigkeit im Herzen zu tragen hat. Gemeinsam mit Erika Dunkelmann, die im gleichen Spektrum die überlastete zupackende Arbeiterin spielte, gibt Helga Göring jenen Frauen ein Gesicht, die überwiegend ohne männlichen Beistand ihre Kinder aufzogen und ein in Trümmern liegendes Land aufräumten. Auch wegen ihrer Sprachkultur, die großbürgerlichen Hintergrund und sorgsame Ausbildung verrät, hätte sie andernorts einsame Königinnen, tapfere Kirchgängerinnen oder eben auch ordnungsliebende Mütter spielen können. Heute würde man die junge Göring in Krimis und Psychothrillern besetzen, denn ein Mangel an erfahrener Liebe, den sie ausstrahlt, gibt ihr eine besondere Empfindsamkeit, die sie als Verstörung und Entsetzen in unendlichen Varianten auszudrücken vermag. Die Fülle unausgelebter Gefühle, die Sehnsucht hinter der Fassade von Pflichterfüllung und Selbstbescheidung verleiht ihren Rollengestaltungen Tiefe und Reichtum. Sie ist ernst, schlicht, eindringlich. In den zahlreichen Mütterfiguren von *Berlin – Ecke Schönhauser...* bis *Denk bloß nicht, ich heule* scheint sie defensiv und dennoch zielbewußt, voll von überwiegend nach innen gerichteter Aggression. Nur selten darf ein beinahe mädchenhafter Charme aufleuchten, der ihr Gesicht erhellt wie ein Sonnenloch einen grauen Tag. Auch der Wunsch, nicht mehr auf diesen einen Frauentyp festgelegt zu werden, führte Helga Göring von der DEFA zum Fernsehen. Dort durfte sie – wie anfangs auf der Bühne – auch ihr komisches Talent zeigen. Als die Zeit gekommen war, wechselte sie souverän ins Großmutterfach. Für die Kinozuschauer bleibt sie die Antifaschistin und die arbeitende Frau, die kein Glücksengel beschirmt, die das Leben daher niemals wirklich zu umarmen vermag und die dennoch auf königliche Weise Haltung bewahrt.

»Wenn man nur schreien dürfte, schreien...« sagt sie beinahe still im *Verurteilten Dorf*. Dieser Satz hätte in jedem ihrer Kinofilme vorkommen können.

Mit Horst Schumann in
STÄRKER ALS DIE NACHT
Regie: Slatan Dudow

Mit Karla Runkehl, Ulrich Thein
und Hans Finohr in
SCHLÖSSER UND KATEN
Regie: Kurt Maetzig

Mit Ilse Pagé in
BERLIN – ECKE SCHÖNHAUSER...
Regie: Gerhard Klein

Mit Peter Reusse in
DENK BLOSS NICHT, ICH HEULE
Regie: Frank Vogel

Mit Jutta Hoffmann in
TROTZ ALLEDEM!
Regie: Günter Reisch

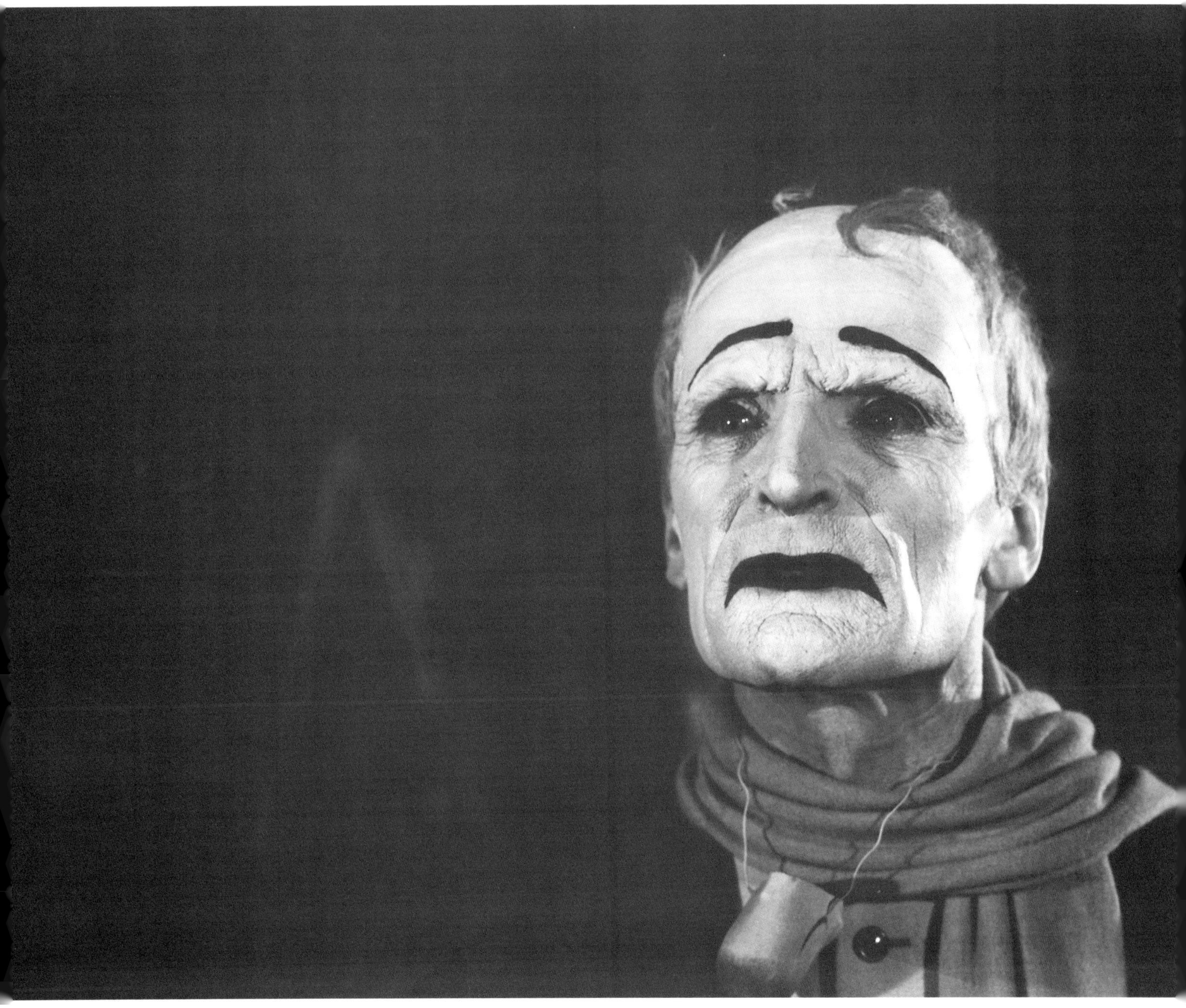

PENSION BOULANKA, Regie: Helmut Krätzig

Günther Rücker

HERWART GROSSE

Fragt man einen meiner Generation, womit sich Herwart Grosse in seine Erinnerung einquartierte, kommt immer dieselbe Antwort: mit der Darstellung des IG-Farben-Direktors in Maetzigs Film *Der Rat der Götter*. Da war einer angetreten, der nicht nur den Mut, sondern auch das Können besaß, diese Konzernherren in Figura und Sprache vorzuführen, wie sie waren. Die Prozesse gegen sie hatten erst vor kurzer Zeit ihr Ende gefunden. Junge Leute empfinden heute die Darstellung dieser Schicht deutschen Herrentums in damaligen DEFA-Filmen als überzogene Karikatur. Wie groß ist ihr Erstaunen, wenn sie ihnen dann in den alten Wochenschauen begegnen. Grosse kannte Gestus und Sprache jener Jahre. Er war in den Mitteln seiner Darstellung ein Souverän. Er war ein Souverän in jeder seiner 94 Film- und Fernsehrollen. Zehn Jahre nach dem IG-Farben-Direktor verpflichtete ihn Gerhard Klein als SD-Sicherheitschef Müller in *Der Fall Gleiwitz*. Grosse spielte ihn in faszinierender Perfektion. Nach der Premiere gab es keinen Beifall. Die einen konnten das Grauen nicht überwinden, die anderen hätten es lieber gesehen, man hätte Müller und seine Leute als Schufte unterer Kategorie gezeigt und nicht als vollkommen funktionierende Organisation.

1964 besetzte ich Grosse in *Die besten Jahre*, meinem Regiedebüt, als alten Lehrer, der zeitlebens nie unterrichten durfte und nun, nach dem Krieg, anderen hilft, Lehrer zu werden. Nie vergesse ich die Szene, in der er darüber sinnt, wie es denn gekommen sei, daß Schwätzer und Großsprecher so erfolgreich Unfähigkeit als blinde Treue tarnen können und zu Lob und hohen Ämtern kommen, die Heuchelei erfolgreich Ergebenheitsadressen abliefert und die Beschränkten Mut in Beschränkungen ertränken. Das Publikum nahm's mit Bewußtheit auf. Außerhalb der DDR wurde diese Stelle als »Äußerung von Dissidenten« aufgefaßt, aber weder Autor noch Darsteller zählten sich diesen zu, obwohl Grosse in den 50er Jahren aus der Partei ausgetreten war.

Nach einem Drehtag, mit dem wir sehr zufrieden waren, bot mir Grosse das Du an. Ich wußte nicht, ob er ahnte, wie sehr er mich mit solcher Geste ehrte. Aber am nächsten Tag ließen es Respekt, Hochachtung und das Gefühl des Dankes nicht zu, das lockere Du zu benutzen, und wir blieben beim Sie. Grosse war eine Instanz. Nicht nur für mich. Manchmal fühlte man etwas wie eine unsichtbare Distanz. Sie kränkte nie. Sie drückte gegenseitige Hochachtung aus. Die Beziehung zu Grosse und die von ihm zum Partner hatte immer eine Art bezeugtes Verstehen in sich. Grosse konnte plötzlich in drei, vier Wendungen entsetzlich ordinär sein. Solche Wortfindungen gehörten ins Reich des genialisch Unberührbaren. Man wurde unruhig, wenn sie zu lange auf sich warten ließen. Eine conditio sine qua non war Genauigkeit auch im Kleinsten. Minutenlanges Schnürsenkel-Zubinden und In-Symmetrie-Bringen. Man lächelte, aber mit Respekt und Bewunderung. Im Funk sagten die Schnittmeisterinnen: Einen Grossetext kannst du mitten im Wort cuttern, das paßt immer und liegt an. Plangeschliffen und genau. In einer Nachtsendung hörte ich Grosse einmal Szenen aus seinem Leben erzählen und kommentieren. Ich rief im Sender an: Bewahrt diese Kostbarkeit für alle Zukunft auf, davon haben wir nicht allzuviele. Ich weiß nicht, ob solches wie fast alles andre der Aussonderung verfiel. Ich weiß allerdings auch nicht, was er damals über sich sagte. Ich habe nur noch den Genuß der zehn Minuten sprachlicher Brillanz im Ohr.

Thomas Mann, von Herwart Grosse gesprochen. »Fülle des Wohllauts« und »Kurzer Lehrgang für Theaterbesucher«, anderthalb Stunden im freien Umgang mit dem Text, und nicht eine einzige Korrektur. Adlershof hat's aufgenommen. Wäre ich TV-Sendechef, ich würde es einmal im Jahr zu Grosses Ehren senden. Je tiefer in der Nacht, desto lieber. Ruhe und Bereitschaft sind dazu vonnöten.

Hier wäre zu schreiben über Grosses Theaterarbeit. Sein grandioser Narr in »Lear«, Oder, mir unvergeßbar, wie er als Theobul Kosegarten in »Die Schlacht bei Lobositz« über den Krieg der Könige und Fürsten Europas im Hinblick auf das amerikanische Ohiobecken meditiert. Einmal erzählte er von einem jungen Kollegen, der ihm auf die Bemerkung, man verstehe ihn schon in der achten Reihe nicht mehr, antwortete: Na und? Ich bin ein gestischer Schauspieler. Grosses Reaktion: Schauspieler, die sprachliche Klarheit für überflüssig ansehen, Maler, die das Zeichnenkönnen für altmodische Faxen erklären: Sancta simplicitas! Wo soll die Kunst mit solcher Geniekotzerei enden?

ROBERT MAYER – DER ARZT AUS HEILBRONN, Regie: Helmut Spieß

Mit Jörg Knochée in
KARLA
Regie: Herrmann Zschoche

Mit Melania Jakubisková in
FRÄULEIN SCHMETTERLING
Regie: Kurt Barthel

DIE GESTOHLENE SCHLACHT
Regie: Erwin Stranka

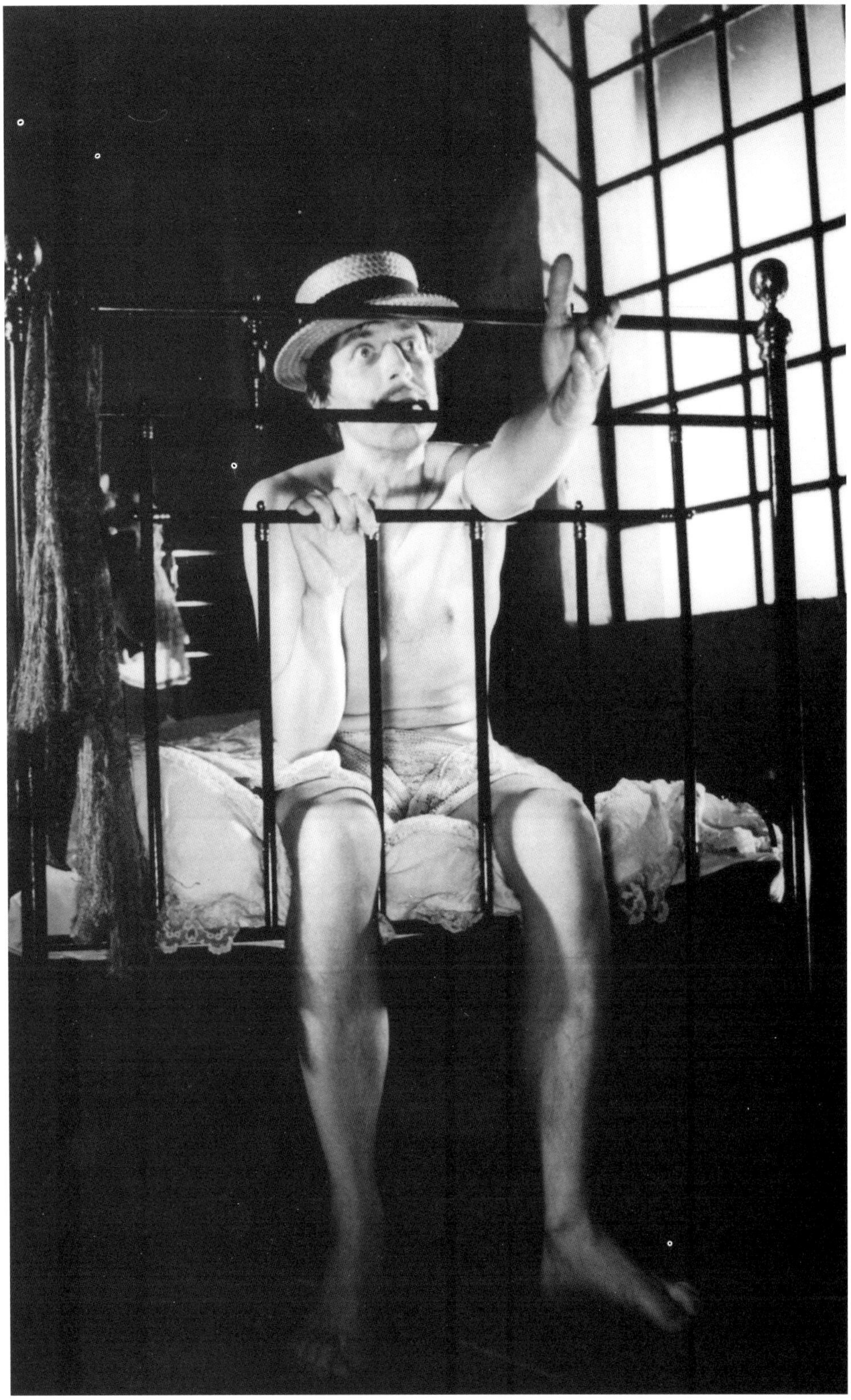

DAS LUFTSCHIFF, Regie: Rainer Simon

Helga Schütz

JÖRG GUDZUHN

Die Szene verlangt einen Betrunkenen, er will sich einreden, es wird schon gehn, wir werden schon durchkommen, wir sind ja immer durchgekommen, schlecht und recht – bis zum heutigen Tage. Schuld. Nicht eine diffuse, allgemeine, sondern eine mit Namen. Er hat als Halbwüchsiger einen Schulfreund während eines Duells erschossen. Er selbst trug eine Narbe davon, direkt unterm Herzen. Er ist ein erfolgreicher Schriftsteller.

Er hat sich in seiner Seelennot bei einer Verehrerin seiner Talente eingeladen. Maiglöckchen nennt er sie. Ahnt er, daß sie eine Denunziantin ist? Kann er sich solche Einsichten leisten? Sie hält für ihn Wein, Wärme und Schönheit bereit. Ein Berliner Wohnzimmer, fast ein Salon. Gudzuhn-*Fallada* steht an der Tür, der Wein drückt ihn nieder. Die gespielte Zuversicht macht ihn krumm, denn soweit ist er noch bei Verstand, daß er ernstlich nicht mehr daran glauben kann, es würde besser werden. Gewinnergesten überspielen die Verzweiflung. Er erzählt vom Absturz der Anderen. Die Türklinke in der Hand. Er will gehen. Und die Wunde? fragt die Frau, er habe ihr doch die Wunde zeigen wollen. Gudzuhn-*Fallada* wirft die Aktentasche beiseite. Er zerrt das Hemd aus der Hose.

Ich stand am Rande und schaute beim Drehen zu, sah, wie Jörg Gudzuhn beinahe wörtlich die Finger auf die Wunde des Schriftstellers Hans Fallada legte. Mein erstes Empfinden, der Schauspieler übertreibt. Doch allmählich bekam die Szene ihren Wert und ihre Bedeutung, die Übertreibung gehörte dazu. Die Szene würde nicht Teil eines dokumentierten Lebens, sondern Teil einer von Jörg Gudzuhn gestalteten Kunstfigur sein. Die Aktentasche, das Zerren am Hemd, der Blick in die Kamera, das Danebengreifen – auf der Leinwand wurde aus den beobachteten Teilen ein Ganzes, aus der Übertreibung das richtige, das anrührende Maß.

Schuld. Einsamkeit. Erotische Spannung. Alkohol.

Wenn ich Gudzuhns Spiel beschreiben sollte, würde ich es in den besten Augenblicken international nennen. Damit würde ich nicht nur andeuten wollen, daß er ein sehr guter Schauspieler ist und welche Vergleiche er aushalten könnte, sondern damit möchte ich auch die Art seiner Darstellungskunst beschreiben. Er, so meine ich, handelt nicht allein mit Gesten, die er auf der Straße gefunden hat. Beobachten und Nachmachen sind ihm nur eine Tasche voll Werkzeug. Bei Gudzuhn gesellen sich zu Menschenkenntnis und Beobachtungsgabe vor allem noch Mut und Talent.

Talent aber bleibt zum größten Teil Geheimnis, und so fange ich an zu spekulieren. Vielleicht ist es der doppelte und dreifache Sinn hinter einer Geste – wenn er die Hände hebt, wenn er eine Umarmung genau zwischen Abwehr und Entschuldigung enden läßt. Vielleicht ist es bei aller Fertigkeit seine Ausstrahlung, seine Natur, vielleicht sind es seine Hände. Zum Beispiel, wenn er mit dem Rest einer Zigarette die nächste anzündet. Immer scheint mir sein Spiel aus der Zeit und aus einem Ort hinaus zu führen. Oder er tritt aus der Ferne an uns heran.

Zum Beispiel, um es wieder wörtlich zu nehmen, von einem Universitätscampus in den USA. Wo er in Frank Beyers *Ende der Unschuld* als Leo Szilard überzeugen will, daß die Bombe gebaut werden muß, um später leidenschaftlich unterwegs zu sein, den Einsatz der Bombe zu verhindern. Wir kennen die Geschichten, wissen, wie die Unvernunft den vernünftigen Argumenten von Szilard voraus war. Er findet nirgendwo mehr Gehör. Gudzuhn, unter einem Hut, im schlappen Sommeranzug. Er kneift vor der Sonne die Augen zu. Er verschließt die Augen. Augenverschließen vor dem Mißlingen. Erster Verdrängungsversuch, weil keiner hören will, und zum Helden ist er nicht geboren. Gudzuhn zeigt den Wandel von der Verantwortung in die Resignation vor der Kraft, die niemandem mehr gehorcht. Das Blinzeln, die vorgebliche oder wirkliche Sonne.

Der dritte Sinn.

Mit Christine Schorn in EINE SONDERBARE LIEBE, Regie: Lothar Warneke

VERFEHLUNG
Regie: Heiner Carow

Mit Daniela Hoffmann in
FAHRSCHULE
Regie: Bernhard Stephan

Nächste Seiten:
FALLADA – LETZTES KAPITEL
Regie: Roland Gräf

DER TANGOSPIELER, Regie: Roland Gräf

Fred Gehler

MICHAEL GWISDEK

1982. Michael Gwisdek alias der Verräter Walter in Ulrich Weiß' *Dein unbekannter Bruder*. Nach der Entlarvung tritt er aus einer Fischerhütte heraus. An der Schwelle Verharren. Eine unsichtbare Schranke scheint ihn zu stoppen. Die Assoziation eines Maulwurfs, der das Freie, das Licht scheut. Dann rückt die Kamera weg. Der Zuschauer sieht immer totaler. Der Blick fällt auf Netze. Der Mann wirkt wie eingemauert im Rahmen der Tür. Es könnte auch ein aufrecht stehender Sarg sein. Die Landschaft ist von einer suggestiven Schönheit, die Atmosphäre fast idyllisch. Der Mann in der Tür ist ein befremdlicher Fleck in dieser Idylle. Zugleich eine Metapher schier grenzenloser Einsamkeit...

Ein Jahr später: Gwisdek im folgenden Weiß-Film *Olle Henry*. Eine verfremdende Variation über Themen, existentielle Grundsituationen und Obsessionen eines Wolfgang Borchert. Wolfgang Borchert war 1945 in die Trümmer Hamburgs zurückgekehrt. Einer aus der Reihe jener Männer, die nach Hause kommen und doch nicht nach Hause kommen, weil für sie kein Zuhause mehr da ist. Zwei Jahre bleiben ihm zum Schreiben – ein Wettlauf mit dem Tode. Gepeinigt von Visionen, besessen vom Mitleiden mit den Hungernden, den Krüppeln und Heimatlosen.

Borchert klagt den Krieg an, das »seuchige, kraftstrotzende Tier«. Und in seinen Fieberträumen entsteht die Figur des Heimkehrers Beckmann, eines Menschen, der friert, der hungert und der humpelt. »Eine Tür schlägt zu, und er steht draußen.«

Henry Wolters, einst genannt *Olle Henry*, ist einer von den vielen Beckmanns. Auch er war lange weg. Sehr lange, und mit Sicherheit zu lange. Er ist anders wiedergekommen, als er wegging. Wolfgang Borchert hat auch ihn beschrieben: Äußerlich ist er ein naher Verwandter jener Gebilde, die auf den Feldern stehen, um die Vögel (und abends manchmal die Menschen) zu erschrecken. Innerlich – auch.

Auch Henry Wolters' Zuhause ist draußen vor der Tür. Ein Mann, von Lethargie förmlich durchtränkt. Verzögerte Reaktionen auf alles, was ihm nun noch widerfährt. Olle Henry ist unten, tief unten. Zu sprechen hat er noch nicht wieder gelernt – das Schweigen des erfahrenen Todes füllt ihn aus. Und als er zu sprechen beginnt, stellt er sich vor, als ginge es um einen anderen, den er vor Urzeiten einmal gekannt: »Ich hatte bloß eine Hand.«

Es gibt ihn auch nicht mehr, diesen legendären Olle Henry. Er soll nun wieder »neu beginnen«. Remake eines Menschen. Doch dieser Anfang ist, wenn überhaupt, nur eine Wiederaufnahme des »Alten«. Es kommt zum Versuch, eine Rolle zu übernehmen, für die es schon keine Voraussetzungen mehr gibt. Aufgebaut wird die Hülle eines Mannes. Die Farce und das schließliche Scheitern sind vorprogrammiert. »Ich fühl' mich gar nicht mehr – und das ist wie im Himmel sein, sich nicht mehr fühlen.«

Doch Regisseur und Darsteller belassen Olle Henry nicht fatalistisch »draußen vor der Tür«. Gwisdek macht nur am Anfang das Gepäck des Krieges und des Todes transparent (»Wir tragen viele weltschwere wächserne Tote auf unseren mageren Schultern«). Dann gewinnen andere Meditationen aus dem Manifest des Dichters Borchert Konturen: »Denn wir müssen in das Nichts hinein wieder ein Ja bauen... Unser Manifest ist die Liebe... Wir wollen in dieser wahnwitzigen Welt noch wieder, immer wieder lieben!«

Die Sehnsucht nach Liebe und Zärtlichkeit läßt sich nicht ständig verdrängen oder negieren. Am Ende bleibt ein neues Mysterium: »Vielleicht sind wir voller Ankunft zu einem neuen Lieben, zu einem neuen Lachen, zu einem neuen Gott.«

Der Schauspieler Michael Gwisdek in den Filmen des Regisseurs Ulrich Weiß – das ist vor allem die Abwesenheit von typologischen Fixierungen, »inhaltlich« dominierten Maskierungen und Rollenspielen. Das ist als Gegenpol immer wieder die Entdeckung der sinnlichen Welt – auch des Schauspielers. »Mit der Dominanz des Sehens« (Weiß). Nie war Gwisdek einem Ideal so nahe, das einmal François Truffaut in einer Hommage auf Humphrey Bogart so beschrieben hat: »...und er wußte, daß die Gründe weniger taugen als die Schönheit der Gesten, die ihnen dienen, und daß jede Tat rein ist, die sich ihrer logischen Vollendung nicht entzieht.«

Mit Regimantas Adomaitis in
MANN GEGEN MANN
Regie: Kurt Maetzig

Mit Rolf Martin-Kruckenberg in
JADUP UND BOEL
Regie: Rainer Simon

Mit Aniko Safar in
OLLE HENRY
Regie: Ulrich Weiß

FARSSMANN ODER ZU FUSS IN DIE SACKGASSE
Regie: Roland Oehme

ZUM BEISPIEL JOSEF, Regie: Erwin Stranka

Herwig Kipping

EVA-MARIA HAGEN

Sie liebt es, das Mädel zu spielen, unbefangen und naiv, ein nach Liebe und Verführung neu»gieriges« Mädchen, das unschuldig tut und unschuldig ist gegenüber den Lustmolchen und Gewaltverbrechern dieser Welt. Ein verführtes, verführerisches Mädchen, eine Verfolgte, die auf die schiefe Bahn geriet.

Ja, sie verführt gern. Sie verführt gern mit ihrem Körper. Sie liebt ihren Körper, ihre Brüste, ihre Schenkel. Sie führt gern. Sie kokettiert damit, sie liebt es zu kokettieren. Am liebsten ist sie kokett. Am liebsten ist sie jung und verführerisch kokett. Da fühlt sie sich sicher, dieses innerlich unsichere Mädchen, dieses sehr natürliche Mädchen, mit Kaprizen.

Am liebsten verführt sie Männer. Sie sagt Dir direkt, was sie von Dir will, wenn Du sie interessierst. Sie will Dich, ganz und gar, mit Haut und Haaren. Sie mag kein Drumherumgerede. Sie ist mütterlich, ohne eine Mutter zu sein. Sie ist mütterlich zu Männern. Sie mag männliche Männer. Sie liebt es, eine Frau zu sein, eine Frau zu spielen, die Männer auf eine mütterliche, das heißt bestimmte bestimmende Art zu lieben. Sie bemuttert sie gern. Sie umsorgt sie, sie kümmert sich um alles, bringt ihr äußeres Leben in Ordnung, verschafft ihnen eine Wohnung, verlegt das erste Buch mit Gedichten. Sie kümmert sich. Sie gibt alles. Sie lebt für die Liebe zu diesen Männern.

Aber innerlich ist sie weit fort auf ihrem Stern und bleibt einsam. Eva-Maria ist nicht sinnlich, sondern keusch. Tief innen sehnt sie sich nach der tiefen, wahren Liebe, die sie erlöst. Eva-Maria ist ein Dornröschen – mit Dornen. Ja, sie liebt die Liebe. Aber sie liebt auch die Distanz der Träume. Sie kann sich zwischen Leben und Traum nicht entscheiden. Sie hat Angst vor wirklicher Nähe. Sie spielt immer eine Rolle: die schlafende, träumende Prinzessin, die auf den Prinzen wartet, der sie wachküßt. Sie liebt es, wehmütige Lieder zu singen, vom Wind, von der Traurigkeit. Sie wäre lieber geil als melancholisch und wehmütig. Und ist noch wehmütig und melancholisch, wenn sie geil ist.

Am meisten liebt sie die Wehmut, vor dem Tode, vor der Lust, vor der letzten Versuchung. Sie weiß nicht, warum ihr Leben im Winde zerrann, warum man sie nicht wirklich liebt, warum sie so gefährdet, so zerbrechlich ist – sie will es nicht wissen. Eva-Maria ist ein großes Mädel, das zum ersten Mal Karussell fährt.

Sie ist spröde, lacht gern, aber sie ist nicht wirklich frei. Sie ist besetzt von Wünschen, denen sie nicht entsagen kann. Sie kann nicht zur Gänze loslassen, obwohl sie sich danach sehnt.

O ja, diese Scheu sich hinzugeben, sich zu verlieren. Ganz innen flieht sie sich, statt bei sich selbst zu sein. Sie hat Angst vor dem Schmerz, sie fürchtet das Leid und sucht es zugleich.

Die Flucht ins Äußere, Äußerliche, Spröde. Sie ist ein Star und scheint, mit der Traurigkeit eines Sternes im Herzen, so weit fort zu sein von der Erde, der grimmig schönen Welt von Menschen. Nicht wirklich angekommen, angenommen vom Liebsten. Er hat sie verlassen. – Warum? Sie sucht immer wieder Männer, die ihr dieses Gefühl vermitteln, eine Gewohnheitstäterin ungelebter lebendiger Liebe. Da bleibt die Distanz der Sehnsucht als selbstgewähltes Fach und der Traum: der Verführung immer wieder zu verfallen. »Mein Gott, sagt denn keiner dem Mädel, wie es aussieht? Du bist doch die Marilyn Monroe des Ostens.« –

»Manchmal denke ich, ich muß geträumt haben, von zwei Männern, dem jungen ungestümen und dem väterlichen.« Ja, der Vater. Der Vater mit weißen Haaren, der aussieht wie der liebe Gott. Der keine Zähne hat, weil sie ihm im Verhör ausgeschlagen wurden. Es war eine große Liebe. »Eva-Maria, die Vormundschaft des Staates ist ab heute erloschen. – Ah, diese verdammte Göre ist volljährig geworden, und sie will es nicht wahrhaben, kümmert sich nicht darum. Was wird bloß aus dem Mädel? – Was ordentliches?!«

Am liebsten lacht sie und ist unbefangen, wie damals, als sie ein Mädel war. Am liebsten ist sie ein Mädel.

Ach, der Liebste. Der Liebste, der sie in seine Arme nimmt, der sie ganz fest hält und sie ganz fest an sein Herz drückt, bis sie ganz in ihm geborgen ist, bis sie sich ganz und gar fallenlassen, ergeben kann. – »Vergeßt mir meine Traudel nicht.« –

Ja, wie heiße ich eigentlich: Traudel, Traudelchen? Nein, ich bin die Eva und die Maria, und am Ende bin ich doch alles in einem, alles in allem vor allem: die – Hagen.

Mit Rolf Hoppe in DIE HOSEN DES RITTERS VON BREDOW, Regie: Konrad Petzold

Mit Horst Kube
und Günther Haack in
VERGESST MIR
MEINE TRAUDEL NICHT
Regie: Kurt Maetzig

ITALIENISCHES CAPRICCIO
Regie: Glauco Pellegrini

Mit Günther Simon in
BROT UND ROSEN
Regie: Horst E. Brandt
und Heinz Thiel

DIE RUSSEN KOMMEN, Regie: Heiner Carow

Manfred Freitag

HANS HARDT-HARDTLOFF

Was weiß ich schon von ihm? Eigentlich nichts.
Woher stammt sein klangvoller Doppelname?
War er etwa mit Karin Hardt verheiratet? Und was trieb einen »Kölschen Jong« mit Sechzehn zur Wanderbühne?
Welche Rollen spielte er bei Millowitsch, welche während der Nazizeit in Argentinien? Wie kam er nach Kriegsende als Oberspielleiter zum Mitteldeutschen Rundfunk, später als Intendant nach Döbeln...?
Nach alledem möchte ich ihn heute fragen, lebte er noch. Doch eine Frage stünde bei mir an erster Stelle: Wie hat er damals das 11. Plenum verkraftet, diesen Kahlschlag im DEFA-Film, der ihn im letzten Jahrzehnt seines langen Schauspielerlebens traf?
Der Mann wurde um drei seiner besten Leistungen betrogen, so viel steht fest. Das Lexikon der Filmschauspieler, erschienen 1980 in Berlin (DDR), nennt hinter seinem Namen fünfundfünfzig Spielfilme, in denen er mitgewirkt hat. Drei Filme verschweigt es allerdings: *Denk bloß nicht, ich heule*, *Karla*, *Berlin um die Ecke*.
Schaut man sich diese Filme heute an, dreißig Jahre nach ihrem Verbot, fällt sofort die Rollenverwandtschaft auf.
Zwar spielt Hans Hardt-Hardtloff im ersten Film einen LPG-Vorsitzenden, im zweiten einen Schuldirektor, im dritten den Redakteur einer kleinen Betriebszeitung, doch immer verkörpert er die gleiche Sehnsucht. Es ist, auf einen Nenner gebracht, die Sehnsucht der Söhne nach Vätern, die so wären wie er: ehrlich in Zuneigung und Ablehnung, ohne Heuchelei und Phrasen, nichts und niemanden schonend, am wenigsten sich selbst, gebeugt unter der Last ihrer Verantwortung und wohl wissend, wie schwer es ist, gerecht zu sein.
Denn so hätten wir sie gern gesehen, als wir noch jung waren – die Generation vor uns. Vom Lehrer bis hinauf zum Minister. Und er, der Schauspieler Hardt-Hardtloff, hatte uns verstanden.
Schwierige Rollen, in denen er nicht auf Anhieb mit Sympathie rechnen konnte. Im Gegenteil. Doch mit sicherem Gespür für das Echte beschämt er jeden, der zu vorschnellem Urteil neigt, erzwingt gewissermaßen den zweiten und dritten Blick auf »seinen« Charakter, bis man ihm am Ende ganz nah ist. Wie im richtigen Leben.
Wenn aber von Rollenverwandtschaft die Rede ist, muß noch eine genannt werden, mit der wohl alles begann. Richtiger: begonnen h ä t t e , wäre ein Jahr später nicht schon alles vorbei gewesen.
Hardt-Hardtloff war d e r Meternagel im *Geteilten Himmel* 1964. Ein zum Arbeiter degradierter Meister im Waggonbau, der für die Protagonistin zur Schlüsselfigur wird. Wie oft hat man sich bei Literaturverfilmungen seinen Helden anders vorgestellt! Hier nicht. Hier spielt etwas mit, was wohl nur einer hat, der vom Hinterhof kommt. Oder aus der Kellerwohnung. Jedenfalls von kleinen Leuten abstammt. Brecht hätte es den »sozialen Gestus« genannt.
Doch es ist mehr. Unvergeßlich, wie Hardt-Hardtloff in einer Dorfschmiede dem Aussteiger Peter erklärt, wozu ein Hammer gut ist. Wie er mit Karla in einer leeren Bahnhofskneipe hockt und seinen Schnaps kippt. Wie er in einer Berliner Küche sein Essen vorbereitet, Wasser aufsetzt, Kartoffeln schält... Jedesmal steht ihm hier die nächste Generation gegenüber: Peter, Karla, Olaf. Und er? Da ist eine Furcht in seinem Blick, die weit über sein Rollenspiel hinausgeht. Die Furcht des Vaters, nicht verstanden zu werden und den Sohn für immer zu verlieren.
Hans Hardt-Hardtloff sollte recht behalten. Denn solche wie ihn gab es – zu wenige.

Mit Nico Turoff in
ALS MARTIN
VIERZEHN WAR
Regie: Walter Beck

DER GETEILTE HIMMEL
Regie: Konrad Wolf

DIE BESTEN JAHRE
Regie: Günther Rücker

Mit Horst Schulze in
SOLANGE LEBEN IN MIR IST
Regie: Günter Reisch

Mit Inge Keller in
KARLA
Regie: Herrmann Zschoche

MOHR UND DIE RABEN
VON LONDON
Regie: Helmut Dziuba

DIE SCHAUSPIELERIN, Regie: Siegfried Kühn

Regine Kühn

CORINNA HARFOUCH

Als Corinna Harfouch in Heiner Müllers aufregender Inszenierung 1983 an der Berliner Volksbühne die Lady Macbeth spielte, war sie den Jahren nach eine erwachsene Frau. Sie wirkte wie ein dünnes, eigensinniges Hinterhofkind. In einem fleischfarbenen Kleidchen mit einem breiten grünen Gürtel darauf ging sie wie schlafwandlerisch über einen hohen Steg, der den Zuschauerraum querte. Laut Stück bluttriefend. Corinna sah aus wie eine, an der Blut nicht kleben bleibt, nie. Wie jenseits von Gut und Böse. Wie eine, die blindlings ihrem inneren Gesetz folgt, unbeirrbar von der Welt. Vor allem aber: ohne Moral. Nicht etwa unmoralisch. Einfach ohne diese Kategorie Moral.

Bei der DEFA gab man ihr zuerst die Sekretärinnen.

Da war ihr Antlitz noch pur. Die Maskenbildner hatten es sich noch nicht angeeignet. Die eng stehenden Augen. Die breiten Wangenknochen. Die Disproportion zwischen oberem und unterem Gesicht.

Sie gab diesen Sekretärinnen Profil. Sie hatte in den Rollen kaum Text. Aber ihr Schweigen hatte die Eigenart, auffällig zu sein. Die blassen Frauen bekamen in ihrem Körper Geheimnis und Präsenz.

Die Emmi im *Haus am Fluß* war eine ihrer schönsten Episoden. Sie, die sich umbrachte, war dort »ein heller Klang«.

Dann, in einem Jahr, zwei große Rollen. Maria Rheine / Manja Löwental in *Die Schauspielerin* und Therese Forster in *Treffen in Travers*. Für beide Rollen viele Preise.

Corinna Harfouchs Figuren haben immer eine gewisse Hermetik. Sie stehen immer irgendwie für sich. Bei Männern kennt man das. Delon, beispielsweise, ist ohne den leeren Raum um sich herum nicht denkbar. Er macht sein schauspielerisches Geheimnis aus. Für eine Frau ist es ungewöhnlich.

Die Maria / Manja in der *Schauspielerin* gab Corinna Gelegenheit, diese Hermetik zur konsequenten Einsamkeit zu stilisieren. Kontakt zur Welt nimmt sie über ihre Rollen auf. Sie ist fast sprachlos. Ihr Schweigen ist nur aufgelöst in Rollentexten. Als sie selbst spricht sie mit ihrem Körper: wie sie das uniformierte Kind »erschießt«, wie sie die große Bühne erobert, wie sie die Rückkehr in ihre Lebenssphäre, das Theater, mit gesteptem Tanz feiert.

Die Einsamkeit, die Sturheit, die stumme Zielstrebigkeit, die diese Rolle von ihr verlangt, bringt sie um den Partner im Spiel. André Hennicke hat es nicht leicht neben ihr. Sie läßt ihn so einsam, wie sie selbst ist. Es gibt nur die Umarmung der Verzweiflung.

Als Therese Forster hat sie zwei Männer. Den einen liebt sie, und mit dem andern lebt sie. Von keinem kann sie lassen. Dabei ist der Film von seinem Buch her nicht so erzählt. Seine Perspektive ist der Mann Georg Forster, der Revolutionär, den seine Mission verschlingt. Ein sehr männliches Thema. Drei große Schauspieler (Corinna Harfouchs Partner sind Hermann Beyer und Uwe Kockisch) bewirken, daß in den besten Augenblicken daraus ein Spiel von der Kompliziertheit des Lebens, von der Unlösbarkeit des Problems wird.

Die Konstruktion ist ideal. Ein Ort und drei Personen. Kostüme und Masken stören hin und wieder. Besonders bei Corinna.

In einem ganz anderen Film – *Thea und Nat* – erblickt man, leider auch hier nur an zwei, drei Stellen, Corinnas wirkliches Gesicht. Und ahnt eine Dimension, die man von ihr noch nicht gesehen hat, und auf die man sofort neugierig wird.

Wann schreibt ihr jemand eine Rolle vom Maße der Lady Macbeth, die sie nun endlich auch im Kino spielen sollte? Bisher war ihre Kraft immer gebändigt...

Aber ich sehe Corinna demnächst: ausufernd, komisch, alle Grenzen sprengend, gemein, ungeschminkt, leidend.

Mit Jörg Fabian in
VERZEIHUNG, SEHEN SIE FUSSBALL?
Regie: Gunther Scholz

Mit Jörg Gudzuhn in
FALLADA – LETZTES KAPITEL
Regie: Roland Gräf

Mit Michael Gwisdek in
DER TANGOSPIELER
Regie: Roland Gräf

Mit André Hennicke in
ZWISCHEN PANKOW UND ZEHLENDORF
Regie: Horst Seemann

TREFFEN IN TRAVERS
Regie: Michael Gwisdek

HUSAREN IN BERLIN, Regie: Erwin Stranka

Lothar Kusche

ROLF HERRICHT

Wenn man jemanden einen Komiker nennt, müßte man wissen, was das eigentlich ist: ein Komiker. Vorsichtshalber sehe ich im THEATER LEXIKON nach, worin aber bloß die »komische Person« vorkommt mit dem Hinweis: siehe »lustige Person«. Unter diesem Stichwort belehrt man uns auf mehreren Druckseiten des langen und breiten, hauptsächlich des breiten, über die theaterhistorische Vorbildung der Lexikalisten und über einen Umstand, den ich schon als Schuljunge im Schlaf herbeten konnte, daß nämlich die Neuberin den Hanswurst »in einem symbolischen Akt von der deutschen Bühne verbannte«. Na meinetwegen.

Rolf Herricht war aber ein Komiker – Künstler in einem Beruf, den man anscheinend leichter ausüben als definieren kann. Diesen Mann schätzten Millionen von Kino- und Fernsehfreunden als einen Humoristen der Sonderklasse. Als einen Spaßmacher der leisen Töne.

Auf viele seiner Zuschauer machte er einen besonders bescheidenen, uneitlen Eindruck. Das halte ich für eine irrige Annahme. Natürlich war er auch eitel. Ein eitler Schauspieler muß nicht zwangsläufig gut sein, aber einen guten Schauspieler ohne Eitelkeit kann ich mir schlechterdings nicht vorstellen.

An einem Drehort gab es nicht genügend Quartiere für alle Mitwirkenden, und man bat Herricht, mit seinem Auto zu einem Kleinstadt-Hotel in der Nähe zu fahren; dort sei ein Zimmer bestellt. Der Portier: »Sie wünschen?« Herricht: »Meinen Zimmerschlüssel!« Der Portier: »Wie ist denn Ihr Name?« Herricht: »Herricht!!!« Der Portier mit dem Meldezettel in der Hand: »Dann müßten Sie mir auch mal Ihren Beruf verraten, Herr Richt.« Das soll dem Rolf nicht so sehr gefallen haben.

Ansonsten aber war er (und so entstand vielleicht der Eindruck von Bescheidenheit) ein ruhiger, möglicherweise sogar etwas introvertierter Mensch.

Rudi Strahl, der viele lustige Rollen für Herricht geschrieben hat (*Der Reserveheld*, *Meine Freundin Sybille*), saß mal neben dem scheuen Komiker im Auto. Wegen irgendwelcher Dreharbeiten mußten sie so schnell wie möglich von Altenburg nach Schmölln. Rudi: »Mensch, Rolf! Warum überholst du denn nicht dieses langweilige Kohlenauto?« Darauf der Mann am Lenkrad, Humorist und Pessimist in einer Person: »Wenn einer wie ich sowas tut, fallen einem garantiert ein paar Briketts auf den Kopf!«

Das Publikum liebte Rolf Herricht. Es applaudierte dem so herzerfrischend sympathischen, schlanken Mann mit dem treuen Blick auch, als der berühmte Fernsehkomiker bei der DEFA einen berühmten Fernsehkomiker spielte (*Der Mann, der nach der Oma kam*). Nach einer Erzählung von Renate Holland-Moritz hatten Maurycy Janowski und ich das Drehbuch verfaßt. Ich trat in diesem Kinostück auch, was Herricht nicht wissen konnte, in einer Nebenrolle als Möbelträger in Erscheinung, und in einer Drehpause verkündete er laut und deutlich: »Die Dialoge sind wirklich sehr primitiv.« Sein Kollege Herbert Köfer stellte mich (also diesen Möbelträger) als Co-Autor vor. »Nett, Sie kennenzulernen«, sagte Rolf Herricht freundlich, »mit primitiv meinte ich eigentlich sowas wie schlicht, realistisch – nicht so hochgestochen-literarisch, wissen Sie!« Ein guter Komiker muß immer auch schlagfertig sein.

Mitte der fünfziger Jahre fuhr ich nach Frankfurt (Oder). Erich Brehm, Direktor der »Distel«, wollte im Kleist-Theater einen Komiker betrachten, den man ihm fürs Kabarett empfohlen hatte: Rolf Herricht. Wir erlebten ein musikalisches Lustspiel, irgendwas mit Wien, Maderln, heurigen Rebläusen usw. Schnell zu vergessen.

Die nächtliche Heimfahrt über die einsame Autobahn machte uns erschreckend klar, was man in der DDR einzusparen verstand: beispielsweise gab es in Brehms Gefährt vom Typ »P 70« kein Kühlerthermometer. Nach Ausstoß einer letzten warnenden Dampfwolke bremste Erich sein Vehikel, ehe es explodieren konnte. »Wir brauchen Wasser!« Woher nehmen in frostiger Winternacht? Mir fiel plötzlich ein, daß irgendwo in der Nähe der Oder-Spree-Kanal verlaufen müsse. Das tat er auch, aber er war zugefroren. So tauten wir mühselig in einer großen 50-Zigaretten-Blechschachtel Schnee auf. – Herricht hatte uns unabsichtlich gelehrt, daß »P 70«-Piloten immer einen Kanister Wasser mitführen müssen. »Na schön«, sagte Brehm, »aber eins dürfte klar sein: über diesen Herrn Herricht wird kein Mensch jemals lachen können.«

So kann man sich irren.

Mit Hartmut Reck in
MUSTERKNABEN
Regie: Johannes Knittel

Mit Karin Schröder in
GELIEBTE WEISSE MAUS
Regie: Gottfried Kolditz

DER RESERVEHELD
Regie: Wolfgang Luderer

Mit Jutta Klöppel in
HAUPTMANN
FLORIAN VON DER MÜHLE
Regie: Werner W. Wallroth

DER WEIHNACHTSMANN
HEISST WILLI
Regie: Ingrid Reschke

DER BAULÖWE
Regie: Georgi Kissimow

IRGENDWO IN BERLIN, Regie: Gerhard Lamprecht

Dieter Wolf

HARRY HINDEMITH

Aus der Tiefe einer Berliner Ruinenlandschaft kommt schleppenden Schrittes ein Mann auf uns zu. Die abgetragene Kluft einer Wehrmachtsuniform weist auf den geschlagenen Soldaten, den Heimkehrer aus der Kriegsgefangenschaft. Ein Mehrtagebart betont die kantigen Züge seines Gesichts. Nicht der Krieg allein kann diese Furchen auf der hohen Stirn eingegraben haben, den zweifelnden Blick der schmalen, tiefliegenden Augen, die traurig herabgezogenen Mundwinkel mit den tiefen Falten zur Nase hin. Die stumme Umarmung des lange Vermißten mit der wiedergefundenen Frau gehört zu den großen tragischen Szenen des frühen DEFA-Films.

Der so wenig »nordische« dunkle Typ, die kräftige Gestalt, die derbe Physiognomie mit fleischiger Nase und sinnlichem Mund, die unverwechselbare rauhe Stimme, das kann nur »einer von uns« sein, einer von unten, selbst wenn er *Irgendwo in Berlin*, so der Filmtitel, einst Besitzer einer kleinen Werkstatt mit Garagenhof war. Nun liegt sie in Schutt und Asche wie vieles rundum. Erst das Beispiel der Kinder, die nach Kriegsspiel und tödlicher Mutprobe eines Gefährten mit der Enttrümmerung beginnen, beendet schließlich auch seine Resignation.

Slatan Dudow gibt Hindemith in seinem bald folgenden DEFA-Einstand *Unser täglich Brot*, einem Familiendrama der ersten Wiederaufbaustunde, die Rolle des »einfachen« Arbeiters, der der Skepsis des kleinbürgerlichen Vaters und dem Individualismus des intellektuellen Bruders mit seiner Hände Arbeit und den parolenhaften Gewißheiten der neuen Klasse gegenübertritt. Der soziale Typus, den Harry Hindemith in den Beginn seiner DEFA-Karriere einbringt, dieses markante, einprägsame Gegen-Bild zu den »schönen« Männern des Ufa-Films, sollte von nun an sein Rollen-Œuvre prägen. Immer wieder mußte er, oft mit kleinsten Auftritten, den »typischen« Arbeiter geben, auch ein Tribut an massenhaft vorhandene Identifizierungswünsche des Nachkriegspublikums und das herrschende Realismusbild der Zeit. Und so avancierte er vom Arbeiterstudenten (*Und wieder 48*) zum neuen Werkleiter einer von den alten Besitzern verratenen Fabrik (*Familie Benthin*), vom Kripo-Major (*Sie kannten sich alle*) zum Oberstleutnant der NVA (*Schritt für Schritt*) oder Staatsanwalt der neuen Justiz (*Genesung*). Im Zeitraffertempo einer kurzgefaßten DDR-Geschichte wird aus dem Arbeiterfunktionär der Aufbaujahre der Generaldirektor einer Vereinigung Volkseigener Betriebe, Vorläufer eines großen Kombinats (*Brot und Rosen*).

Doch Hindemith wollte sich nicht auf den verdienstvollen Chargen-Mimen festlegen lassen, der blassen Funktionärsfiguren in dramaturgisch wiederkehrender Personage Gesicht und Stimme leiht, ihnen zum unverwechselbaren Gestus und individuellen Charakter verhilft. Immer wieder suchte er sich vom Image des positiven Helden zu befreien. Dies gelang ihm, selten genug sogar in Gegenwartsfilmen, als Kraftfahrer und Schieber im Krimi-Genre (*Tatort Berlin*) oder in der eigenwilligen Charakterstudie des Patriarchen einer Fischerei-Brigade, genannt »Der Admiral«, im Widerstreit mit seinem Kontrahenten, dem »König«, gespielt von Hanns Anselm Perten (*Die Hochzeit von Länneken*). Im historischen Sujet hat er als sklavenfreundlicher weiser alter Schreiber Simsal in *Hatifa* die Kinderherzen erobert. Doch er überzeugte ebenso als arbeiterfeindlicher Prügelpauker der dreißiger Jahre im Pionier-Epos *Kuttel*. Als Bergarbeiter Taga, der für die Rechte der spanischen Bauern Folter und Tod durch die Faschisten auf sich nimmt (*Mich dürstet*), prägte er sich ebenso ein wie in der Rolle eines moralisch verkommenen Proleten in der Martin-Andersen-Nexö-Verfilmung *Der Lotterieschwede*.

Hindemiths Ausbruch aus der sozial geprägten Besetzungs-Typologie in der Gestalt des Konzernherrn und großbürgerlichen Humanisten Rathenau, des von rechten Ultras ermordeten Außenministers der Weimarer Republik, sollte die Ausnahme in einer Rollenwelt bleiben, die auch sein viel zu früher Tod begrenzte.

Mit Gisela Trowe in
STRASSENBEKANNTSCHAFT
Regie: Peter Pewas

Mit Edwin Marian
und Charles-Hans Vogt in
MICH DÜRSTET
Regie: Karl Paryla

DIE HOCHZEIT
VON LÄNNEKEN
Regie: Heiner Carow

Mit Axel Kausmann in
HATIFA
Regie: Siegfried Hartmann

Mit Lissy Tempelhof in
DIE BESTEN JAHRE
Regie: Günther Rücker

Mit Joachim Zschoke in
SCHWARZER ZWIEBACK
Regie: Herbert Rappaport

Egon Günther

JUTTA HOFFMANN

Es muß in der Rosa-Luxemburg-Straße gewesen sein, als ich sie zum erstenmal in der Ferne sah, ein kleines zartes Wesen in einem billigen Sommerkleid, und, ich laß mich fressen, wenn mich meine Erinnerung trügt, es trug einen Henkelkorb über dem abgewinkelten linken Arm, entweder als Ersatzkoffer oder um das Taschentüchlein darin unterzubringen. Ich weiß nicht, aber lange Zeit und immer wieder traf ich sie mit diesem Korb. Irgendwie nähertretend, sah ich dann ihr ovales Gesichtchen, ein Oval wie ein zartes Ei. Aber erst als ich ihre riesigen Augen erblickte, die sie gerne lustig verdrehte, hoffte ich, daß es stimmte, was ich sah: daß dieses Persönchen im Begriffe war, Fellinis junge Frau nachzuahmen, Giulietta Masina, und da dachte ich, obwohl ich noch kein Regisseur war, wiewohl die schöne Unberechenbarkeit solcher Leute längst in mir trug, daß aus J. H. eventuell und wenn sie sich nicht verderben ließ, unter Umständen eine Schauspielerin werden würde, trotz ihres entschlossenen Sächsisch, das sie allenthalben beherzt hören ließ, was sage ich, es war die verschärfte Sprechweise: Das Merseburgische, wenn ich mich nicht verhört haben sollte.
Jutta Hoffmann also, wie ich später vernahm, war durch den unerforschlichen Ratschluß der Kenner an der Babelsberger Filmschule als Schauspielstudentin wenn nicht angeworben, so doch angenommen worden. Hätten die gewußt, was sie sich da aufgeladen hatten, hätten sie es sich zwar auch nicht überlegt, aber stutzig hätten sie schon werden können. Kurz, Jutta schmiß das alles wieder hin, wenn ich recht sehe. Nach zwei Jahren hatte sie genug davon und bestrafte ihre Ausbilder mit schnödem Weggehen. Wohin, weiß ich nicht. Was passiert war, weiß ich auch nicht. Irgendwann sah ich sie dann in einem Film, da hieß sie Penelope. Das gefiel mir nicht. Der Film gefiel mir auch nicht, aber was gefällt einem schon, außer Fellini, wenn man selber auf dem Sprung ist, Regie zu führen. Aber Jutta, die gefiel mir denn doch. Ich sagte es ihr nicht. Sie muß Kreise um mich geschlungen haben. Immer mal sah ich sie an meiner Peripherie sozusagen vorbeiwischen. Einmal nannte sie mich einen Glückspilz, worüber ich sehr erschrak.
Ich glaube, es war dann so. Mein Film *Wenn du groß bist, lieber Adam* war gerade verboten worden, und ich hatte begriffen, daß so ein Verbot gewissermaßen die umgekehrte Form einer Premiere war. Ich hatte also gerade Pause, als mich Heinz Kamnitzer als eine Art Märchenprinz mit der nachdrücklichen Bitte erlöste, doch *Junge Frau von 1914* zu verfilmen, und fast zeitgleich baten wir uns gegenseitig um die Mittäterschaft von Jutta Hoffmann. So geschah es.
Sie verhehlte des öfteren nicht, daß sie nun nicht mehr wisse, was sie spiele, aber solche gewitterziegenhaften Beschwerden wurden immer wieder abgelöst durch, sagen wir mal, spitze Freudenschreie. Es war eine schwierige wunderschöne Zusammenarbeit, in welcher wir, uns bewegend durch eine alte Welt und eine uns selber ungewohnte Ästhetik, es hatte etwas von kalkuliertem Traumtanzen, einander Vertrauen entgegenbrachten, ohne recht zu wissen, warum. Ich danke nachträglich für die Lektion, solche Freundlichkeiten habe ich ihr damals nicht gesagt.
Wir drehten danach nicht kontinuierlich, aber immer wieder. *Der Dritte*, *Die Schlüssel* und *Lotte in Weimar* machten uns nervöser und sicherer und suchender. Uns war nicht mehr so schleierhaft, was wir wollten. Uns war so, als ob wir herausfinden würden, wie das ist mit der Schauspielerei, dem wundersamen Grenzfall von Lüge und Verstellung. Nach den *Schlüsseln* war aus der Traum. Weder der Inhalt noch die Ästhetik, auf die wir allerdings schworen, gefielen den Oberen, von denen man abhängig ist. Der Gewalt kann man nur weichen. Juttas Weg ging weiter, ich weiß nicht wie. Wenn ich recht berichtet bin, hatte ihr Herr Mäde sogar, möglicherweise nach der Biermann-Affäre, über die wir beide uns durch Unterschrift beschwerten, ein Besetzungsverbot aufgehalst. Das glaubt man doch alles nicht. Weil man einer großen Filmschauspielerin, jeder konnte sehen, daß sie das war, kein solches Verbot erteilt. Als rechter intelligenter Mob de Gaulle anriet, den Linken Sartre wegen Flugblattverteilens einzustecken, soll de Gaulle gesagt haben: Voltaire verhaftet man nicht.
So ungefähr gehen die Dinge aus, wenn man so begabt ist wie Jutta und wenn andere diese Unerbittlichkeit, die eine Künstlerin auszeichnet, nicht leiden können. Jutta lebt in Hamburg. Das ist nun was Rechtes. Gott, könnte ich schreiben, der Film warte auf sie...

JULIA LEBT
Regie: Frank Vogel

Seite 114:
LOTTE IN WEIMAR
Regie: Egon Günther

Mit Ivan Palec in
KOFFER MIT DYNAMIT
Regie: Miloš Makovec

Mit Jaecki Schwarz in
WEITE STRASSEN – STILLE LIEBE
Regie: Herrmann Zschoche

Mit Peter Reusse in
DENK BLOSS
NICHT, ICH HEULE
Regie: Frank Vogel

Mit Hans Hardt-Hardtloff in
KARLA
Regie: Herrmann Zschoche

Mit Dieter Mann in
DAS VERSTECK
Regie: Frank Beyer

BLAUVOGEL
Regie: Ulrich Weiß

DER DRITTE
Regie: Egon Günther

TROTZ ALLEDEM!
Regie: Günter Reisch

Ingeborg Pietzsch

ROLF HOPPE

Seine schauspielerische Palette weist viele Farben aus. Sie ist reich. Besser: Sie wurde reich. Denn: Am Anfang der Arbeit bei der DEFA stand vor allem das Klischee. Hoppe ritt und schoß sich durch Indianerfilme (*Spur des Falken*, *Ulzana*, *Weiße Wölfe*, *Apachen*), schob sich komisch – zumeist als negativer Gegenspieler – durch magere Genrefilme und Lustspiele (*Komödiantenemil*, *Wie füttert man einen Esel*) oder hatte der Haudegen und Schlagetot vergangener Epochen zu sein (*Die Hosen des Ritters von Bredow*).

Gelegentlich arbeitete er bei Konrad Wolf. Da fiel auch die kleine Rolle auf – wie der Etappenmajor in *Ich war neunzehn* oder der spanische König in *Goya*. Aber es war erst Bernhard Stephan, der Hoppe in dem Film *Jörg Ratgeb – Maler* 1978 die Chance der »Häutung« ermöglichte. Hoppe gab darin einen Gaukler, einen Seiltänzer, einen geschundenen Christus am Kreuz und leisen Revolutionär, voll innerer Fröhlichkeit und mit einer milden Würde, die der Darsteller komisch aufbrach, indem er die schweißtreibende Anstrengung des arbeitenden Schauspielers dialektisch gegen das schöne Ergebnis setzte. Eine Rolle, in der der Akteur zugleich Gaukler, zirzensischer Künstler und Christus zu sein hatte, der an der Welt stirbt.

Beides – der Zirkus mit den Clowns, der Reiterei, der Kameraderie, und der Glaube an den Sinn von Kunst – prägen den Schauspieler Rolf Hoppe. Dieser Mann mit dem fülligen Körper und den zugleich anmutigen Bewegungen, dem charakteristischen Kopf und dem sehr feinen mimischen Ausdrucksvermögen, der akrobatisch-clownesken Hurtigkeit und der eigenartig-verhaltenen Stimme, die gefährlich flüstern, schmeicheln, bestechen, verführen kann, weiß seine Figuren durch Widersprüche facettenartig, schillernd, zwielichtig zu machen.

Die Verführung durch das Böse, die lauernde Lust an der Macht (und ihrem Mißbrauch) – wie hat Hoppe sie genutzt für seine Darstellung des preußischen Ministerpräsidenten in István Szabós Welterfolg *Mephisto*. Und wie ließ dieser Darsteller damit all die Ganoven, Kommissare, Patriarchen und Mieslinge hinter sich, stellte exemplarisch das erschreckende, mal kindlich-verführerische, mal dämonisch-bestürzende, dann wieder brutal-zerstörerische Bild eines Machthabers her, der dennoch nie zur Karikatur geriet, trotz seiner Monstrosität menschliche Züge trug.

Mit dieser Rolle trat Hoppe den unaufhaltsamen Aufstieg in den internationalen Ruhm an. Er spielte nun unter anderem in Peter Schamonis Robert-Schumann-Film *Frühlingssinfonie* den autoritären und dennoch musisch-sensiblen Vater Wieck. Er wurde für die Salzburger Festspiele verpflichtet, war in zahlreichen Fernsehspielen und -filmen zu erleben, zeigte sich einmal mehr an der Seite von Klaus Maria Brandauer, den er seit den Dreharbeiten zu *Mephisto* kannte, in dessen Thomas-Mann-Adaption *Mario und der Zauberer* und arbeitete mit Frank Beyer, dem er sich aus gemeinsamem Zusammenwirken am Dresdner Staatsschauspiel verbunden weiß.

Beyer gab ihm 1989 in seinem Film *Der Bruch* eine Rolle, die das Spezifische des Darstellers aus genauer Kenntnis um ihn beförderte. In einem Ganoventrio ist Bruno, den Hoppe als lebenserfahrenen, von den Zeitläuften gebeutelten, gewitzten Grandseigneur skizziert, der »Fachmann vom Dienst«. Mit feinen mimischen Mitteln, einem trockenen Humor, maßvollen Bewegungen und, als Grabprediger, von nahezu salbungsvoller Beredsamkeit, erschließt sich der Charakter eines »Einbrechers mit Grundsätzen«. Das wirkt komisch, wird aber – und besonders darin drückt sich die Sensitivität Hoppes aus – überschattet von einer Trauer der Erinnerung: Bruno weiß um sein nicht gelebtes Leben. Zu oft, auch unter den Nazis, saß er im Knast...

Heute sieht man Rolf Hoppe oft als den bürgerlich-jovialen Mann von Welt, gealtert, mit Manieren und müdem Blick. Seine künstlerischen Mittel sind subtil, und der füllige Körper bewegt sich lässig.

Da aber wünschte man ihm etwas von seinen ersten wilden, körperlich agilen DEFA-Rollen zurück.

Mit Renate Blume in
ULZANA
Regie: Gottfried Kolditz

ORPHEUS IN DER
UNTERWELT
Regie: Horst Bonnet

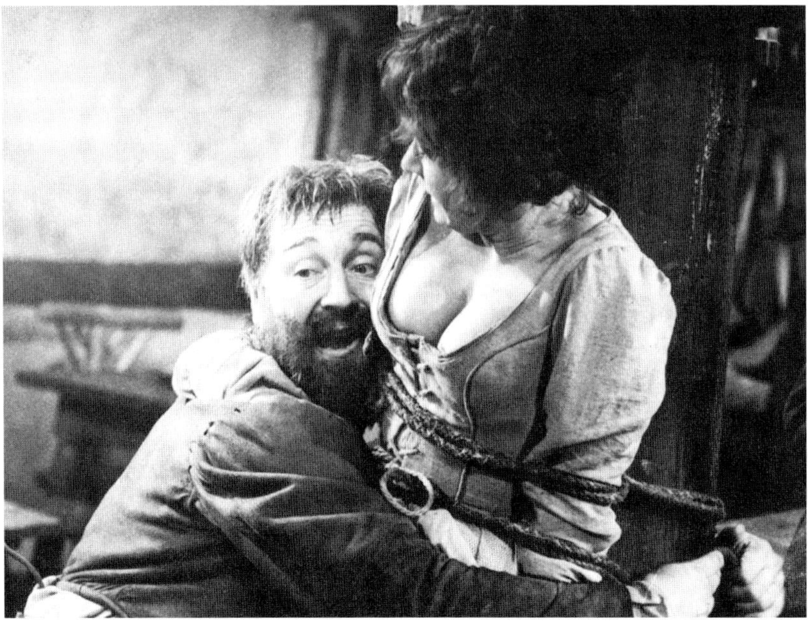

Mit Juliane Koren in
DIE HOSEN DES
RITTERS VON BREDOW
Regie: Konrad Petzold

Seite 120:
Mit Peter Aust in
HANS RÖCKLE
UND DER TEUFEL
Regie: Hans Kratzert

Mit Erika Pelikowsky in
BEETHOVEN –
TAGE AUS EINEM LEBEN
Regie: Horst Seemann

Mit Walter Jupé in
DIE GERECHTEN
VON KUMMEROW
Regier: Wolfgang Luderer

PESTALOZZIS BERG
Regie: Peter von Gunten

Fred Gehler

WOLFGANG KIELING

»Der Mensch ist das Untier und Übertier«, schreibt Friedrich Nietzsche in »Wille zur Macht«, »...der höhere Mensch ist der Unmensch und Übermensch: so gehört es zusammen. Mit jedem Wachstum des Menschen in die Größe und Höhe wächst er auch in das Tiefe und Furchtbare: man soll das Eine nicht wollen ohne das Andere – oder vielmehr: je gründlicher man das Eine will, um so gründlicher erreicht man das Andere.«

Im Klartext dieser Denkkonstruktion: Barbarei und Bestialität gehören zum innersten Wesen des »Übermenschen«, der auch identisch ist mit der prachtvollen, »nach Beute und Sieg lüstern schweifenden blonden Bestie«.

Franz Fühmanns 1955 geschriebene Novelle »Kameraden« und ihre schon kurz darauf erfolgte filmische Adaption *Betrogen bis zum jüngsten Tag* zeigen an einem exemplarischen Fall das Schweifen der Bestie. Eine unerhörte Begebenheit entblättert den Mythos des Untiers.

Die unerhörte Begebenheit: Drei Soldaten erreichen beim Übungsschießen ein Spitzenergebnis. Sie werden mit Freiheit vom Dienst belobigt. Mit zurückbehaltenen Patronen schießen sie auf Reiher. Sie treffen ein Mädchen, die Tochter ihres Hauptmanns. Der tragische Unglücksfall bekommt eine andere Dimension: durch das Verschweigen und durch die Negierung der Verantwortung (Angst, Furcht vor Strafe, das Zittern um die Karriere). Nur zwei haben geschossen, der dritte wird durch das Schweigen zum Komplizen.

Die Konstellation Tat – Verantwortung – Schuld ist von archaischem Zuschnitt. Aber die besondere Entwicklung der Situation ist bedingt durch Zeit und Umstände: wir schreiben den 19. Juni 1941. Hitlers Wehrmacht tritt an zum Kreuzzug gegen den Bolschewismus. Es fehlen nur noch wenige Stunden zum Aufbruch des NS-Übermenschen (»Überall ertönt die Stimme derer, welche den Tod predigen: und die Erde ist voll von solchen, welchen der Tod gepredigt werden muß«). Auch die Tötung des Mädchens findet eine »nationalsozialistische Lösung«: Schuld tragen nur die »Untermenschen«. Selbst der Zweifel an dieser perversen Manipulation wird liquidiert.

Die Tat kettet drei »Kameraden« zusammen: Lick, den Nietzsche-Jünger und SS-Sproß, karrieregeil, kalt, Gefühle nur spielend, ein intellektuelles Monstrum an Amoral. Wagner, der grob strukturierte Untertan im Waffenrock – wenn Lick das Prinzip des Bösen, dann ist Wagner die schwammig-diffuse Mitte, benutz- und abrichtbar. Der dritte, jüngste: Paulun, auch er ein knetbarer Mitläufer. Aber in ihm gibt es noch ein Kinderwissen um Gut und Böse, ein naives Ideal von Anstand und Kameradschaft. Er wütet gegen sein besseres Ich, weil er Gewissensbisse als Schwäche und fatale Zurückgebliebenheit zu empfinden gelehrt bekam. Er meint, er habe versagt: »Ihr beide seid so viel weiter als ich!«

Am »weitesten« gelangt ist Lick, gespielt von Wolfgang Kieling. Er ist »auserwählt«, er, der als Sohn eines SS-Bonzen der Elite der Herrenrasse zugehörig. Die Lehre vom »Übermenschen« ist seine Glaubensfibel geworden: »Ich lehre euch den Übermenschen. Der Mensch ist etwas, das überwunden werden soll... Der Übermensch ist der Sinn der Erde. Euer Wille sage: der Übermensch sei der Sinn der Erde... Wahrlich, ein schmutziger Strom ist der Mensch.«

Als die drei sich in der Waschkaue mit Alkohol betäuben, zitiert Lick hochmütig-delektierend aus Nietzsches »Zarathustra«. Vom Seiltänzer und vom Possenreißer. »Nietzsche mußt Du lesen!«. Er zitiert Sätze eines kalten, eisigen und leeren Universums. Nur einer ist darinnen, nur einer der Herrscher und Gebieter. Er selbst, der schon weit ist auf dem Wege zum Übermenschen. »Und das ist der große Mittag, da der Mensch auf der Mitte seiner Bahn steht zwischen Tier und Übermensch...«

Auf diesem Wege werden potentielle Verräter ausgeschaltet, Schwächlinge eliminiert, wird die Komplizenschaft des Verbrechens über den Kreislauf sich forcierender Untaten geschmiedet. Lick – ein illegitimer Sprößling Mabuses: »Wahrlich einen schönen Fischfang tat heute Zarathustra! Keinen Menschen fing er, wohl aber einen Leichnam.«

1966. Eine paradoxe Marginalie. In Alfred Hitchcocks *Zerrissenem Vorhang (Torn Curtain)* ist Wolfgang Kieling als Stasi-Mann Gromek erneut die Inkarnation des bösen Prinzips. Die grell ausgestellte Läuterung: Er wird gleich mehrfach gemeuchelt – so als erfülle sich nun endgültig Zarathustras Prophezeiung: »So lebt euer Leben des Gehorsams und des Krieges!... Welcher Krieger will geschont sein!«

JUNGFER, SIE GEFÄLLT MIR, Regie: Günter Reisch

Mit Rudolf Ulrich
und Hans-Joachim Martens in
BETROGEN BIS
ZUM JÜNGSTEN TAG
Regie: Kurt Jung-Alsen

Mit Gisela Trowe in
DAMALS IN PARIS
Regie: Carl Balhaus

Mit Karla Runkehl in
GENESUNG
Regie: Konrad Wolf

Nächste Seiten:
Mit Jessy Rameik in
DAS SIEBENTE JAHR
Regie: Frank Vogel

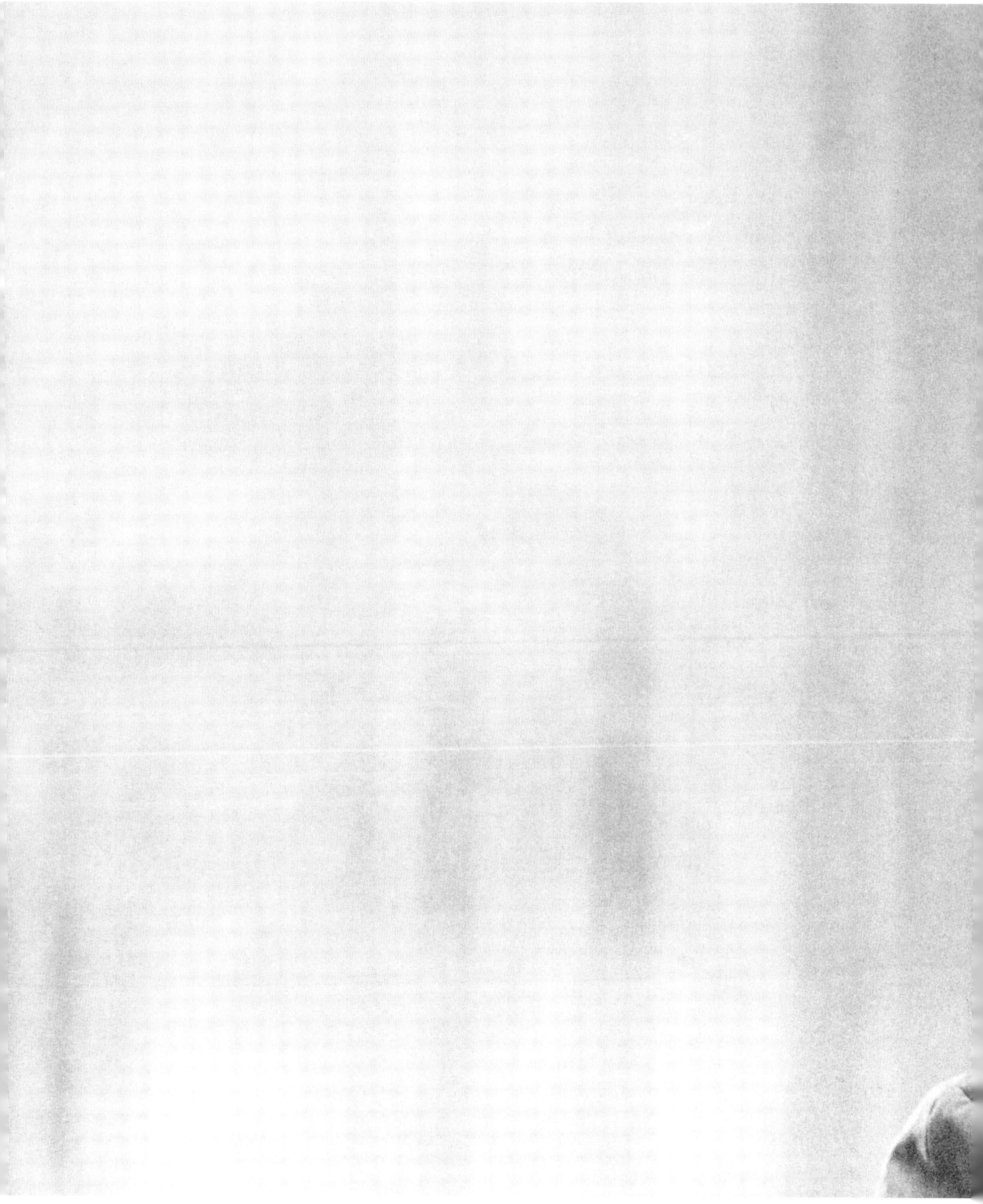

DAS FRÄULEIN VON SCUDERI, Regie: Eugen York

Fred Gehler

WILLY A. KLEINAU

Je häufiger ich mir Filme mit Willy A. Kleinau anschaue, umso stärker wächst in mir das Gefühl, zum Zeugen einer merk-würdigen Wiedergeburt zu werden. Kleinau nahm in seinen besten Momenten Haltungen und Wesenseigenheiten eines Großen der deutschen Schauspielkunst an, der 1946 im Lager Sachsenhausen starb. Kleinau eine Reinkarnation Heinrich Georges. Da sind die Identität des Typus, die Parallelen in Körpersprache, Mimik und Gestik, da ist auch immer die glückliche Wahlverwandschaft im Aneignen der Rollen. Auch Kleinau machte sich die »Rollen untertan«. Trotz Verwandlungen verwandelte er sich »selbst« nicht, so als hätte er Georges goldene Regeln zur zweiten Haut gemacht: »Spiele Dich, kopiere nicht. Glaube an das, was Du spielst. Sei, was Du spielst!«

Und ein Nekrolog auf Kleinau hätte auf sinnfällige Weise die schönen Beschreibungen enthalten können, die einst Jürgen Fehling dem verstorbenen Freunde widmete: »Er war ein elementarer Schauspieler. Er war wie ein Gladiator. Er konnte es nicht lassen, um keinen Preis, in die Arena zu steigen. Er brauchte Applaus, er fraß Applaus. Er hatte etwas von der unsäglichen Traurigkeit wilder Tiere im Zoo.« – Auch bei Kleinau stellte sich dominierend der Eindruck her, daß er »nicht im Garten« geboren, daß vielmehr in seinen Genen der »wilde Jäger, über die Wolfsschlucht dahinbrausend«.

Willy A. Kleinau hätte in die meisten denkwürdigen Gestalten seines großen Schattens und Vorgängers schlüpfen können, in Puschkins Postmeister und Döblins Biberkopf zumal, aber auch in Gerhart Hauptmanns Wehrhahn und Ibsens Dr. Stockmann. Nicht schwer, ihn sich als Zola, Nettelbeck, als Herzog Karl August oder als Fritz Langs Maschinenmeister vorzustellen. Das seit 1949 sichtbar gewordene filmische Spektrum ist reich an Parallelen und deutlichen Verweisen. Im Historischen der Macht- und Sinnendespot August der Starke (*Die blauen Schwerter*), Oll Daniel (*Kein Hüsung*) oder die sozialdemokratische Ikone aus den Zeiten des Bismarckschen Sozialistengesetzes (*Die Unbesiegbaren*). Im Märchenhaft-Phantastischen der Mühlmann (*Der Teufel vom Mühlenberg*), im Zeitgenössischen die suggestiven Menschenfänger und Schicksalsspieler Mr. Lawson (*Der Rat der Götter*) und Reeder Footh (*Das Beil von Wandsbek*).

Kleinau machte die Abgrenzungen vage zwischen Außerordentlichem und der Banalität; fast schockierend übergangslos brachen aus dem gleichen Gefäß Zärtlichkeit und Brutalität, Sentimentalität und Zynismus hervor. Alltäglichkeit hauste unmittelbar neben der Dämonie. Nicht als im Wechsel gebrauchte Masken, sondern als das Janusköpfige des menschlichen Sinnens und Trachtens. Und es ist alles andere als ein Zufall, daß Kleinau zwei literarische Figuren adaptierte, die gleichsam zu archaischen Modellen der geheimen und kaschierten Abgründe des Menschen wurden: 1955 spielte er im *Fräulein von Scuderi* E. T. A. Hoffmanns Pariser Goldschmied Cardillac, »einer der kunstreichsten und zugleich sonderbarsten Menschen seiner Zeit«. Cardillac ist ein Besessener seiner Kunst, ein manisch Getriebener. Sobald er ein Geschmeide an seine Kunden abgeliefert, wachsen Verzweiflung, Haß und schließlich Mordlust ins Unkontrollierbare, Überdimensionale. Mit dem Dolch meuchelt er nächtlich die Träger seiner Juwelen. »Dies getan, fühlte ich eine Ruhe und Zufriedenheit in meiner Seele, wie sonst niemals. Das Gespenst war verschwunden, die Stimme des Satans schwieg. Nun wußte ich, was mein böser Stern wollte, ich mußte ihm nachgeben oder untergehen!«

Einem anderen »Boten Satans« hatte Kleinau wenige Jahre zuvor Gesicht und Körper gegeben: Balzacs Vautrin in *Karriere in Paris*. Doch wo Cardillac ein Opfer und Spielball seiner Triebe, macht sich Vautrin zum Guru einer »neuen« Lehre. Scharfsichtig und zynisch seziert er die Defekte der Gesellschaft und filtert daraus die Heilslehre der Amoralität. »Es gibt verschiedene Arten zu jagen. Die einen jagen nach Mitgift, andere nach einem Bankrott. Die einen angeln nach Überzeugungen, die anderen verkaufen die Dummen, die sie gefunden haben, mit Haut und Haar... Es gibt keine Grundsätze, es gibt nur Ereignisse. Es gibt keine Gesetze, es gibt nur Zustände.«

Vautrin / Kleinau ist der Gesetzlose, der das Gesetz des Dschungels lebt und predigt. Die Erfüllung seines bösen Prinzips liegt in der »Gefolgschaft«. So wenn sein Zögling Rastignac am Ende die Welt sieht, »wie sie ist: Gesetz und Moral ohnmächtig gegenüber dem Reichtum. Und er sah im Reichtum die ultima ratio mundi!«

Mit Erwin Geschonneck in
DAS BEIL VON WANDSBEK
Regie: Falk Harnack

Mit Alice Treff in
DIE UNBESIEGBAREN
Regie: Artur Pohl

EIN POLTERABEND
Regie: Curt Bois

Mit Henny Porten in
CAROLA LAMBERTI –
EINE VOM ZIRKUS
Regie: Hans Müller

Mit Kurt Mühlhardt in
ZAR UND ZIMMERMANN
Regie: Hans Müller

Nächste Seiten:
Mit Gerhard Frei (links)
und Werner Peters in
DER TEUFEL
VOM MÜHLENBERG
Regie: Herbert Ballmann

DAS PFERDEMÄDCHEN, Regie: Egon Schlegel

Ralf Schenk

HANS KLERING

Es gab zwei Arten von DEFA-Filmen: solche, in denen Hans Klering mit – und solche, in denen er ohne Bart auftrat. Über drei Jahrzehnte lang gehörte er zu den unverzichtbaren Chargen, den Ikonen des Studios, getreu dem Motto: »Ich kenne keine kleinen Rollen, sondern nur kleine Schauspieler.« Zunächst schleimte er als bürgerlicher Bösewicht durch die Szene. Dann verdingte er sich als merkwürdiger Zeitgenosse, Abgesandter aus den Sphären des Grotesken und Skurrilen. Und gegen Ende des Lebens war er der gütige Großvater mit dichter Rauschewolle ums Kinn und hoher, freiliegender Stirn.

Doch nur ein Bruchteil jener Geschichten, die er dahinter gespeichert hatte, drang an die Öffentlichkeit. Gern erzählte Klering, wie er als Beauftragter der Kommunistischen Partei 1945 aus Moskau nach Berlin gekommen war, mit Wilhelm Piecks Bibliothek im Gepäck. Gern ließ er sich als Mitbegründer der DEFA ehren, und als Erfinder ihres Zeichens: vier große Buchstaben auf einem stilisierten Filmstreifen, zwei auf weißem, zwei auf schwarzem Untergrund, ein einprägsames Signum, schließlich war er im Zweitberuf Grafiker. – Aber wie seinen Augapfel hütete er Details übers Exil in der Sowjetunion. Und provozierte damit unweigerlich die Frage, wie schillernd seine Vita noch gewesen sein mag, abseits der Schauspielerei, auf dem Pfad durchs Gestrüpp von Zuversicht und Angst, Hoffnung und Terror, Feigheit und revolutionärer Forsche. Ist Hans Klering immer der bescheidene, höfliche Freund mit dicker Zigarre und schelmischem Blinzeln gewesen, über den Albert Wilkening schrieb: »Es gibt wenige Menschen, für die man nur angenehme Gefühle hegt. Er gehört dazu«?

Klering als Mime. In der Sowjetunion engagierten ihn, den Antifaschisten, berühmte Regisseure ausgerechnet für Nazichargen. Bei der DEFA mutierte er, das Armeleutekind aus dem Berliner Hinterhof, zum Spezialisten für Lebemänner und Bourgeois. Sein deutscher Start: ein Schwarzhändler und Zuhälter in Peter Pewas' moralistischer *Straßenbekanntschaft*. Verführer zwischen Ruinen, Verruchtheit hinter aufgeputzter Fassade, doch, so das Credo des Films: Die Syphilis ist unter uns – und bestraft die Verderbten durch immerwährende Häßlichkeit. Im Umsiedlerdrama *Die Brücke* handelt Klering mit Särgen: ein scheinheiliger Kleingeist, der den Fremden die Butter auf dem Brot nicht gönnt. In *Hexen* ist er ein dörflicher Kurpfuscher, der selbst am meisten an sein wirres medizinisches Einmaleins zu glauben scheint, das Gebräu aus gekochten Nägeln und Schweinsborsten. Ein komischer Gesell, Relikt von vorgestern. Kein Wunder, daß Klering sogleich auch als schwankender USPD-Mann verpflichtet wird. In *Ernst Thälmann – Sohn seiner Klasse* gibt er dem »Arbeiterbürokraten« ein markantes Profil ganz im Kanon der Zeit: krummer Rücken, weiche Stimme, verschleierter Blick, die Inkarnation des sozialdemokratischen Feiglings. Mickrig angesichts der geballten Faust Thälmanns, und zugleich gefährlich, weil ein Zauderer, wo Klassenkampf angesagt.

So irrlichterte Klering durch über hundert Kinostücke, oft nur Sekunden lang, und oft mit ironischer Distanz zu den Figuren. Doch als das Studio ihn einmal in einer Hauptrolle agieren ließ, umschlangen sich eigene Biographie und Filmheld plötzlich eng. *Die letzte Heuer* (1951), die Geschichte eines lungenkranken deutschen Matrosen, der von der Gestapo verhaftet und von ein paar antifaschistischen Freunden in einem Husarenstreich freigekämpft wird, endet dort, wo Klering selbst vierzehn Jahre verbracht hatte: in der Sowjetunion. Nach der Finsternis des Kerkers findet der ausgemergelte Mann ins Paradies. Die sonnendurchflutete Landschaft eines sozialistischen Sanatoriums. Eine Utopie, zur filmischen Realität geronnen. Ahnung des kommenden Menschheitsglücks, von dem Klering, und nicht nur er, geträumt haben mag, den Schmutz der Wirklichkeit verdrängend.

Wie schrieb Hans Rodenberg, Exilgenosse und einer der Nachfolger auf dem DEFA-Direktorensessel, 1956 an den »lieben Hans«: »Du bist kein Mensch, der träge rostet, wie so viele Routinierte, Kalte, Unbeteiligte. Es ist wieder die Zeit gekommen, wo wir älteren und alten unser Parteigewissen wie ein Schwert schärfen, um, wenn nötig, die Partei zu schützen. So wünsche ich Dir echte künstlerische Erfolge, wo man aus voller Brust, als Teil eines Ganzen wirken kann.« Der Brief übrigens lauerte – Vergeßlichkeit oder Absicht? – im Schubfach und wurde erst fünfzehn Jahre später an den Adressaten übergeben.

Mit Alice Treff in
STRASSENBEKANNTSCHAFT
Regie: Peter Pewas

Mit Hermann Stövesand
und Lutz Götz (rechts) in
DIE LETZTE HEUER
Regie: E. W. Fiedler

Mit Erwin Geschonneck in
DER LOTTERIESCHWEDE
Regie: Joachim Kunert

Mit Edith Volkmann in
MUSTERKNABEN
Regie: Johannes Knittel

Mit Jürgen Krumwiede in
CAROLA LAMBERTI – EINE VOM ZIRKUS
Regie: Hans Müller

DIE MÖRDER SIND UNTER UNS, Regie: Wolfgang Staudte

Harald Martenstein

HILDEGARD KNEF

Hildegard Frieda Albertine Knef hatte ungünstige Startbedingungen für das Showbusiness: geboren als Tochter eines Prokuristen 1925 in Ulm, unter den langweiligen süddeutschen Städten eine der langweiligsten. Hildegard Knef kam aber früh genug nach Berlin-Schöneberg. Sie ist ein Weltstar geworden, aber kein Mythos: Das unterscheidet sie von der geborenen Schönebergerin Marlene Dietrich, deren Nachfolgerin sie in gewisser Hinsicht gewesen ist.

So viele Parallelen – die Karriere in den USA, das gespaltene Verhältnis zu Deutschland, die schillernde, etwas androgyne erotische Ausstrahlung, das unsentimentale, manchmal burschikose Auftreten. Und natürlich der Gesang, der manchmal nur ein Sprechgesang ist, nicht unbedingt schön, aber unvergeßlich. Wie Marlene Dietrich, so hat auch Hildegard Knef jahrzehntelang ihr Leben für die Augen der Öffentlichkeit arrangiert. Die Scheidungen, der lange unerfüllte Kinderwunsch, ihre Krebsoperationen, all das waren Dinge, die im vollsten Sonnenlicht der Medien geschahen und wochenlang die Gespräche in den Straßenbahnen der Bundesrepublik beherrschten.

Marlene Dietrich hat sich verkrochen, als die Spuren des Alters unübersehbar wurden, ähnlich wie Greta Garbo. Hildegard Knef ließ sich liften. Sie kämpfte gegen die Zeit wie Don Quichotte gegen die Windmühle. Das war ein Zeichen der Schwäche, es machte sie menschlich. Zum Monument wird man auf diese Art nicht.

Die Filmindustrie des Dritten Reiches hatte eine auffällige Schwäche für Frauen, die dem arisch-braven Mädchentyp so überhaupt nicht entsprachen, die dunkle, schwere Zarah Leander oder die beinahe asiatische Brigitte Horney mit ihren auffälligen, wie gemeißelten Wangenknochen. Allzu gerne hätte Goebbels auch Marlene Dietrich zurückgeholt. Hildegard Knefs Anfänge fallen in die Endphase des Reichs, sie besucht die Filmschule in Babelsberg und taucht in einigen kleinen Rollen auf.

Das Überleben 1945: eine Glückssache. Ihre einzige DEFA-Arbeit von 1946 ist zugleich der erste deutsche Nachkriegsfilm. *Die Mörder sind unter uns* (Regie: Wolfgang Staudte) bedeutet für Hildegard Knef das, was der *Blaue Engel* für Marlene Dietrich bedeutet hat.

Hildegard Knef spielt eine junge Frau, die in ihrer halb zerbombten Wohnung auf einen ihr unbekannten Mann trifft. Beide kommen sie aus dem Krieg heim. Sie war im Lager, er war an der Front. Sie war ein Opfer, aber er war kein Täter. Der Soldat hat Massenerschießungen an Zivilisten zu verhindern versucht und scheiterte an seinem Vorgesetzten, Typus »Nazibestie«, der inzwischen wieder als Unternehmer Karriere macht. Der Soldat leidet unter dem, was er gesehen hat, erstaunlicherweise stärker als das Mädchen unter dem, was sie erlitten hat.

Staudtes Film postuliert eine Interessengemeinschaft der anständigen Mitläufer, derjenigen, die »sauber« geblieben sind, mit der Partei der Opfer. Dabei mochte auch Staudtes eigene Biographie eine Rolle spielen. Ein bißchen zu rasch verschwimmt ihm das Bild der Nazis mit dem neuen Feindbild des Kapitalisten. Aber wer mag dem Film und dem Regisseur schon solche Petitessen vorwerfen, in Anbetracht des weiteren, nicht so erfreulichen Ganges der deutschen Filmgeschichte?

Hildegard Knef heiratet 1947 einen amerikanischen Filmoffizier. Sie geht nach Amerika, hat dort zunächst wenig Glück und kehrt immer wieder in ein Land zurück, in dem man entweder westdeutsch zu sein hat oder ostdeutsch. In *Die Mörder sind unter uns* wirkte sie wie die Verheißung eines neuen Frauenbildes. Für Sünderinnen hatte ja auch die Ufa etwas übrig gehabt, nur wurden sie bei ihr ins Boudoir gesperrt, ins exotische Südamerika phantasiert, in die alpine Bergwelt. Hildegard Knef, der DEFA-Star für einen Film, steht trotz beträchtlicher erotischer Ausstrahlung mit beiden Beinen fest auf der Erde. Nach dem Krieg sind die Frauen anders geworden, sie haben allein gelebt, Bombennächte überstanden, Trümmer weggeräumt. Das neue Selbstbewußtsein steht Hildegard Knef 1946 ins Gesicht geschrieben. Im westdeutschen Film werden bald wieder die Frauchen regieren. Ein Land der Hausfrauen.

Zu den Stärken der DEFA aber wird es gehören, daß fast alle ihre weiblichen Stars etwas Selbstbewußtes, Burschikoses haben, das an Hildegard Knef erinnert. Sie selbst wird zum internationalen Star, ein Fremdkörper in der Bundesrepublik, viel zu groß. Fast wie Marlene Dietrich.

Mit E. W. Borchert in DIE MÖRDER SIND UNTER UNS, Regie: Wolfgang Staudte

STÄRKER ALS DIE NACHT, Regie: Slatan Dudow

Hans-Jörg Rother

WILHELM KOCH-HOOGE

»Deutschland«. Das ist das erste Wort, das Koch-Hooge als Hans Löning in Slatan Dudows *Stärker als die Nacht* (1954) spricht, und er wird es dreimal mit einer schlichten Intensität wiederholen, die zur Entstehungszeit des Films vielen Zuschauern eigentümlich das Herz wärmte.

Denn es stand schlecht um dieses Land, das viel Unheil über Europa gebracht hatte und nun zweigeteilt war. Wilhelm Koch-Hooge, der damals knapp Vierzigjährige mit dem feingeschnittenen Gesicht und einer tiefen Falte über der Nasenwurzel, schien dazu berufen, den Glauben an ein gutes Deutschland zu stärken, und zwar einfach durch seine menschliche Präsenz.

Dem Norddeutschen muß man es danken, daß dieser Film den parteipolitischen Horizont der Autoren und des Regisseurs durchbrach und seine Wirkung die gewünschte Überzeugung von der Mission der kommunistischen Bewegung weitgehend hinter sich ließ. Einem derart treuen, immer verläßlichen Familienvater, Freund und Arbeitskameraden, einem so freundlichen und im weitesten Sinne moralisch festen Menschen mochte niemand doktrinäre Ansprüche zutrauen. So tapfer wie er wünschten viele in ihrem Leben gewesen zu sein, so integer erhoffte man sich im Osten die neuen Führungskräfte.

Die Figur Hans Lönings war entworfen worden, um die höchst komplizierte Rolle der KPD beim Widerstand gegen Hitler durch einen Mythos zu verdecken und den Führungsanspruch ihrer Nachfolger für die Gegenwart herauszustellen. Wilhelm Koch-Hooge konnte die Aufgabe nicht leugnen, aber er entledigte sich ihrer auf eine Weise, die den Charakter Lönings stark, seinen Glaubensinhalt nur gelegentlich hervortreten ließ. Der Zuschauer spürt das schon an der Gedrängtheit, mit der der Schauspieler zu Beginn die einzige Rede, die zu spielen war, diszipliniert abliefert. Für einen heroischen Thälmann, man hatte die Besetzung erwogen, wäre Koch-Hooge nicht der richtige Mann gewesen. Löning spricht am liebsten zur eigenen Frau, zum Schicksalsgefährten in der Reihe und zuweilen auch mit sich selbst. Seine Sprache behält immer etwas Weiches, und der aus dem Innern kommende Entschluß bleibt nicht frei von Furcht vor dem Risiko. Groß zeigt sich die mimische Verwandlungsfähigkeit, als in Lönings Gesicht die heitere Erwartung einer Urlaubsreise durch die ernüchternde Nachricht von Hitlers Überfall auf die Sowjetunion zerstört wird. Koch-Hooge gestaltet das Umschlagen dieser Stimmung als ein tragisches Moment. Denn nicht zum Kampf, wie man in den fünfziger Jahren marschierend sang, sondern zum Leben sollte seine Figur geboren sein.

Die Szene in der Todeszelle adelte Koch-Hooge für immer: Mit akkurater Schrift verfaßt Löning den Abschiedsbrief. Einige Sekunden lang geht der Blick ins Weite, von Hoffnung auf die Zukunft erfüllt, aber dann erlischt der Glanz in den Augen unter dem Wissen, daß für ihn selbst alles zu Ende geht. Das Festival von Locarno würdigte Wilhelm Koch-Hooges Darstellungskunst 1955 mit der Auszeichnung als bester männlicher Schauspieler.

Eine wirklich große Rolle erhielt der so Geehrte bei der DEFA nie mehr angeboten. Aber als er dann, nach vielen Verpflichtungen in der Tschechoslowakei, in den achtziger Jahren ein kleines Comeback auf dem Bildschirm feierte, konnte Koch-Hooge die hoffnungsvolle Sympathie spüren, die ihm aus den Fünfzigern noch anhing.

Mit Erwin Geschonneck in LEUTE MIT FLÜGELN, Regie: Konrad Wolf

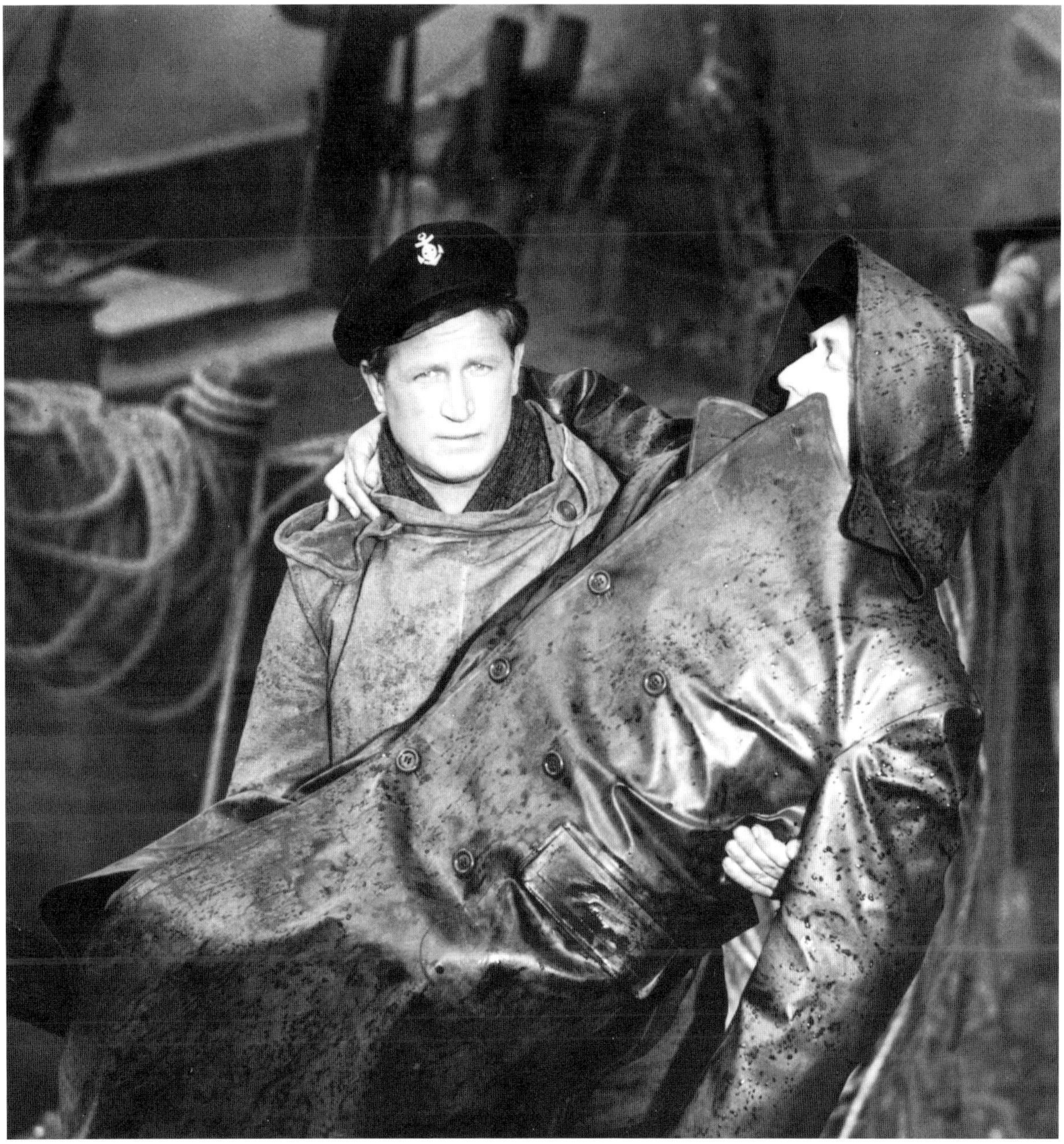

Mit Wolfgang Langhoff in GENESUNG, Regie: Konrad Wolf

DEIN UNBEKANNTER BRUDER, Regie: Ulrich Weiß

Ulrich Weiß

UWE KOCKISCH

Unsere erste Begegnung verlief scheinbar dissonant, aber eben nur scheinbar. Nachdem ich Uwe Kockisch das Drehbuch *Dein unbekannter Bruder* zum Lesen gegeben und ihm die Hauptrolle des Widerstandskämpfers Arnold angetragen hatte, trafen wir uns in der Kantine des Berliner Maxim Gorki Theaters. Er erklärte, daß er die Rolle nicht annehmen könne. Er hätte keine Lust, in einem der üblichen DEFA-Filme über den antifaschistischen Widerstandskampf mitzuspielen. Daraufhin nahm ich das Buch und sagte: »Wissen Sie, Herr Kockisch, ich hätte auch lieber Klaus Kinski besetzt«, stand auf und ging. Im Gang hörte ich rasche Schritte hinter mir und die Stimme Kockischs, daß ich warten solle. Er sagte: »Klaus Kinski?« Ich nickte. Er bat mich, wieder mit in die Kantine zu kommen, er müsse das Buch falsch gelesen haben, und ob er es noch einmal mitnehmen dürfe.

Die Episode ist nicht so banal, wie man sie deuten könnte. Das Reizwort »Kinski« stand keinesfalls für eine Spielweise, die womöglich nachzuahmen wäre (ich hätte auch »James Dean« sagen können). Es war das subversive Signal einer Generation, jedenfalls eines Teils von ihr, die den Nationalsozialismus weder miterlebt noch verschuldet hatte und die sich gegen eine Kunst wandte, die den antifaschistischen Widerstand im kleinbürgerlichen Klischee zu ersticken drohte. Es ging Uwe Kockisch also in erster Linie um eine unangepaßte Haltung zum Thema (wofür Kinski die sinnliche Hülle abgab), und in zweiter Linie erst um das Spielen einer Rolle.

Solcher Codes bedienten wir uns während der Dreharbeiten dann des öfteren. Sie regten die Phantasie an und waren assoziationsreich, um einen vielschichtigen Untertext herzustellen. Sie ersparten langwierige Debatten beim Inszenieren, die leicht eine Rolle zerreden können. So entstand eine Art verkürzter Sklavensprache von großer Freiheit, ein ganz eigenes Kommunikationssystem voller Sinnlichkeit und Erfindungsreichtum.

Uwe Kockisch ist begnadet. Er wird von der Kamera angenommen, ja, er wird von ihr geliebt – ist doch die kinematographische Abbildung nicht bloß Reproduktion eines Spiels, sondern auch bildnerischer Akt. Uwe Kockisch ist das, was man volkstümlich filmogen nennt.

Für die Kostümproben ließen wir uns viel Zeit. Wir spielten mit den unterschiedlichsten Kleidungsstücken herum. Ich dachte, Uwe Kockisch könnte sie alle tragen. Dann entschieden wir uns für den grauen Einreiher, Hut und Trenchcoat. Mit ihnen bekleidet ging er täglich durch Berlin, um sich »einzukitschen«, wie er sagte – sollten sie doch zur zweiten Haut werden.

Uwe Kockischs Spiel ist, wie das Spiel aller großen Schauspieler, überraschend, unvorhersehbar, nie ausrechenbar. Das mag an seinem Mißtrauen gegenüber dem Text (er spielt etwas anderes, als was er spricht), gegenüber allzu eindeutigen Lösungen liegen. Bei den Probeaufnahmen filmten wir die Szene, wie Arnold allein in seinem Zimmer ist, wie ihn die große Einsamkeit befällt angesichts der Übermacht der Nationalsozialisten und der Ohnmacht des kleinen Häufchens der Widerstandskämpfer. Im Zimmer hing ein Spiegel. Als Arnold sich ihm nähert, wehrt sich alles in ihm, hineinzuschauen, doch er kommt nicht an ihm vorbei. Da legt er das Ohr an das Glas. Er lauscht in den Spiegel hinein, bedient das Requisit gewissermaßen mit dem falschen Sinnesorgan. Die Einsamkeit, sie konnte nicht tiefer sein.

Obwohl von Ideen inspiriert, ist sein Spiel biologisch. Sein Gesicht kann sichtlich verfallen und sich frappierend schnell wieder beleben. Der Wechsel von Spannung und Entspannung erfolgt mühelos. Sein Grundgestus hat etwas aggressives, aufwieglerisches an sich, etwas von mühsam zurückgehaltener explosiver Energie. Es ist, als trüge er ständig eine Bombe bei sich, jederzeit bereit, sie zu zünden. Das verleiht ihm anarchische Züge. Doch im Handumdrehen kann er eine Szene in ihr Gegenteil umkippen, der Erwartungshaltung zum Trotz. Dann wird er verletzbar, angreifbar. Seine Hände berühren die Dinge, mit denen er umgeht, behutsam, ja zärtlich. Er umgibt sie mit seiner Aura. Er markiert sie. Sie atmen seinen Geist und die Sinnlichkeit ihres Materials. Denkt er, ist es, als hole er den Gedanken von weit her. Sein Blick weitet den Raum, in dem er sich befindet, ins Unendliche. Alles ist reines Spiel – denn je mehr ein Spiel Spiel ist, um so stärker das Lebensgefühl.

Als der Film 1982 vor Mitgliedern des SED-Politbüros lief, lautete ihr Urteil: »So waren wir nicht.« – Schade.

Mit Ernst-Georg Schwill, Jörg Panknin,
Eugeniusz Priwiezienew und Gert Gütschow in
LACHTAUBEN WEINEN NICHT
Regie: Ralf Kirsten

Mit Vivian Hanjohr in
ERSCHEINEN PFLICHT
Regie: Helmut Dziuba

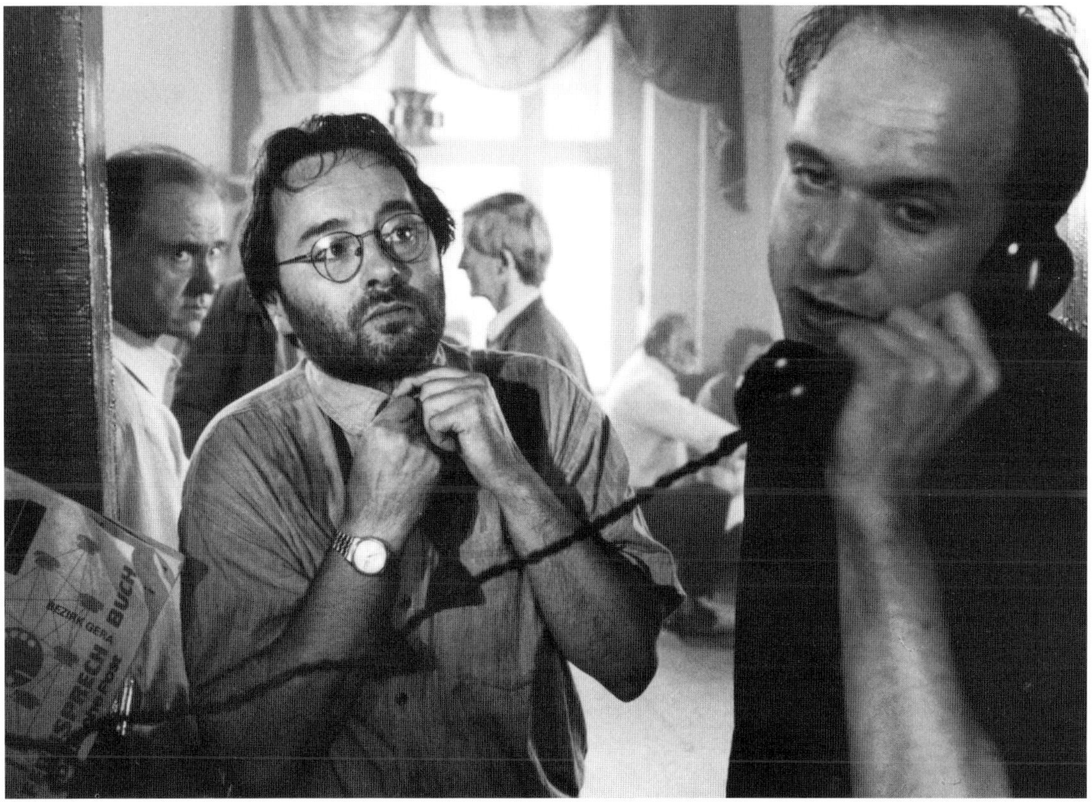

Mit Hermann Beyer und Corinna Harfouch in
TREFFEN IN TRAVERS
Regie: Michael Gwisdek

Mit Ulrich Tukur in
DIE SPUR DES BERNSTEINZIMMERS
Regie: Roland Gräf

SOLO SUNNY, Regie: Konrad Wolf

Wolfgang Kohlhaase

RENATE KRÖSSNER

Man befürchtet weniger, an eine schlechte Schauspielerin zu geraten, als an die falsche.

Renate Krößner, von der wir nicht viel wußten, kam und ließ sich besichtigen. Von einem Film, der eine Weile zurücklag, hatte ich alles vergessen, bis auf die Art, wie sie gelacht hatte. Kürzlich war sie in Jeans, aber auf hohen Hacken, durch einen anderen Film gestöckelt, die Nase aufwärts, eine Zigarette im Mundwinkel. Das hatte Konrad Wolf gefallen. Nun redeten wir, ab und zu fiel sie zierlich ins Berlinerische. Dabei beherrschte sie die Tonlage der Stadt, auch wenn sie hochdeutsch sprach. Wie man in Berlin sich ausdrückt, das ist, ähnlich wie in anderen großen Städten, eine Art zu denken, ehe es eine Art zu sprechen ist, Reflex sozialer Erfahrung, von Kennern sogar nach Stadtgegenden unterschieden. Sunny, unsere Hauptperson, gehörte zum Prenzlauer Berg und zum reisenden Tingeltangel, und Renate Krößner schien von beiden Welten etwas zu wissen.

Von den weiblichen Rollen, die Kino bevorzugt, war sie nicht die Königin, sondern das Mädchen von nebenan. Sie war schön, aber nicht nur und nicht von allen Seiten. Man konnte ihr nachsehen, ohne gleich zu wissen, wie man sie findet. Ihr Gesicht bestand aus verschiedenen Gesichtern. Als sie an diesem Tage gegangen war, wollte Konrad Wolf nicht weitersuchen, und ich wollte es auch nicht.

Beim Drehbuch hatte ich mich auf ein Mädchen bezogen, das ich kannte und das alles in allem wie Sunny lebte. Nun trat die Person aus jener Wirklichkeit und meiner Phantasie neu vor mein Auge und würde, welch angenehmer und banger Gedanke, für immer so aussehen wie die Schauspielerin unserer Wahl.

Es folgten die Übungen mit Kostüm und Maske. Renate Krößner, den mittleren Liebreiz der Schlagerszene vor Augen, wollte nicht schön sein. Sie wollte gefallen, indem sie nicht gefiel. Wir meinten, sie müßte gefallen, damit sie nicht gefallen könne. Das scheint nur ein Wortspiel zu sein, doch war es ein Thema der ersten Drehtage, ehe die Figur die Gestalt gewann, die uns gemeinsam einleuchtete.

Den Dialog, so entsinnt sich mein Autorenohr, sprach sie leicht und so, wie ich es meinte. Wichtiger war es, daß sie sich in den Nachbarschaften der Handlung bewegte, als hätte sie nie woanders gewohnt. Wie sie eine Stulle schmierte und aß, wie sie in weißer Bluse anders saß als im Pullover, wie eine Schürze sie farblos machte und ein Hut verwegen, das hatte mit Lebensgefühl und Lebenslage zu tun, mit dem, was man unbewußt gelernt hat.

Doch nichts davon hätte sich hergestellt ohne ihre dünnhäutige schauspielerische Intelligenz. Wolf hat sie sehr geschätzt und hat sie zu schützen gesucht, vor ihren Zweifeln ebenso wie vor zuviel Selbstgewißheit. Er war ja ein Mensch und ein Regisseur, der immer mal jemand zu seinen besseren Seiten ermutigte.

Solo Sunny und Renate Krößner gewannen ihr Publikum und diverse Preise. Ich sehe Sunny vor dem Spiegel sitzen, wie sie sich mit langem Blick befragt, und sehe sie über den Hof des Jahres '78 kommen, mit seinen Kindern, Katzen, Tauben und alten Frauen.

Während ich mich zu erinnern versuche, wie es war, als wir mit Renate den Film drehten, fühle ich mich zugleich in ein Publikum versetzt und blicke auf das flüchtige Leben, von dem, auch dank ihr, die Bilder noch da sind.

TIEFE FURCHEN
Regie: Lutz Köhlert

EINE PYRAMIDE FÜR MICH
Regie: Ralf Kirsten

FEUER UNTER DECK
Regie: Herrmann Zschoche

Mit Katrin Saß in
BIS DASS DER TOD EUCH SCHEIDET
Regie: Heiner Carow

ABSCHIED, Regie: Egon Günther

Rosemarie Rehahn

MANFRED KRUG

Er war der populärste, der beliebteste DEFA-Schauspieler. Aber letztlich treffen beide Worte samt Superlativ nicht, was der Schauspieler und Sänger, das Allround-Talent Manfred Krug seinem Publikum zwischen Rostock und Suhl bedeutete. Die Leute haben ihn geliebt – und sie haben auch nach seiner Ausreise aus der DDR nie aufgehört, ihn zu lieben, da er dank Dauerpräsenz auf dem Bildschirm ihrem Gefühl nie abhanden kam.

Über den Beliebtheitsgrad eines Menschen gibt im TV-Zeitalter die Einschaltquote Auskunft. Bei *Liebling Kreuzberg* liegt sie bei vierzig Prozent (!). Über den Grad der Zuneigung, den Manfred Krug erfuhr, als er noch Liebling Pankow war, habe ich Zitate aus Zuschauerbriefen bewahrt:

»Durch Deine Filme und Deine Lieder bist Du mir so vertraut, daß es mir einfach nicht gelingt, Dich mit ›Sie‹ anzusprechen...« – »Mutti gefallen Sie immer, ganz gleich was Sie singen, spielen oder musizieren. Vati schwärmt wieder für Ihren Jazz. Am 5. April habe ich Jugendweihe... Menschenansammlung hätten Sie nicht zu fürchten. Wir feiern im kleinsten Kreise...« – »Ihre Filme, die wir an Bord sahen, gefielen uns sehr. Es ist, als würden Sie als Kollege unter uns weilen. Warum eigentlich nur würden? Es ist schön bei uns. Wir laufen nächste Woche aus nach Grönland zu unseren Fangplätzen.« – »Gehen Sie Ihren Weg als Schauspieler so weiter, lehnen Sie alles ab, was zu unserer Verblödung führt!« Fan-Briefe dieser Tonlage gehörten auch zu DEFA-Glanzzeiten nicht zum Schauspieler-Alltag.

Worin liegt die Faszination des Manfred Krug? Warum lieben ihn die Leute so dauerhaft, egal ob er an Gewicht zu-, an Haaren abnimmt? Und schön wie Redford ist er nie gewesen. Nicht einmal als Degen- und Gitarrenheld. Aber das war er immer, das ist er geblieben, einer jener Sonderklasse-Schauspieler mit der Suggestion vollkommener Übereinstimmung von Darsteller und Held: Ich spiele nicht, ich bin. Dazu aber muß man erst einmal wer sein. Ähnliches finde ich bei Jean Gabin und Spencer Tracy.

Manfred Krug ist ein Kerl wie ein Baum, doch bei aller großmäuligen, schlitzohrigen Ironie und Selbstironie ein Mime mit dem Flair standhafter Güte und, wo Gelegenheit sich bietet, leiser Zärtlichkeit, verhaltener Erotik. Auch der Zimmermannsbrigadier und Räuberhauptmann Balla in *Spur der Steine*, Krugs brillanteste Filmrolle, lebt zu gutem Teil aus diesem lässig gehandhabten Widerspruch zwischen mächtig auftrumpfender Männlichkeit und einer Seele, die auf Zehenspitzen geht.

Regisseur Frank Beyer, der mit Manfred Krug drei in Thema und Machart höchst unterschiedliche Filme drehte: *Fünf Patronenhülsen* (1960), *Spur der Steine* (1966) und *Das Versteck* (1977), Frank Beyer spricht vom »Geheimnis«, das um die Schauspielerei sei: »Sie sitzen im Theater und es kommt einer aus der Kulisse und sie gucken hin, und es kommt ein anderer und sie gucken nicht hin.«

Über Krugs Ausreise 1977, als die bezaubernde Ehe-Komödie *Das Versteck* (mit Jutta Hoffmann) wegen der Pro-Biermann-Petition seiner Helden nicht ins Kino kam und die Konzerttourneen des Sängers von Staats wegen boykottiert wurden, sagt der Regisseur: »Das hält kein Künstler aus, daß man ihm sein Publikum wegnimmt.« Krug selber äußert in vollendetem Understatement: »Meine Ausreise war ein besonders nachdenklicher Vorgang.« Aber wir kennen auch seine Worte im engen Kreis der am *Versteck* Beteiligten: »Dieser Film und diese Freunde – das ist die DDR, die zu verlassen mir Tränen in die Augen treibt.«

Er hätte ein Jahrzehnt früher schon ausreichend Grund gehabt zu gehen, damals, als *Spur der Steine* bei der Premiere organisiert niedergetrampelt wurde – jenes wahrhaftige Filmwerk mit seiner aufsässigen Sehnsucht nach einem Sozialismus ohne stalinistische Verzerrungen.

Trotz Verletztheit, Verstörung, Wut war Krug geblieben. In eigensinniger Hoffnung auf die Lernfähigkeit der Regierenden spielte er kurze Zeit später sogar im Fernsehroman *Wege übers Land* – einen Parteisekretär. Spielte gewissermaßen im Konjunktiv, in der Möglichkeitsform. Krug: »Ich wollte, daß das Publikum einen Parteimann zu sehen kriegt, der sich mit dem Scheiß ringsum quält. Ich meinte einen sozialistischen Seelenhirten. Natürlich war das nicht in der Rolle drin, aber als Schauspieler kann man seine Träume, seine komischen Visionen zumindest ausprobieren.«

Auch der »komischen« Visionen wegen hat das Publikum hierzulande den Mann, den Manne Krug geliebt.

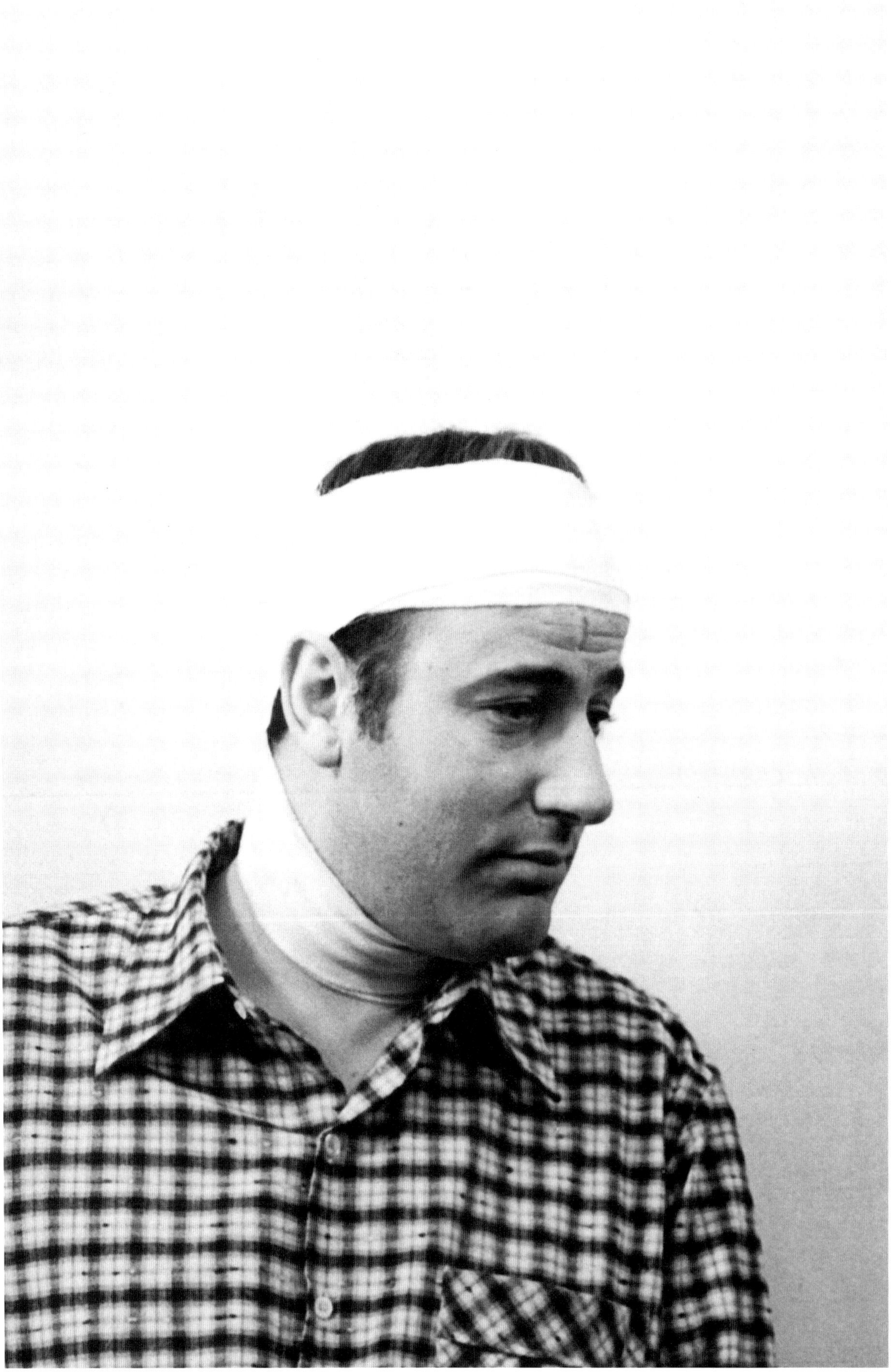

WEITE STRASSEN – STILLE LIEBE, Regie: Herrmann Zschoche

Mit Christa Windisch-Grätz in
WAS WÄRE, WENN...?
Regie: Gerhard Klingenberg

Mit Monika Woytowicz in
MIR NACH, CANAILLEN!
Regie: Ralf Kirsten

SPUR DER STEINE
Regie: Frank Beyer

Mit Marita Böhme in
WENN DU GROSS BIST,
LIEBER ADAM
Regie: Egon Günther

Mit Regina Beyer in
HAUPTMANN FLORIAN
VON DER MÜHLE
Regie: Werner W. Wallroth

KIT & CO.
Regie: Konrad Petzold

Mit Jutta Hoffmann in DAS VERSTECK, Regie: Egon Günther

Mit Boris Lehmann in STEIN, Regie: Egon Günther

Egon Günther

ROLF LUDWIG

Wenn man von einem sagt, er sei ein guter Schauspieler, so ist das auch Anmaßung, denn man behauptet zu wissen, was man sagt. Um wieviel überheblicher aber steht man da, wenn man noch etwas viel Kühneres äußert. Aber ich will es wagen: Dieser Schauspieler Rolf Ludwig ist genial.

Ganz verlegen wird man, wenn man das belegen soll. Daß ich diese Wahrheit über ihn fühle, will nichts besagen. Er kommt früh zu einer Shakespeare-Probe mit anschließendem Drehprozeß und spricht wieder einmal wenig. Oder erzählt Nebensächliches, dem ich sofort mißtraue. Aber auch dem schärfsten Blick offenbart er keine Nervosität. Er redet nicht von Shakespeare. Ist irgendwie unlustig und unfroh und versteckt es hinter Freundlichkeit. Auf meine vorsichtige Vorfühlung, den großen Engländer betreffend, reagiert er eigentlich nicht. Als ich sage, ich könnte mir das Ganze leise vorstellen, antwortet er, damit könne er etwas anfangen. Nach den ersten drei bis vier Stellproben merke ich, daß er den Text in der Übersetzung des Wolf Graf von Baudissin nicht fest »drauf« hat. Rolf wirkt, als ob er seinen Textfehlern nachlausche. Ich fange an, ich lasse durchblicken, daß ich berührt bin von etwas Seltsamem, als ob außerhalb des Ateliers, irgendwo im Raume, Kraftfelder wabern, morphische Felder, energetische Anballungen der dritten Art: Ich weiß, daß ich unbedingt drehen will.

Es interessiert mich, wie oft sich Rolf verspricht. Wir drehen es fünfmal. Rolf unterbricht sich selbst, wenn er einen Textfehler macht oder einem Wort zu sehr nachjagt. Ich unterbreche nicht. Irgendwie sind wir vom Glück begünstigt, denn eine Studentin, Mareike, merkt, was wir vorhaben, sie kapiert, daß wir einander nicht stören wollen, daß wir begierig und still warten. Ich warte meinerseits mit Spannung auf »richtigen« Text, Rolf spricht sich in einer unerhörten Konzentration, die er wer weiß woher nimmt oder »bekommt«, leise und geladen hinein, nur zweimal sagt er tieftraurig, er sei nicht konzentriert. Und auf einen winzigen Wink meiner Augen schiebt Mareike, als Rolf unterbricht, langsam und beinahe zärtlich die Klappe ins Bild und läßt sie sehr verhalten knallen, und so entsteht ein Monolog des alten, schwer gekränkten Lear, der mich ganz glücklich macht. So vergehen unsere Tage.

Die vier Filme, die für mich erwähnenswert bleiben als Produktionen mit Rolf, sind *Abschied*, eine Verarschung der Obrigkeit schlechthin, *Der Dritte*, ein Liebesfilm, *Lotte in Weimar*, eine Hommage mehr an die Rolle des Kellners Mager als an Goethe, und *Stein*. Ich will niemandem unrecht tun, aber das Vergnügen beim Drehen von *Lotte* bestand darin, einem genialen Komödianten zugucken und ihm ein wenig nur auf die Sprünge helfen zu dürfen bei diesem Balanceakt zwischen Komik und Melancholie. Wäre Mager nicht in der genialen Erfindung Thomas Manns, Goethes Figur würde unter den Dramatis personae des Spiels, diesem Welttheater, nicht ein Nu lang leben.

Ludwig »gibt« diesen Kellner, der den vollen Durchblick hat, und es ist ein Irrtum, daß da ein Regisseur viel hinzutun oder wegnehmen könnte. Ludwig erzeugt diese Figur, er transportiert sie vom Papier in die vierte Dimension: Länge, Breite, Höhe, die vierte Dimension heißt Kunst.

Ich weiß nicht, wie er das macht. Ich versuche ja auch nur mit unzulänglichen Mitteln zu erklären, was ein genialer Schauspieler ist.

Ludwig klagt nicht. Er wurde, besonders in den letzten Jahren der DDR, nicht gut behandelt. Vor einem Jahr wurde er schwer krank. Man schnitt ihm die Brust auf, verlegte einen Bypass. Für meine Begriffe hat er einen halben Zentner an Gewicht verloren. Jetzt sieht er aus wie King Lear. Anders kann ich mir den englischen Sagenkönig gar nicht mehr vorstellen. Seit wir unsere Versuche mit Shakespeare-Texten innerhalb eines Regie-Seminars mit Studenten der Babelsberger Filmhochschule gedreht haben, in welcher ich ihn rücklings von mitspielenden Studenten hochheben ließ, damit er hereingetragen werde als Halbtoter. Rolf sagte mir hinterher: Wenn Du sehen könntest, wie mich die Ärzte aufgeschnitten und über der Brust mit Draht zugenäht haben, hättest Du mich nicht so hochheben lassen. Würde ich es meinem Arzt sagen, erklärte der mich für verrückt oder todessüchtig.

Rolf ist an der Schwelle seiner größten Leistungsfähigkeit. Seine Bescheidenheit ist noch tiefer, seine Bedeutung ist mir seit unserem letzten Spielfilm *Stein* klarer und klarer geworden. Jetzt weiß er es hoffentlich selbst.

Mit Christina Huth,
Gabriele Hoffmann
und Alice Prill (v.l.n.r.) in
DREI MÄDCHEN IM ENDSPIEL
Regie: Kurt Jung-Alsen

Mit Marie-Luise Etzel in
DER HAUPTMANN
VON KÖLN
Regie: Slatan Dudow

DAS FEUERZEUG
Regie: Siegfried Hartmann

TROTZ ALLEDEM!
Regie: Günter Reisch

Mit Wolfgang Greese in
LOTTE IN WEIMAR
Regie: Egon Günther

LEVINS MÜHLE
Regie: Horst Seemann

ICH ZWING DICH ZU LEBEN
Regie: Ralf Kirsten

APACHEN, Regie: Gottfried Kolditz

Stefan Kolditz

GOJKO MITIĆ

Ein junger Mann betritt einen Saloon und geht hinüber zu einem alten, grauhaarigen Indianer, der regungslos in einer Ecke sitzt. Wenig später liegt der alte Häuptling sterbend am Boden, doch da ist sein Sohn längst wieder verschwunden. Die letzten Worte des alten Mannes lauten: Tokei-ihto.

Gojko Mitićs erster Auftritt in einem DEFA-Film, als Tokei-ihto, war denkbar unspektakulär, und wohl niemand ahnte am 18. Februar 1966, dem Premierentag von *Die Söhne der großen Bärin*, daß die DEFA ein Phänomen geboren hatte. Es ist der Beginn des kometenhaften Aufstiegs ihres vielleicht einzigen wirklichen Stars und des fast zwei Jahrzehnte währenden Versuchs, so etwas wie das Genre eines deutschen Abenteuerfilms zu entwickeln.

Im Gegensatz zu der häufig gebrauchten Behauptung lag die eigentliche Dimension der zwölf Indianerfilme, in denen Gojko Mitić die Hauptrolle spielte, weniger in der eigenartig wehmütigen, gelegentlich etwas didaktischen Beschreibung des Verteidigungskampfes eines Volkes, das einer rücksichtslosen Aufteilung und Kolonisation »freien« Landes im Weg war. Die wirkliche Botschaft der Indianerfilme, die den Abenteuerfilmen näher waren als den Western, bestand vielmehr in der Wiedereinsetzung des Körpers in seine alten Rechte gegen alle Ideologien und Ismen. *Die Söhne der großen Bärin* war nichts anderes als der Einbruch des romantischen Protests gegen Rationalität und schale Realitätsprinzipien, in eine von allen Seiten bis in die Ästhetik hinein ideologisierte Filmlandschaft. Dem muffigen Puritanismus der DDR schien die Existenz eines unbändigen Lustprinzips, das dem Zuschauer Befriedigung jenseits der alltäglichen Mühen versprach, nie ganz unverdächtig.

Gojko Mitić wurde zum Star, nicht nur weil er für ein zum Untergang verurteiltes Volk kämpfte, sondern weil er den Zuschauer ERLÖSTE. Die von ihm verkörperten Helden waren keine zerrissenen, gedemütigten, entfremdeten Charaktere, die ihr Schicksal erduldeten. Sie waren stark und unerschrocken. Sie HANDELTEN. Die meisten seiner Filme nahmen den Zuschauer auf eine innere wie äußere Reise mit: in die Weiten Nordamerikas, auf andere Kontinente (*Das Geheimnis der Anden*), in den Weltraum (*Signale – ein Weltraumabenteuer*). Sie waren Aussteigerfilme. Daß die Indianerfilme der DEFA die traumatische Situation ihres Landes widerspiegelten: klein, einem übermächtigen und überlegenen Feind gegenüber, mag dabei ein wenig mehr als bloßer Zufall gewesen sein. Vielleicht ist das auch der Grund, warum bei aller, vor allem anfänglichen, inhaltlichen wie ästhetischen Ähnlichkeit das Blut in den DEFA-Filmen immer etwas röter und der Schmerz immer etwas tiefer war als in den westdeutschen Karl-May-Filmen, als dessen Imitation sie begonnen hatten.

Doch egal wie fröhlich und wild Abenteuerhelden auf der Leinwand auch sind, sie sind Helden der Krise. Ihrem Auftreten haftet immer auch etwas Düsteres, Verzweifelt-Trotziges an, so als wüßten sie, daß ihr Triumph am Ende vergebens ist. Und so kann der Held in *Der Scout*, Gojko Mitićs letztem Indianeropus Anfang der achtziger Jahre, nur noch mit List überleben, indem er die Konflikte und Widersprüche einer Gruppe Weißer für sich nutzt. Mit dem naiven Glauben an die universelle, versöhnende Kraft des Abenteurers verschwand auch der Indianerfilm der DEFA von den Kinoleinwänden.

Zehn Jahre lang kaum wegzudenkender Mittelpunkt jedes Kinosommers, waren diese Filme und Gojko Mitić zu einem Bild verschmolzen. Sie waren *sein* Genre. So sehr, daß alle Versuche, den Pakt aufzusprengen, scheitern mußten. Was er daneben auch spielte und wie er aus den Zwängen seiner Rollenfixierung auszubrechen versuchte, die Zuschauer hatten ihn von Anfang an weniger als Schauspieler denn als Mythos wahrgenommen, als der er später sogar zitiert wurde (*Der lange Ritt zur Schule*, *Der Kinoerzähler*). Liebe auf den ersten Blick brennt oft ein Bild ein, von dem man sich nie wieder lösen kann oder will.

Und so liegt in seinem bisher letzten Kinoauftritt, in *Burning Life*, eine melancholische Ironie, wenn er als jugoslawischer Tankwart zwei Bankräuberinnen um ein Autogramm bittet.

Es hat nie eine Geschichte des deutschen Abenteuerfilms gegeben.

Mit Jewgeni Sharikow in
SIGNALE – EIN WELTRAUMABENTEUER
Regie: Gottfried Kolditz

ICH WILL EUCH SEHEN
Regie: Janos Veiczi

DER SCOUT, Regie: Konrad Petzold

MEIN LIEBER ROBINSON, Regie: Roland Gräf

Dieter Wolf

ALFRED MÜLLER

Wenn er sich nicht hinter der Maske einer seiner vielen unverwechselbaren Bühnenrollen oder dem Vollbart-Look des Karl Marx (im Kinderfilm *Mohr und die Raben von London*) verbarg, mochte er als sympathischer Zeitgenosse »Nobody« erscheinen, mittelgroß, das kurze dunkle Haar exakt links gescheitelt, ohne eitles Bemühen, die grauen Spitzen zu verbergen, das freundliche Gesicht eines Durchschnittsbürgers, offen, intelligent, eine kleine unaffektierte Verschmitztheit in den Augenwinkeln. Besondere Kennzeichen: keine, der Ur-Berliner nicht einmal erkennbar am Dialekt, es sei denn, der Jargon sei rollengerecht zum Kunstmittel stilisiert.

Im Berliner Maxim Gorki Theater war Alfred Müller schon ein Star, als die DEFA ihn für sich entdeckte und Janos Veiczi ihn 1963 von heute auf morgen zum Filmhelden par excellence werden ließ: in *For eyes only – Streng geheim...* als Kundschafter der DDR mitten in einer Spionage-Residenz der Amerikaner in Würzburg.

Binnen Jahresfrist hatte dieser Hansen anderthalb Millionen Kinozuschauer für sich erobert, und das ohne Superman-Action eines James Bond und fernab von Hollywoods Science-fiction-Technik. Dabei stand der Politthriller in einem unverhohlen vordergründigen agitatorischen Kontext – der Film handelte von der Veröffentlichung eines konspirativ entwendeten Geheimdienstpapiers mit den Aggressionsplänen der Imperialisten und rechtfertigte so nachträglich den Mauerbau.

Übersieht und überhört man das Pathos der sozialistischen Sieger von damals, so entdeckt man in *For eyes only* noch heute die bewährten Genre-Qualitäten des Abenteuerfilms, die neben dem Sensationswert des bis dahin tabuisierten Themas seine Massenwirkung erklären.

Alfred Müllers »Kundschafter des Friedens« ist kein sozialistischer Super-Held ohne Furcht und Tadel, auch wenn die Autoren ihm ernsthaftere moralische Konflikte zwischen Auftrag und Gewissen weitgehend ersparen. Immerhin muß er, auch als Zuverlässigkeitsprobe von seinen mißtrauischen Dienstherren inszeniert, einen früheren Arbeitskollegen und Genossen, Ziehvater gar seines eigenen, in der DDR zurückgelassenen Sohnes, einem strengen Verhör und Abwerbungsversuch unterziehen.

Alfred Müller versieht seine Rolle in geheimer Mission mit der Chuzpe, die das Milieu abgebrühter Spionageprofis verlangt, und zugleich mit einem modisch nicht forcierten Understatement in Haltung, Gestus, Mimik, das dem verbreiteten Wunsch des Zuschauers nach Identifikation entgegenkommt. Freilich gibt ihm die Story auch reichlich Raum, geistige Überlegenheit, rasches Reaktionsvermögen, zuweilen sogar unerwartete Schlagkraft zum Schutz der eigenen bedrohten Sicherheit einzusetzen. Dabei vermeidet er nach gemeisterter Situation jede Pose billigen Triumphs über seine Widersacher. Auf der anderen Seite fordern, selten genug im DEFA-Film, Gegner von Format seine darstellerische Anspannung und Reaktionsfähigkeit heraus, so etwa Hans Lucke als MID-Colonel Rock, Abwehrexperte in der Sicherheitsüberprüfung des Helden auf dem Lügendetektor.

Im zweiteiligen Film *Die gefrorenen Blitze* (wiederum nach einem Buch von Harry Thürk und Janos Veiczi) hatte Alfred Müller wenige Jahre später Gelegenheit, die Tugenden geistiger Intensität und menschlicher Wärme auszuspielen. Er verkörperte einen Ingenieur, der sich vom Mitläufer zum Gegner der Nazis wandelt, und war damit die einzige Konflikt- und Entwicklungsfigur in der deutschen Personage des internationalen Widerstandes gegen Bau und Einsatz nazistischer Raketenwaffen.

Nur selten konnte Alfred Müller im DEFA-Film seine auf der Bühne so vielfältig erprobten komischen Facetten zur Geltung bringen: das heitere Konversationsstück *Leben zu zweit*, in dem er als Mathematiker und heimlicher Freund einer Standesbeamtin zu sehen war, oder das Musical *Hiev up* blieben die Ausnahme. Mit wiederholter Rückkehr auf die Bühnenbretter, die ihm vor allem die Welt bedeuten, hat sich der bescheidene Mensch und große Mime bis heute den Stereotypen von Besetzungspolitik und Casting durch Film und Fernsehen zu entziehen gewußt. Aus gutem Grund und zum Glück mit Erfolg.

FOR EYES ONLY
Regie: Janos Veiczi

Mit Ina Merkel in
MOHR UND
DIE RABEN VON LONDON
Regie: Helmut Dziuba

Mit Frank Strobel
und Rüdiger Joswig in
HIEV UP
Regie: Joachim Hasler

DAS KANINCHEN BIN ICH, Regie: Kurt Maetzig

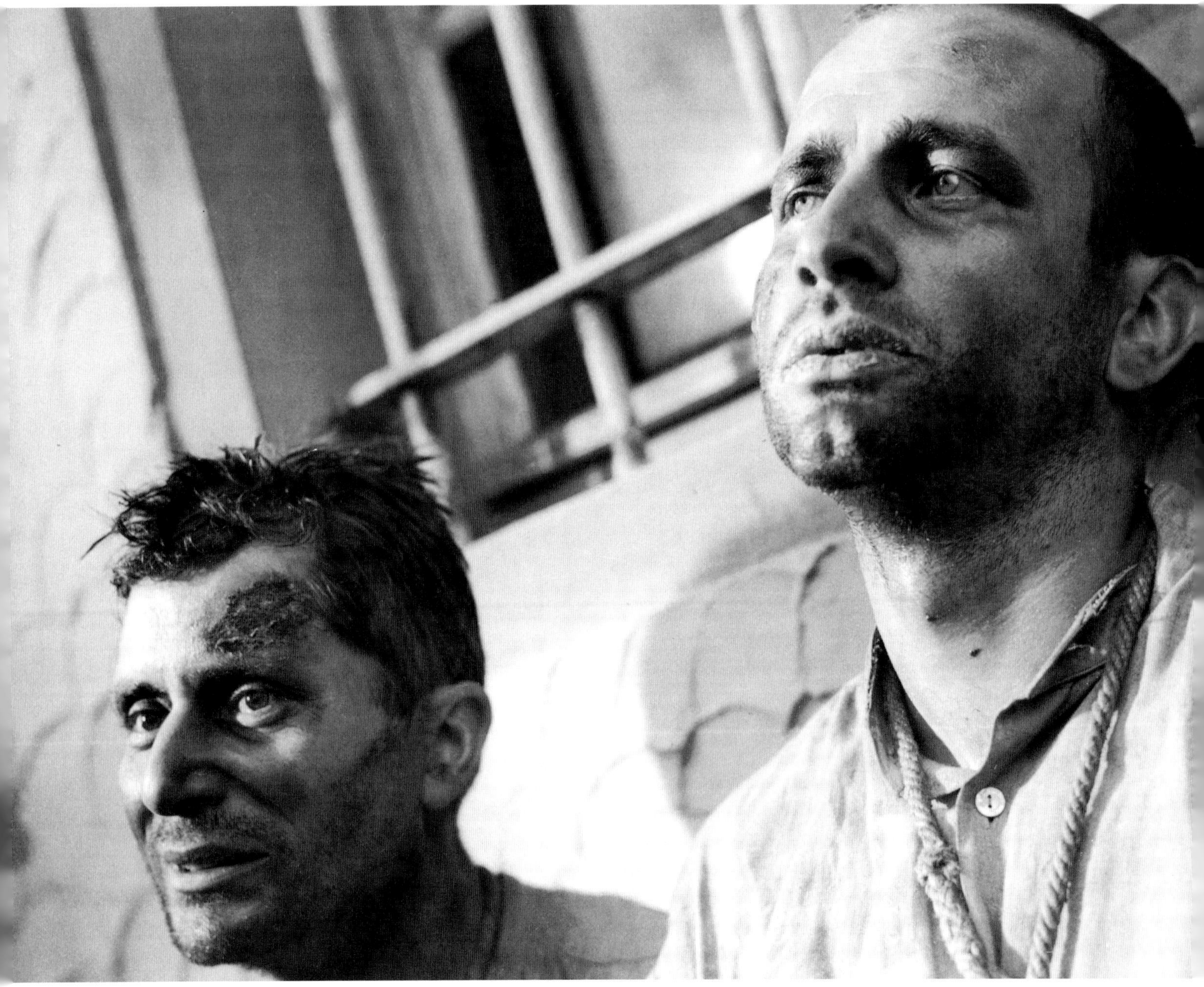

Mit Krzysztyn Wójcik in NACKT UNTER WÖLFEN, Regie: Frank Beyer

Renate Helker

ARMIN MUELLER-STAHL

Seine Figuren bleiben für sich, seltsam entrückt – mehr als den äußeren Ereignissen sind sie der eigenen Innerlichkeit zugewandt. Sie gehen durch die Filme hindurch wie im Traum, sind da, ohne wirklich zu sein.

Nur schwer wird man sich an die Eindringlichkeit einer Geste, den Rhythmus einer Bewegung oder an eine Besonderheit seiner physischen Erscheinung erinnern. Seine Darstellung ist eigenartig körperlos – eine Gestalt, ohne prägnante Konturen, unauffällig, beinahe eigenschaftslos.

Der Schauspieler Armin Mueller-Stahl arbeitet mit Andeutungen, Unschärfen, Eindrücken. Wer die Personen, die er darstellt, wirklich sind, ist über einen äußeren Blick nicht zu erkennen, man muß sie wahrnehmen, muß ihnen folgen – hinter ihrer matten Erscheinung wirkt eine Energie des Dramatischen.

In einer Spanne von stummem Pathos und nervöser Melancholie umgreift Mueller-Stahl in *Nackt unter Wölfen* die Figur des KZ-Insassen Höfel, der zusammen mit anderen Häftlingen einen Jungen vor dem Zugriff der SS rettet. Die Spielweise Mueller-Stahls fällt auf, gerade in Filmen, die historischen oder politischen Sujets verpflichtet sind. Die Gestaltung dieses Schauspielers sucht nicht die Botschaft, ist nicht darauf angelegt, die Figur im Kontext der Filmhandlung verstehbar zu machen. Die Perspektive, in der die Gestalt dem Zuschauer erscheint, entsteht wie zufällig.

An den Figuren dieses Schauspielers vollzieht sich nicht der »Gang von Geschichte«, auch wenn manche Filme das glauben machen wollen. *...und deine Liebe auch* zum Beispiel ist ein Pamphlet, das unmittelbar auf das Ereignis des Mauerbaus Bezug nahm und mit einem Bekenntnis zum Kommunismus endet. Das Schauspiel Mueller-Stahls aber hebt auf eine andere Ebene der Darstellung ab – es bewegt sich außerhalb der dramatischen Funktionalität der Filmerzählung. Armin Mueller-Stahl behält bis zum Schluß den Ton des enttäuschten Liebenden, er lenkt die Aufmerksamkeit auf die verstörende Einsamkeit des Mannes, zeigt, daß das soziale Leben ein Hohlraum ist, in dem die individuellen Dramen überdauern.

Die Innerlichkeit der Figuren, so intensiv sie sich auch mitteilt, den Personen selbst ist sie nicht verfügbar. Sie können das, was in ihnen zirkuliert, nur wahrnehmen, verstehen können sie es nicht. Auf eine sonderbare Weise sind diese Männer sich sehr nah und gleichzeitig sehr fern – sie erinnern an Personen, wie sie in den Romanen von Marguerite Duras oder Alain Robbe-Grillet vorkommen.

Armin Mueller-Stahl ist ein modernen Schauspieler, mühelos hätte sich sein Stil in das frühe europäische Avantgarde-Kino, in die Filme von Antonioni oder Bergman, integrieren lassen. Frank Beyers *Königskinder* war ein Versuch der DEFA, mit den Modellen eines »neuen« Kinos zu experimentierten. In kaum einem anderen Film bilden der schauspielerische Ausdruck Mueller-Stahls zusammen mit anderen visuellen Elementen der Inszenierung eine so durchgestaltete filmische Form.

Königskinder – ein Mann und eine Frau, die einander begegnen und wieder verlieren. Der Film erzählt die Geschichte in Bildern, in denen Gegenwärtiges als Vergangenes erscheint. Dinge in ortlosen Räumen, ein Brunnen, eine Treppe, ein Teich, ein Karussell. Die Zeitstruktur, die sich in dieser Darstellungsform konstituiert, ist entscheidend durch die Ausdruckstechnik Armin Mueller-Stahls bestimmt. Seine Eigenart, von innen heraus zu spielen, das Projizierte aber als etwas erscheinen zu lassen, was sich von außen der Figur nähert, erzeugt Bewußtseinszustände von Erfahrung, in denen sich die Identität der Person verliert. Die Darstellung zeigt Michael als einen Menschen, der sich selbst nicht besitzt.

Mit Margret Stange in
HEIMLICHE EHEN
Regie: Gustav von Wangenheim

Mit Rolf Hoppe in
DIE HOSEN DES RITTERS VON BREDOW
Regie: Konrad Petzold

NELKEN IN ASPIK
Regie: Günter Reisch

Mit Jenny Gröllmann in
DIE FLUCHT
Regie: Roland Gräf

KÖNIGSKINDER
Regie: Frank Beyer

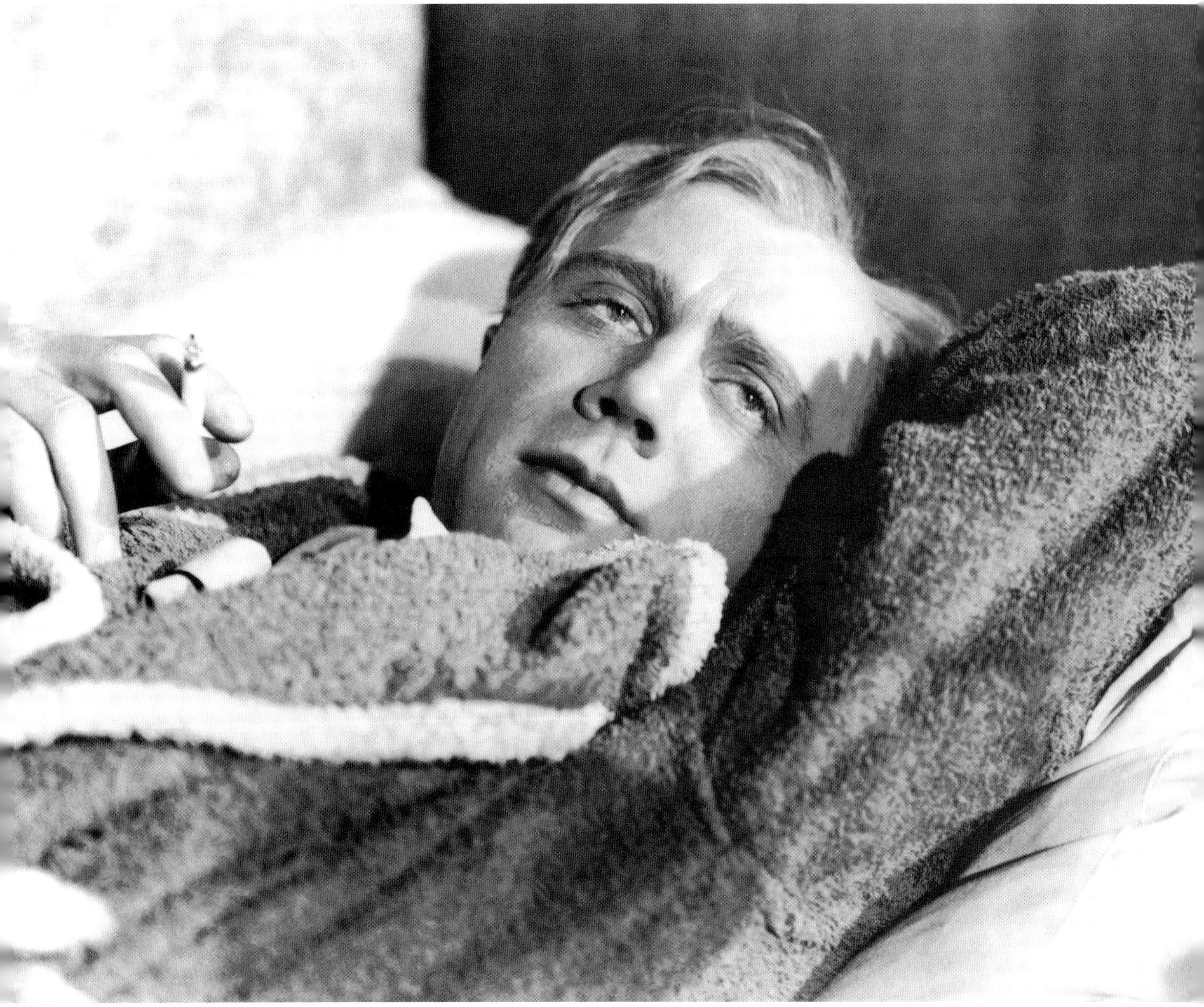

ROTATION, Regie: Wolfgang Staudte

Klaus Wischnewski

WERNER PETERS

Am 31. August 1951 gibt es eine Filmpremiere im Osten Berlins, im ehemaligen Ufa-Palast »Babylon«. Es ist die 41. der DEFA seit 1946. Im deutschen Westen wird sie erst sechs Jahre später nachvollzogen, um zwölf Minuten gekürzt. Heinrich Manns *Der Untertan* hatte schon kaiserliche Zensoren zur Rage gebracht, und Regisseur Wolfgang Staudte, der bereits 1933 einschlägig mißliebig aufgefallen war, profilierte sich hier, nach *Die Mörder sind unter uns* (1946), *Die seltsamen Abenteuer des Herrn Fridolin B.* (1948) und *Rotation* (1949), ganz im Sinne des Dichters, also negativ, unpatriotisch und linkssuspekt. Sein Hauptdarsteller war Werner Peters vom Deutschen Theater. Der Dreiunddreißigjährige erreichte den frühen Höhepunkt seiner Karriere, von dessen Kapital er dauerhaft zehren konnte.

Peters' Diederich Heßling war ein seltenes Phänomen der Inkarnation. Wenn Tucholsky schrieb, Heßling sei »der deutsche Mann schlechthin«, »in seiner Sucht, zu befehlen und zu gehorchen, in seiner Roheit und in seiner Religiosität, in seiner Erfolgsanbeterei und in seiner namenlosen Zivilfeigheit« – Werner Peters bleibt dieser Heßling »schlechthin«: sentimental, schreckhaft mit aufgerissenen leeren Augen, dummdreist aggressiv, kriecherisch, dauerhaft furchterregend. Und doch immer auch komisch-grotesk, in der Hochzeitsnacht »vor der Sache selbst« oder hinter des Kaisers Kutsche herrennend.

Der Untertan war seine achte Filmrolle, die siebente bei der DEFA. Erich Engel, der schon 1946 auf ihn aufmerksam geworden war, hatte ihn in *Affaire Blum* und im *Biberpelz* besetzt; er spielte in Maetzigs *Die Buntkarierten*. Seine präzise typisierende Mimik und Gestik prädestinierte ihn für den Film und überzeugte Regisseure, die individuell und sozial genau erzählen wollten. Im HJ-Führer Udo in Staudtes *Rotation* sind Heßling-Züge bereits angelegt. Die fast homoerotische Spannung zwischen dem gläubigen Jungen und seinem fluchtbereiten Idol enthüllt mehr über den Berliner April 1945 als manch heutige Jubiläumsserie. Der Gipfel Peters / Heßling erschien folgerichtig, vorbereitet von bedeutenden Regisseuren in substantiellen Sujets, in einer Zeit, da man sich für Fragen noch interessierte, weil man nach Antworten noch suchte.

Werner Peters gehörte zu den spielbesessenen Komödianten. Mit Siebzehn lernte der sächsische Kaufmannssohn bei Lina Carstens in Leipzig das Bühnenhandwerk; bis 1958 blieb er dem Theater treu. Er spielte komisch-satirische Typen und herausragende Charakterchargen. Dann siegten Film und Fernsehen. Nach 1955 drehte er nicht mehr bei der DEFA – im Kalten Krieg bestand man auf eindeutigen Entscheidungen. Große Herausforderungen waren nach 1951 ausgeblieben, in Ost wie West.

Werner Peters tat, was ein vom kommerziellen Filmbetrieb abhängiger Schauspieler tun kann, um sich zu behaupten – wenn er nicht alternativ handeln will: spielen, Rollen annehmen, im Geschäft sein. Als er 1971 bestürzend früh an einem Herzinfarkt starb, hatte er in fünfundzwanzig Jahren 102 Filmrollen gespielt und war zum Chef einer eigenen Synchronfirma avanciert.

Im Kino und im Fernsehen variierte er den aus der großen Heßling-Figur destillierten Typ des miesen Deutschen, reüssierte auch in ausländischen Filmen, erweiterte den Typ auf den Miesling im deutsch-temperierten Gangster- und Krimi-Genre. Selten war sein liebenswürdig komischer Charme gefragt. Aber in den wenigen Produktionen der bundesdeutschen Filmwirtschaft, die sozial- oder historisch-kritischen Themen und Ambitionen verpflichtet waren, war der Schauspieler Werner Peters immer wieder präsent – bei Regisseuren wie Werner Klingler, Falk Harnack, Robert Siodmak, Eugen York, Fritz Umgelter, Rolf Thiele und in seriösen Fernsehproduktionen von Rainer Wolffhardt, Ludwig Cremer und Günter Gräwert. Wolfgang Staudte besetzte ihn noch 1953 in *Die Geschichte vom kleinen Muck*, seinem vorletzten DEFA-Film, 1957 dann in *Madeleine und der Legionär* und 1959 in *Rosen für den Staatsanwalt* als Partner Martin Helds.

Die Biographie des deutschen Schauspielers Werner Peters, Jahrgang 1918, ist auch eine Inkarnation von Glanz und Elend des Komödiantenberufs im Kalten Krieg und kommerziellen Filmbetrieb geworden – wo doch die kurze Zeit zwischen 1947 und 1951 andere Horizonte zu öffnen schien.

DER UNTERTAN, Regie: Wolfgang Staudte

Mit Paul Esser in
DER KAHN
DER FRÖHLICHEN LEUTE
Regie: Hans Heinrich

Mit Kurt Oligmüller in
DIE UNBESIEGBAREN
Regie: Artur Pohl

STAR MIT FREMDEN FEDERN
Regie: Harald Mannl

DAS FRÄULEIN VON SCUDERI, Regie: Eugen York

Hans-Jörg Rother

HENNY PORTEN

Unbekümmert wirkte Henny Porten zu Beginn ihrer Laufbahn, als bekümmerte Prinzipalin sollte sie vierzig Jahre später für immer abtreten. Aus dem in Maßen leidenschaftlichen, nur wenig leichtsinnigen, treu liebenden jungen Mädchen, das sie in Oskar Messters Tonbildern und kleinen Melodramen zu verkörpern hatte, war die streng-gerechte, am Ende doch triumphierende Zirkusdirektorin *Carola Lamberti* beziehungsweise das kluge *Fräulein von Scuderi* geworden.

Man sieht es ihrem Spiel an, wie sehr sie diese DEFA-Figuren liebte und wie sie selbst förmlich aufblühte, wenn die Zirkusgesellschaft die zu ihren Söhnen geeilte Chefin fast auf Händen trägt. So ähnlich mochte sich Henny Porten die ersehnte Rückkehr auf die deutsche Filmbühne vorgestellt haben, von der man sie ihrer Loyalität zum jüdischen Ehemann wegen in der NS-Zeit fast völlig verdrängt hatte.

Die Magdeburgerin Porten war ein Star der Normalität. Kräftig gebaut und couragiert, dabei keineswegs emotionsarm, erschien sie den Zeitgenossen anfangs wie ein Idealtyp der Wilhelminischen Ära – mit jenem Schuß emanzipierter Tüchtigkeit, den sie für ihre Rollen während der Weimarer Zeit benötigte. Die Freisetzung vitaler Kräfte sollte ihr aber stets nur in Maßen abverlangt werden; und gar nicht mehr, als sie selbst dazu Lust verspürte. Wichtiger wurde, und auch da ging sie dem Publikum beispielgebend voran, die Selbstdisziplinierung mittels Zucht und Vernunft. Dank dieser Fähigkeit behält *Carola Lamberti* in Hans Müllers Zirkusfilm den Kopf oben und rettet das Unternehmen aus der Krise. Und kluge Standhaftigkeit ermöglicht es auch dem *Fräulein von Scuderi* in Eugen Yorks romantischem Historienbild, ein unschuldiges Menschenleben und eine verlorene Ehre in einer kalten Verstandeswelt zu schützen.

Die im Alter etwas hervortretenden Backenknochen und ihre vom Glauben an die eigene Aufgabe glänzenden Augen verliehen Henny Portens Gesicht vor allem in *Carola Lamberti* eine aufschlußreiche Ähnlichkeit mit einer Lieblingsgestalt der Ufa: mit Friedrich II. Die Lederjacke, die Reitstiefel, das überflüssige Stöckchen in der Hand ließen allerdings noch andere, problematischere Assoziationen zu, die dann zum Glück bald von der – unter der Maske ständiger Selbstbeherrschung hervorbrechenden – Güte und Freundlichkeit der Gestalt verdrängt werden. Wenn die Direktorin in der Manege auftaucht, überkommt den Kinobesucher, mehr als das nervöse Zirkusvolk im Film, das Gefühl, daß sich nun alles zum Guten wenden wird.

Die Bereitschaft zum Glauben an eine Prinzipalin (oder einen Prinzipal) muß den Deutschen jener Zeit tief im Blut gelegen haben. Sie hatten immer auf gute Herrscher gehofft, die Anläufe zur Demokratie waren gescheitert, in Ostdeutschland soeben das Aufbegehren gegen die Parteidiktatur. Wußte Henny Porten, worauf sie sich einließ, als sie im Juni 1953 ihren Koffer in den vom Ausnahmezustand beherrschten Osten trug?

Die Rolle der alles überblickenden Prinzipalin, ohne die die jugendlichen Zirkusreformer in die Irre gehen, kam der DEFA, bei der gerade die *Thälmann*-Filme vorbereitet wurden, jedenfalls gut zupaß, die der weisen Fürsprecherin der Bedrängten am Königshof allerdings weniger. Die Kummerfalten in Henny Portens aufrichtig besorgtem, liebem und etwas ratlosem Gesicht sollten noch tiefer werden.

Mit Jacky Marelly in CAROLA LAMBERTI – EINE VOM ZIRKUS, Regie: Hans Müller

CAROLA LAMBERTI – EINE VOM ZIRKUS, Regie: Hans Müller

WIE HEIRATET MAN EINEN KÖNIG, Regie: Rainer Simon

Rainer Simon

KÄTHE REICHEL

Eigentlich wollte ich mit der Reichel über ihren Beruf reden. Doch wir sprachen über die russischen Mütter, die ins ferne Tschetschenien aufbrechen, um etwas Unerhörtes zu tun, wie sie sagt, etwas, das es in der Weltgeschichte noch nie gegeben hat. Sie holen ihre Söhne von der Front. Der Widerstand der Mütter gegen den Krieg hat eine neue Qualität erreicht, was wiederum nur möglich sei in einem Land der noch nicht organisierten, anarchischen Demokratie wie Rußland. In westlichen Demokratien würden Gesetze und Selbstdisziplin solches verhindern.

Anläßlich des 50. Jahrestags der Befreiung vom Faschismus organisiert die Reichel den russischen Soldatenmüttern zu Ehren im Berliner Ensemble, dem Ort ihrer künstlerischen Geburt, eine Solidaritätsveranstaltung.

So war es immer. Als ich ihr 1968 eine kleine Rolle in dem Märchenfilm *Wie heiratet man einen König* anbot, sprachen wir vor allem über den Prager Frühling, über dessen philosophische und ökonomische Modelle, die uns träumen ließen von einem Sozialismus, den es bis dahin noch nicht gegeben hatte. Es war ihre erste Filmrolle seit vielen Jahren, auch im Theater war sie fast kaltgestellt – und es war mein erster Film. Die Reichel schüttete ein Füllhorn von Vorschlägen wie einen Goldregen über mich. Es entstanden neue Szenen, Dialoge, sie konzipierte sich selbst ihr Kostüm, und entsprechende Requisiten mußten beschafft werden. Ihre Argumente waren fast immer besser als meine, dienten nicht nur der Rolle, sondern dem Film, ihre Genauigkeit eröffnete Räume für die Phantasie des Märchens. Alle Theorie über Schauspielerführung, alles, was ich bei und über Antonioni, Fellini, Bergman gelesen hatte, wurde Makulatur.

Unsere erste Zusammenarbeit war mein Grunderlebnis für die Arbeit des Schauspielers an seiner Rolle.

Später dann sprachen und stritten wir über Solschenizyn und Mandelstam, über Bahro und Biermann und immer über Brecht, Hegel, Kolakowski und die Luxemburg. Und über Filme, die nie gedreht werden konnten. Die Küche der Reichel war interessanter als fast alle Filme und Theaterstücke, die zu sehen waren.

Zu diesen Zeiten hieß es, die Reichel ist das konterrevolutionäre Zentrum Nr. 1 des Deutschen Theaters. Im Gegenteil: Sie war das revolutionäre Zentrum; die Angst von Stasi und Partei vor ihr war berechtigt; das Wort Dialektik, in ihrem Verständnis war es nicht zur Phrase verkommen. Es wurde praktikabel für die Arbeit.

Bevor sie spielen will, will die Reichel wissen, verstehen. Das genaue Denken ist die Wurzel des genauen Gefühls.

Der Regisseur muß ihr die Bedingungen schaffen, er muß bemerken, wenn der Schauspieler sich öffnet, in Not ist oder ein Geheimnis preisgibt. Gibt es diese Beziehung nicht, wird der Beruf zur Prostitution, und: »Ich werde drittklassig«.

In *Jadup und Boel* erfährt Frau Martin, die Reichel, von der Vergewaltigung ihrer Tochter Boel. Im Drehbuch stand: Sie weint. Während wir die Szene einrichteten, lief sie wie ein Tiger hinter der Dekoration auf und ab, »händeringend und in Panik«, sagt sie heute, denn sie wollte nicht aus allgemeiner Trauer weinen. Sie suchte eine konkrete Geschichte für das Weinen dieser Frau. In ihrem Kopf spulte sie die Szenen des Drehbuchs zurück und fand: Nie war im Film von ihrem Mann die Rede. Könnte Frau Martin nicht selbst vergewaltigt worden sein, Boel gar das Kind dieser Notzucht? Eine solche Vorgeschichte erlaubte ihr, das Weinen konkret zu machen. Doch dazu bedurfte es auch eines künstlerischen Bildes: Sie forderte anstelle eines Stuhls eine Bank, auf der sie mit breiten Beinen sitzen konnte, um darauf ihr Kind Boel wie eine Kollwitzsche Mutter zu umfassen, um es wiegend zurückzunehmen in den Schoß. Das Weinen enthielt ahnbar in seinem schluchzenden Rhythmus den Satz: »Sie haben Dir gemacht wie mir«, der in den im Dialog vorgegebenen verständlichen Satz des gleichen Rhythmus überging: »Ich will nicht wissen, wer war.«

Ich fragte sie, welche Rolle die eigene Erfahrung bei einer solchen Szene spiele. »Ich bin nicht vergewaltigt worden, aber es hätte mir 1945 geschehen können. Doch ich glaube, dann hätte ich es so nicht spielen können. Die Gestalt der Rolle entspringt der Beobachtung anderer und der eigenen Phantasie und Erfahrung, die wiederum der Selbstbeobachtung entspringt. Ich bin immer zwiefach, mir passiert etwas und ich verarbeite es, mich selbst beobachtend. – Diese Fähigkeit, sich selbst zusehen zu können in schlimmen Momenten, ist übrigens eine Form der Lebensrettung.«

PUGOWITZA
Regie: Jürgen Brauer

Mit Martina Eitner und Christine Schorn in
WEIBERWIRTSCHAFT
Regie: Peter Kahane

Mit Jutta Wachowiak in
DIE VERLOBTE
Regie: Günther Rücker und Günter Reisch

Mit Fred Düren in
LEVINS MÜHLE
Regie: Horst Seemann

Nächste Seiten:
JADUP UND BOEL
Regie: Rainer Simon

JAHRGANG 45, Regie: Jürgen Böttcher

Herwig Kipping

ROLF RÖMER

Jahrgang 45. Ein Möchtegernbösewicht, wie auf den Leib geschrieben, rauhe Schale, weicher Kern. Selbstbewußt, ohne Skrupel. Typ Kumpel, mit Starallüren, ein Spätzünder. Rolf Römer spielt, als Dreißigjähriger, mit souveräner Vulminanz einen Zwanzigjährigen: den Alfred, Al genannt.

Mit einer Feder spielen, so leicht und anmutig, das kann er, aber Gefühle kann er nicht zeigen, da tut er cool und überlegen und ist es doch nicht. Er kann ein guter Kamerad, ein Freund sein, Geliebter weniger, dazu ist er zu eingebildet. Und zu heftig, wenn er nicht das bekommt, was er will. Stur. Nicht nur in der Beziehung zu Frauen soll alles nach seinem Kopf gehen, ein Junge, dem die Mütze des Großvaters zu groß ist. Über sein Mädchen sagt er nur: »Was soll sein, mit uns ist es aus. Es geht eben einfach nicht mehr. – Warum, warum? Wir passen eben nicht mehr zusammen...«

Er gibt sich jugendhaft schlaksig, arrogant, offen, geradlinig, direkt, mit viel innerer Kraft. Die Frau soll zu ihm, an seine Seite, auf sein Territorium kommen, da fühlt er sich sicher. Aber er geht keinen Zentimeter auf sie zu.

Er beklagt sich, wenn sie nicht kommt. Aber wenn sie kommt, will er machen, was er will. Was sie möchte, danach fragt er nie. Eingesponnen in den Kokon seiner scheinbar sprudelnden Lebendigkeit, spürt er die Mauer nicht, die er um sich zieht, um diese Lebendigkeit zu schützen. Wenn die Kohlensäure raus ist, ist die Brause schal. Dann ist er starr, selbstgerecht und dünkelhaft und flieht in den pubertär hochmütigen Glauben, besser zu sein als die andern. Dann fühlt er sich im Recht. Alles, was er macht, ist richtig. »Hoffentlich wirst Du klug!?« sagt der Großvater – »Was verstehst Du schon davon?« antwortet Al.

Ja, er findet sich unheimlich gut. In sich selbst verliebt, nimmt er auf die Gefühle der anderen keine Rücksicht. Leicht, allzuleicht verletzbar, verletzt er die anderen, um nicht selbst verletzt zu werden. Alle sollen sich ändern, nur er will so bleiben, wie er ist.

Doch ist er wirklich nur ein Wichtigtuer, ein arroganter Schnösel und eitler Fatzke?

Eher der große Junge, dem die Mütze nicht paßt, die er sich anmaßend aufsetzt, der's nicht so genau wissen will, und der einen Tritt in den Hintern braucht, damit er weiß, wo's langgeht. Ein Sonnyboy, der mit falschem, unechtem Rhythmus durchs Leben tanzt, ein Macho, der sich unverstanden fühlt. Ein Trotzkopf, bockig, störrisch, der den Weg zum Herzen zu finden weiß, wenn er treu aus seinen Augen guckt. Ein trauriger Engel: »Es ist doch so, man hat wunder gedacht, wie alles kommt. Und dann sitzt man in seinem Zimmer und wartet. Und man wird das beschissene Gefühl nicht los, daß man irgendwas Großes verpaßt hat.«

Der große Junge mit Motorrad und Expander, der frei sein will und seine Grenzen nicht kennt, der sich nicht küssen läßt, denn zum Küssen braucht man Gefühl. Aber wir sind nun einmal nüchtern und sachlich; eine gebremste Jugend, die nicht loslegen kann, wie sie will, und nostalgisch nach ihrer Zukunft sucht...

Die Alternative. – Draußen, irgendwo, ist das Leben. Mit prima Neubauten, wie im Hotel, geil, mit schöner Aussicht auf andere prima Neubauten. – Freie deutsche Jugendliche. Verlogen tun sie, als ob sie fröhlich singen, aber der Beat stimmt nicht, und das Lied bleibt ihnen im Halse stecken. Alfred, der Möchtegernrebell, ergibt sich am Ende doch in die kleine Lösung, geht zurück zu Heim und Herd und der Krankenschwester-Frau mit den vielen Babys, auch wenn es ihn irgendwie ankotzt und anstinkt.

Mit der Aussicht auf jene prima Neubauwohnung über dem Hügel, unter dem der historische Müll begraben liegt und auf dem man sich einrichten muß. Rolf Römer als Al in *Jahrgang 45*.

Mit Hans-Joachim Hegewald in NICHTS ALS SÜNDE, Regie: Hanus Burger

Mit Thomas Weisgerber in
DIE GLATZKOPFBANDE
Regie: Richard Groschopp

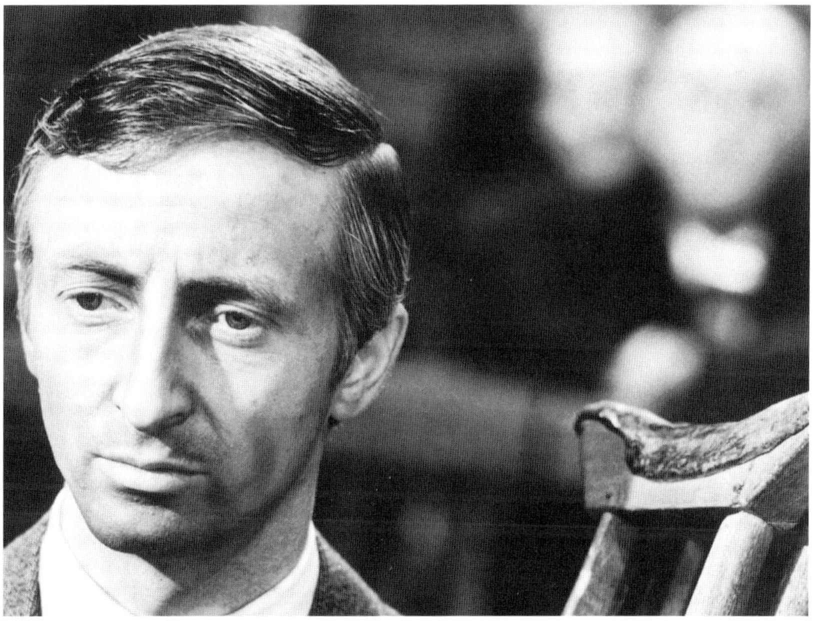

DER MORD,
DER NIE VERJÄHRT
Regie: Wolfgang Luderer

Mit Gerd Funk in
TECUMSEH
Regie: Hans Kratzert

Mit Sylvester Groth in DAS HAUS AM FLUSS, Regie: Roland Gräf

Jutta Voigt

KATRIN SASS

Ihr Gesicht kann schön sein. In Augenblicken zwischen Anspannung und Entspannung. Der hohe Haaransatz, die gewölbte Stirn, braune Augen, unter denen immer eine leichte Schwellung sich markiert, das gibt ihnen einen angestrengten, sündhaften Ausdruck, der für manche Filme durch das Auflegen von Teebeuteln gemildert worden ist. Ein Mund, der keine entschiedene Neigung zu Melancholie oder zu Übermut verrät, die Nase unauffällig. Die Schönheit dieses Gesichts ist an nichts festzumachen, ist ganz und gar abhängig von den Gefühlen, die es widerspiegelt.

1979, da war sie dreiundzwanzig, kam der Erfolg auf sie zu. Heiner Carow gibt ihr die Hauptrolle in *Bis daß der Tod euch scheidet*. Ab jetzt erscheint eine Schauspielerin auf der Leinwand, die mit Mut zum Gefühl spielt, mit einer überraschenden Explosivität. Ihre Filmgestalten scheinen immer am Rande des Abgrunds zu balancieren, Frauen zwischen Sehnsucht und Gefährdung, die nicht fertig werden mit dem Leben, abhängig sind, ausgeliefert den Männern, sich selber, nicht zuletzt, weil sie dem Gefühl unbedingte Priorität einräumen.

Ein Höhepunkt in der Entwicklung von Katrin Saß: die Agnes in *Das Haus am Fluß*, Regie Roland Gräf. Eine junge Frau von 1942, lebenslustig und ahnungslos, liebesfähig und verführbar. Ein Opfer, das zum Täter wird, Sinnbild für die Not der Bedrängten und die Kraft der Schwachen. Angstvoll kämpft sie darum, daß ihr verkrüppelter Mann nicht noch mal an die Front muß, kämpft mit ihren Mitteln, den ewigweiblichen von Widerstand und Hingabe. Wieder hängt von einem Mann ihr ganzes Leben ab, dem Juniorchef Hüsgen, dessen Liebeswerbungen immer mehr den Charakter einer Aggression annehmen. Den Agnes schließlich in einem spontanen überraschenden Akt der Selbstbefreiung erschlägt. Umschlag der Passion in die Rebellion.

Katrin Saß spielt im Film den Typ Frau, den es eigentlich nicht mehr geben dürfte. Den es, falls die Emanzipation gemäß unseren Vorstellungen vorankommt, nicht mehr geben wird, irgendwann: die Frau als Verführte und Unterdrückte, Geschlagene und Vergewaltigte – die Frau als Opfer. Wenn auch ein Opfer, das sich zur Wehr setzt: mit Gift und Gewalt wie Sonja in *Bis daß der Tod euch scheidet* und Agnes in *Das Haus am Fluß*, mit Asozialität wie Nina in *Bürgschaft für ein Jahr*, mit Selbstaufgabe wie Anna in *Der Traum vom Elch*, mit der Flucht in den Rausch wie Ursula in *Fallada – letztes Kapitel*.

Das Medea-Motiv durchzieht die Filmfiguren der Saß. »Der Umsturz des Mutterrechts«, schrieb Friedrich Engels 1892, »war die weltgeschichtliche Niederlage des weiblichen Geschlechts. Der Mann ergriff das Steuer auch im Hause, die Frau wurde entwürdigt, geknechtet, Sklavin seiner Lust und bloßes Werkzeug der Kindererzeugung...« Inzwischen hat sich viel geändert, doch solange sich nicht alles geändert hat, wird jener Frauentyp, wie ihn die Saß darstellt, auf verbreitetes Wiedererkennen stoßen und als Identifikationsangebot angenommen. Sie gibt der Leidensfähigkeit der Übergangsfrau Ausdruck, der Passion des Zustands zwischen Nichtmehr und Nochnicht: nicht mehr so unterdrückt und noch nicht frei. In allen ihren Filmrollen bestimmt das Verhältnis zum Mann, die Abhängigkeit von ihm, ihr Leben. Die Mischung aus Hingabe und Aufbegehren, Lebenslust und -leid, Passivität und Rebellion.

Ein Phänomen ist die absolute soziale Glaubwürdigkeit dieser Schauspielerin. Warum glauben wir ihr die Hilfsarbeiterin, das Dienstmädchen, die Krankenschwester, die Morphiumsüchtige? Natürlich, weil sie eine gute Schauspielerin ist. Hinzu aber kommt eine Art sozialer Mythos. Etwas Archetypisches, Modellhaftes läßt die Darstellung ihrer labilen Figuren weitab von aller Exotik sein. Wir kennen sie. Sie ist die junge Frau, die einem im Treppenhaus begegnet, mit verweinten Augen manchmal, und die lächelt dabei. Sie ist die Kollegin vom Band, die mit dem Einrichter flirtet, während sie den neuesten Schlager singt. Sie ist die Freundin, der man alles erzählen kann bei einem kleinen oder großen Schnaps. Katrin Saß verkörpert eine seltsame Symbiose von Trivialem und Existentiellem, »verkörpert« im Sinne des Wortes, denn ihr Spiel ist sinnlicher als das anderer Schauspielerinnen derselben Generation. Das Zusammentreffen von Gewöhnlichkeit und Subtilität, von Vitalität und Verletzlichkeit berührt die Momente, wo die Lust über die Passion triumphiert und dann wieder die Passion über die Lust. Traurigsein und Singen.

BIS DASS DER TOD EUCH SCHEIDET
Regie: Heiner Carow

BÜRGSCHAFT FÜR EIN JAHR
Regie: Herrmann Zschoche

Mit Walter Plathe in
MEINE FRAU INGE UND MEINE FRAU SCHMIDT
Regie: Roland Oehme

Mit Marie Gruber in
DER TRAUM VOM ELCH
Regie: Siegfried Kühn

Mit Angelica Domröse und Arno Wyzniewski in AN FRANZÖSISCHEN KAMINEN, Regie: Kurt Maetzig

Klaus Wischnewski

RAIMUND SCHELCHER

Welche Biographie, zwischen und nach zwei Weltkriegen: Geboren 1910 in Daressalam, Deutsch-Ostafrika, kommt er vierzehnjährig in der Folge des Versailler Vertrags nach Deutschland. Nach der Matura geradliniger Weg über die Kölner Schauspielschule zu einer steilen Theaterkarriere: 1930 Gießen, Schillers Ferdinand; 1933 Frankfurt am Main, Kaspar Hauser; 1934 Hamburg, 1935 Leipzig, Heinrich George sieht ihn als Hamlet und bringt ihn ans Berliner Schillertheater. Aber dann: 1939, vier Tage vor Kriegsbeginn, verhaftet ihn die Gestapo; Strafbataillon, mehrfach verwundet, schließlich sowjetische Kriegsgefangenschaft. Im Lager: Kulturarbeit, Theaterspiel.

Entlassung 1949. Zunächst am Bremer Theater, dann ab 1950: Berlin/DDR, Deutsches Theater. Eine große, identische Rolle: Joe Bonaparte in Clifford Odets »Golden Boy«, die schlagende und geschlagene Kreatur... Ein unbeschreiblicher Jakow in Gorkis »Feinde« bei Fritz Wisten am Schiffbauerdamm; der Abschied des lebensüberdrüssigen Selbstmörders von Tatjana: »Jetzt hast Du mich geküßt wie einen Toten...«

Beim Film – erste Aufgaben hatte er bereits 1938/39 gespielt – beeindruckt er in *Die Sonnenbrucks* (polnischer Originaltitel: »Die Deutschen«) als antifaschistischer Dozent Peters in der Konfrontation mit dem bürgerlichen Professor (Eduard von Winterstein). Dann vorwiegend episodische, oft interessante, bei ihm immer markante Rollen, soziale und individuelle Varianten von Arbeiterschicksalen (August Lenz in *Das Lied der Matrosen*), aber keine Herausforderungen. Die ihm sehr gemäße Figur des Michael nach Leonhard Frank scheitert an der Schwäche von Drehbuch und Regie (*Der Prozeß wird vertagt*).

1954 wird Raimund Schelcher von Bertolt Brecht ans Berliner Ensemble geholt. Sein Simon Chachava und Angelika Hurwiczs Grusche (»Der kaukasische Kreidekreis«), über den Bach hinweg über Liebe, Treue und Zeit redend, bleiben klassische Zeichen für Theaterkunst und Kultur des Jahrhunderts. 1957 ermöglicht die Inszenierung von Johannes R. Bechers Drama »Winterschlacht« dem Schauspieler Schelcher einen großen Auftritt, in den er viel von seinem Kriegs- und Deutschlanderleben legt. Für den Fritz Weiler, als Partner Helene Weigels in Baierls Komödie »Frau Flinz«, erhält er 1961 den Nationalpreis, der ihm längst gebührt hätte.

Raimund Schelcher war ein schwieriger, auch gefährdeter Schauspieler. Der rebellische und anarchische Impetus irrlichterte faszinierend in seinen Figuren, wie die Zerstörungsdrohung. Das Kunstleben im Deutschland des Kalten Krieges hatte wenig Raum und Begreifen dafür.

Es bleibt ein Glücksfall, daß der strenge Parteidichter KuBa in seinen von der DEFA angeregten Studien im norddeutschen Bodenreformland die Metapher und Geschichte vom Krummen Anton fand und erfand. Unter vierzig in zwanzig Jahren gespielten Filmrollen ist dieser Anton in Kurt Maetzigs *Schlösser und Katen* die eine, die den Schauspieler herausforderte und ihm gerecht wurde; Raum gab für seinen Haß, die Verbitterung aus der Erfahrung an diesem Deutschland, das gespalten war in Stadt und Land, oben und unten, rechts und links – wobei das besonders schmerzte.

Schelcher gab dem getretenen, verblendeten und gefährlichen, liebenswerten und gütigen Knecht die Größe des Menetekels, das nicht losläßt – und die naturalistische Nähe, die herausfordert. Als wir den Film sahen, 1957, waren wir sicher, daß Anton, und alle anderen auch, Unmündigkeit und Abhängigkeit überwunden und überstanden hätten.

Raimund Schelcher verstarb 1972, zweiundsechzigjährig, ungenügend genutzt, unerfüllt. Wer ihn gesehen hat, vergißt nicht die großen Momente dieses Schauspielers und Zeitgenossen, auf der Bühne, auf der Leinwand.

Mit Angelika Hurwicz in
DIE SONNENBRUCKS
Regie: Georg C. Klaren

LISSY
Regie: Konrad Wolf

SCHLÖSSER UND KATEN
Regie: Kurt Maetzig

Mit Gisela Uhlen in
DER PROZESS WIRD VERTAGT
Regie: Herbert Ballmann

DIE BEUNRUHIGUNG, Regie: Lothar Warneke

Lothar Warneke

CHRISTINE SCHORN

Als Regisseur sieht man Schauspieler auf der Bühne mit zwei verschiedenen Augen, einmal als die Gestalt, die sie gerade darstellen, und zum anderen als diejenigen Figuren, die sie darstellen könnten. Manchmal ist es nur die Intonation eines halben Satzes, eines Wortes, die mich berührt, erzittern, erschauern läßt. Plötzlich ist die Entfernung zwischen der Buhne und dem Zuschauerraum vergessen, hinweggefegt. Etwas hat sich in meinem Kopf eingeprägt und meldet sich immer wieder lautstark zu Wort.

Christine Schorn stand einfach da, auf der Bühne des Deutschen Theaters, in »Doña Rosita bleibt ledig – Sprache der Blumen«. Sicher gab es auch einen Dialog, aber den habe ich vergessen. Sie stand einfach da, und das tiefste Wesen eines Menschen wurde sichtbar, die unendlichen Möglichkeiten, die sich entfalten wollen, und die Tragödie ihrer Verhinderung.

Diese Schauspielerin mußte man im Film besetzen.

Das war anfänglich nicht ohne Probleme, denn die technologische Notwendigkeit, aus kleinsten unzusammenhängenden Stücken eine Filmfigur lebendig werden zu lassen, fiel ihr nicht leicht. In *Addio, piccola mia* pflegt sie den dreiundzwanzigjährigen, sterbenden Georg Büchner am Krankenbett. Eine Balance zwischen Hoffnung und Verzweiflung. Wieder waren die Dialoge nicht das Entscheidende. Am Ende des Films, als das große Schweigen eingesetzt hatte, ging sie durch die Totenlandschaft. Mit ihrem Ja zum Leben, was in allem Weiblichen liegt. Die Sprache der Blumen.

Verzweiflung und Hoffnung bildeten auch die Spannweite einer anderen Schorn-Figur. In *Unser kurzes Leben* nach Brigitte Reimanns Roman »Franziska Linkerhand« unterliegt die Frau, Selbstmord ist ihre letzte Entscheidung. Es war eine sogenannte Nebenrolle, und Christine Schorn ließ in ganz kurzen Auftritten die Tragödie einer Biographie sichtbar werden. Mit einer Kraft und Sinnlichkeit, die mir deutlich machte, daß sie nun eine Hauptrolle bekommen müßte.

Am besten, einen Film für sie schreiben. Helga Schubert schrieb ihn, er hieß *Die Beunruhigung* und erzählte von einer selbstbewußten, alleinstehenden Frau, die plötzlich durch eine Krebserkrankung mit der Gefahr des Todes konfrontiert ist. Auf einmal ist nichts mehr so, wie es war. Die selbstverständlichen, alltäglichen Dinge, das Zusammentreffen mit Angehörigen, Freunden und Bekannten wird plötzlich auf Sinnhaftigkeit überprüft. Der Film wurde ein Erfolg weit über die Landesgrenzen hinaus, obwohl wir ihn mit geringsten Mitteln und in kürzester Zeit drehten. Er wurde ein Erfolg dank seiner Hauptdarstellerin, die absolut präsent war, die das gegenwärtige Frauenbild einfach verkörperte. Verzweiflung und Hoffnung.

Es gibt Menschen, die brauchen gar nicht den Mund aufzumachen, da haben sie schon Ja zum Leben gesagt. Christine Schorn gehört zu ihnen. Wenn sie das Zimmer betritt, ist nicht irgendeine Dame gekommen, sondern das Weib schlechthin – raumfüllend, besitzergreifend. Sie ist all das, was ein Mann sich unter dem Begriff Frau vorstellen kann, Heilige und Hexe. Alles an ihr ist total, ihre Freundschaft, ihre Unverschämtheit und die Kraft ihres Spiels.

Gleich nach der *Beunruhigung* habe ich noch einen Film mit ihr gedreht: *Eine sonderbare Liebe*. Diesmal wurde der Schorn ein starker Mann (Jörg Gudzuhn) gegenübergestellt. Das war notwendig, um diese übermächtige Frauengestalt zu bremsen und das Mann-Frau-Verhältnis der tatsächlichen Geschlechterkonstellation unseres Landes anzupassen.

Christine Schorn hat für ihre Theaterarbeit einen Grundsatz formuliert, den sie immer wieder zu verwirklichen sucht: die jeweilige Rolle nicht zu sich herabzuziehen, sondern mit ihrem schauspielerischen Können hinaufzusteigen zur Figur des Stückes.

Abgesehen von der Fragwürdigkeit der Begriffe »hinauf« und »hinab« gelten beim Spielfilm andere Regeln. Die Kamera ist ein unbestechliches Instrument der Beobachtung. Sie dokumentiert, was ist, zeigt den Menschen, die Individualität, die die Filmfigur ausfüllt. Die Stars der Leinwand waren immer auch sie selbst.

Gottseidank ist Christine Schorn in all ihren Rollen immer auch Christine Schorn gewesen, ein wunderbarer Mensch und eben – eine schöne Frau.

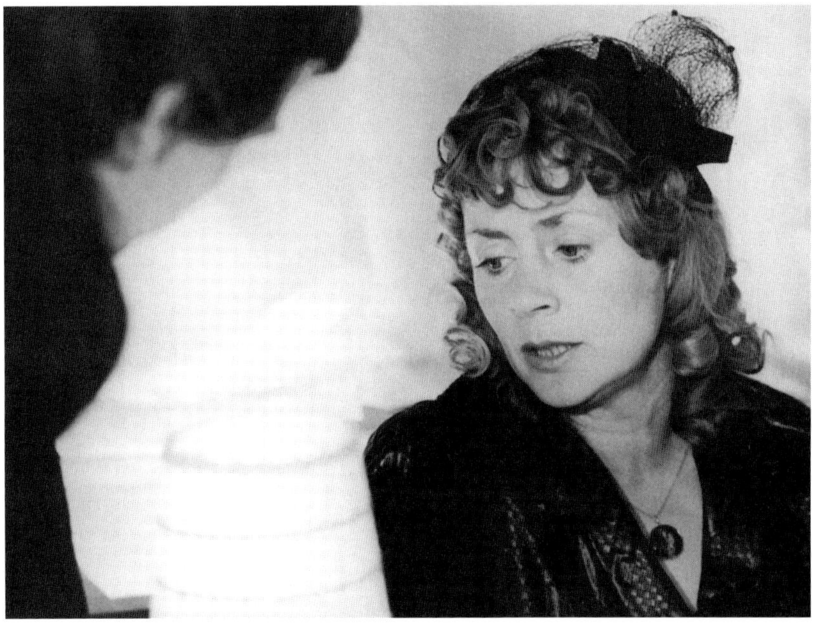

UNSER KURZES LEBEN
Regie: Lothar Warneke

EINE SONDERBARE LIEBE
Regie: Lothar Warneke

VERNEHMUNG DER ZEUGEN
Regie: Gunther Scholz

Mit Katrin Knappe in
DIE FRAU UND DER FREMDE
Regie: Rainer Simon

Mit Thomas Redlich in
DER MAGDALENENBAUM
Regie: Rainer Behrend

NEBEL, Regie: Joachim Hasler

Klaus Wischnewski

GÜNTHER SIMON

Bei neudeutschen Geschichtsbewertern würde er heute vermutlich als staatsnaher Barde des Unrechtsregimes abgetan. Im ro-ro-ro-Filmlexikon, Ausgabe 1978, ist Günther Simon »der markanteste und wichtigste Volksschauspieler der DDR...« Dort heißt es über die *Thälmann*-Filme auch noch: »...trotz aller Parteilichkeit und gelegentlicher Schwülstigkeit vermag der Film doch ein eindringliches Bild der Zeit an der Schwelle zum Nazi-Faschismus zu geben.«

Gegen die Rolle des KPD-Führers hat er sich gewehrt, aus ehrlichen Skrupeln, ihr nicht zu genügen – der Kleinbürgersohn, mit Achtzehn kriegsfreiwilliger Fallschirmjäger; als Thälmann ermordet wurde, war Simon US-Kriegsgefangener. Dann eine kurze Theaterkarriere: Köthen, Schwerin, 1950 Dresden. Als sein Generalintendant Martin Hellberg bei der DEFA *Das verurteilte Dorf* dreht, besetzt er Simon mit der Hauptrolle: Heimkehrer Bauer Weimann vereint und verteidigt sein Dorf gegen Pläne, einen US-Militärflugplatz zu errichten. Der pathetisch inszenierte, im Detail realistische Film ist unerwartet erfolgreich, er bedient auch Wunschvorstellungen der Zeit. Simon erweist sich auf Anhieb als idealer Filmschauspieler; er überzeugt durch Einfachheit, Ehrlichkeit; damit fundiert und trägt er von nun an das Pathos in manchem historischen Opus, überbrückt agitatorische Passagen und psychologische Durststrecken. Autoren und Regisseure danken viel seinem ganz eigenen Charme des Typs, des schweren Helden. Aber die Zuschauer empfanden mehr: das Charisma der Integrität. Konrad Wolf erinnerte 1972 in seiner Trauerrede für den mit 47 Jahren Verstorbenen an »seine gradlinige, vitale Naivität«: »Er verstand nicht, zu taktieren... und wurde hilflos, wenn er mit Unredlichkeit der Charakterlosen konfrontiert wurde. Das machte ihm zu schaffen. Oft für lange Zeit.«

Er wehrte sich mit sichtlichem Erfolg gegen die Festlegung auf die Ikone, den revolutionären Klassenkämpfer und exemplarischen Arbeiter, so gern und engagiert er Figuren wie Erich Steigert (*Das Lied der Matrosen*), John Sieg (*KLK an PTX – die Rote Kapelle*) oder den Krause contra Krupp spielte. Günther Simon hat viel dafür getan, die Sicht auf deutsche Geschichte »von unten« zu öffnen und als normal zu erfahren.

Die weite Skala seiner Spiellust und -fähigkeit erwies sich freilich in anderen Genres. Für Kinder arbeitete er gern: Von *Traumschiff* und *Tinko* bis *Alfons Zitterbacke*. Lustspiele, Action- und Musikfilme reizten ihn und wurden von ihm mitgetragen: *Meine Frau macht Musik* und *Geschwader Fledermaus*, *Die Liebe und der Co-Pilot*, *Eine Handvoll Noten*, *Preludio 11*, *Der Reserveheld*. Profis wie Kurt Jung-Alsen oder Joachim Hasler wußten, warum sie auf ihn setzten.

Vier DEFA-Titel sind es, ohne die Simons Filmographie nicht seinen Charakter, seine so eminent deutsche Biographie und sein Talent widerspiegeln würde. Es gehört einfach zur Realität DDR, daß der *Thälmann*-Darsteller und Genosse auch in zwei verbotenen Filmen von 1965/66 zu sehen war: In *Der Frühling braucht Zeit* (Regie: Günter Stahnke) gibt er den scharf profilierten karrierewütigen Werkleiter, in *Wenn du groß bist, lieber Adam* (Regie: Egon Günther) den Minister, der zwischen Hilflosigkeit und Deus ex machina balancierend die Staatsmacht repräsentiert.

Egon Günther besetzte ihn 1965 in seinem Regiedebüt *Lots Weib* als sozialistischen Ehe-Macho und Volksmarineoffizier. Simons bewußt akzentuiertes, nie komisch ausgestelltes Spiel, der offizielle Rang der Figur und die komödisch-kritische zivile Konfliktkonstellation ergibt ein provokant-assoziatives Unterhaltungs- und Denkangebot, über den DDR-spezifischen Bezug hinausreichend.

Schon 1958 hatte Simon in Konrad Wolfs *Sonnensucher* den Obersteiger Franz Baier gespielt, der, durch Nazi-Vergangenheit und Krieg belastet und verdächtig, neuen Grund und Weg und Vertrauen finden will. Es war seine dramatischste, vermutlich intimste Rolle. *Sonnensucher* lag viele Jahre auf Eis. Konrad Wolf sagte bei Simons Trauerfeier: »Wir beide, Günther, haben nur an einem Film zusammengearbeitet. Und wir wußten es über fünfzehn Jahre hinweg – es war für einen jeden von uns die schönste Arbeit. So viel Herzblut, Kampf, Niederlagen und schließlich Erfüllung war damit verbunden.« Günther Simon hat die Aufführung dieses, seines besten Films noch erlebt, 1971, zum 25. Jahrestag der deutsch-sowjetischen AG Wismut. Es war wichtig für ihn, wichtig für ein jäh abgebrochenes und doch bemerkenswert erfülltes deutsches Schauspielerleben.

DAS VERURTEILTE DORF, Regie: Martin Hellberg

Mit Martin Knapfel in
ERNST THÄLMANN –
FÜHRER SEINER KLASSE
Regie: Kurt Maetzig

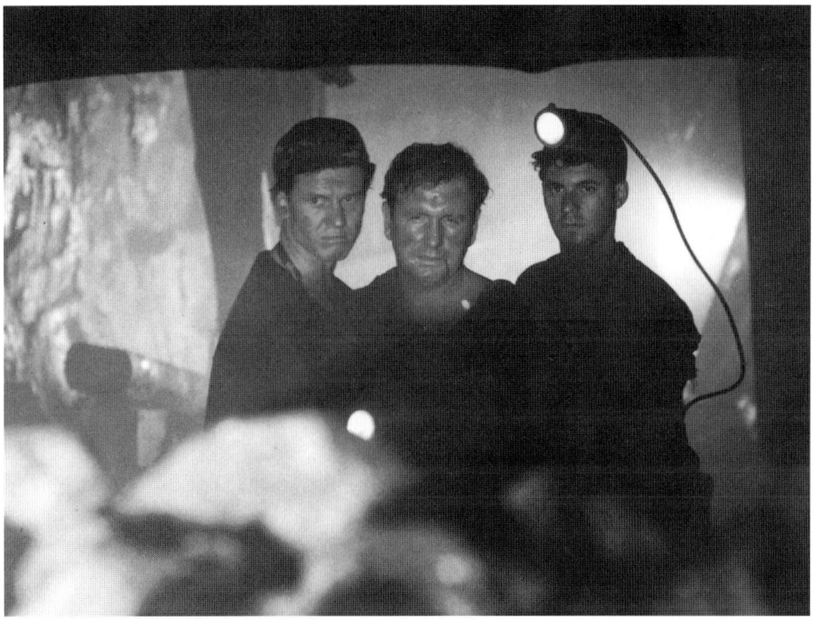

Mit Viktor Awdjuschko (links)
und Willi Schrade in
SONNENSUCHER
Regie: Konrad Wolf

DAS KLEID
Regie: Konrad Petzold

DER SCHWEIGENDE STERN
Regie: Kurt Maetzig

Mit Helmut Schreiber in
DER TOD HAT EIN GESICHT
Regie: Joachim Hasler

Mit Marita Böhme in
LOTS WEIB
Regie: Egon Günther

Nächste Seite:
REIFE KIRSCHEN
Regie: Horst Seemann

LISSY, Regie: Konrad Wolf

Elke Schieber

SONJA SUTTER

Slatan Dudow sah in Berlin zufällig Probeaufnahmen, die eine junge, ganz unbekannte Frau für einen Luis Trenker-Film gemacht hatte. Und engagierte sie vom Fleck weg für die Rolle der Renate in *Frauenschicksale* (1952). Mit einem Blick hatte der erfahrene Regisseur die Begabung, mehr noch die Ausstrahlung Sonja Sutters erfaßt. Nach ihrem DEFA-Debüt konnte man ihrer ganz sicher sein. Mit breiten Wangenknochen, den doch eng beieinanderstehenden Augen, vollen Lippen, nicht eigentlich hübsch, strahlt sie eine tiefe innere Schönheit aus. Eine Wirkung, die zunächst ganz im Widerspruch zu ihrer ersten Rolle zu sein schien.

Denn immerhin ist die leichtfertige Renate schuld am Tod ihres kleinen Bruders. Aber gerade diese Aura der Schauspielerin offenbart wohl die einfache Wahrheit, daß Gut und Böse im Leben zusammengehören und daß ein Mensch – gerade einer ohne Arg und Sünde – in tiefe Schuld verstrickt werden kann. Die Kamera, schärfste Kritikerin von allen, bestätigte Dudows Blick. Sonja Sutters Gesicht und Gestus vermögen jeder ausgedachten Figur eine zusätzliche Dimension zu geben – eine menschliche schlechthin.

Bereits in der Rolle der Renate, ganz frei vom ideologischen Ballast, den andere Figuren in Dudows politisch-emanzipatorischem Plakat zu offenbaren haben, zeigt die Schauspielerin eine ganz besondere Fähigkeit: Sie agiert aus dem Moment heraus, scheinbar spontan, als wüßte sie nichts vom Schicksal des Mädchens, als hätte sie das Drehbuch nie gelesen. Dudow, Authentizitätsfanatiker im Detail, schärfte wohl ihr Bewußtsein für das, was im Sinne von lebenswahr auf der Leinwand echt oder unecht wirkt. Immerhin griff er zu drastischen Mitteln: Damit sie sich in die Verfassung der verurteilten Renate versetzen konnte, hatte Sonja Sutter zwei Tage in Einzelhaft zu verbringen – so lange, bis sie klaustrophobische Anfälle bekam.

Mit ihrem ungekünstelten, unprätentiösen Spiel nahm die Autodidaktin, bewußt oder nicht, eine Tradition der Darstellung auf, die es auch im deutschen Kino schon einmal gegeben hatte – im proletarischen Film der beginnenden dreißiger Jahre, etwa in Dudows *Kuhle Wampe*.

Besonders schön ist eine nur Sekunden währende Szene in *Frauenschicksale*. Als die Gefängniswärterin Besuch ankündigt, findet der erste und einzige Gedanke der jungen Frau – ihre Mutter hat ihr verziehen! – mit solcher Gewalt Ausdruck, daß es den Anschein hat, als wäre in der dunklen Zelle plötzlich die Sonne aufgegangen. Ebenso nur einem einzigen Gefühl ganz und gar ausgeliefert erscheint sie in einer Szene des historischen Dramas *Der Lotterieschwede* von Joachim Kunert. Als ihr Kind in der Wiege aufhört zu atmen, der Arzt sie hilflos anblickt, reißt das Gesicht förmlich auf – der Mund bleibt halbgeöffnet; die Augen wirken übergroß und dunkel. Das alles geschieht vor der Kamera – ohne Schnitt, ohne Schminke. Aus tiefer Seele scheint der Schmerz sich Bahnen an die Oberfläche zu brechen, um dort ohnmächtig zu verharren.

Sonja Sutter erlaubt sich kaum eine Geste – vielleicht mal mit der Hand übers Haar tasten, vielleicht mal das Kinn auf den Unterarm stützen. Manchmal ist da nur ihr Antlitz, die Augen niedergeschlagen, der Mund geschlossen – wenn Lissys Bruder Paul, nun SA-Mitglied wie ihr eigener Mann, ihr entgegenhält: »Wir sind verpfuscht.« (*Lissy*, Regie: Konrad Wolf). Und plötzlich ist in diesem Gesicht eine ganze Biographie zu lesen, die Not der Vergangenheit, das kleine, gerade errungene Glück des eigenen Heims, die Scham, Unrecht zu tun, der Hauch kommenden Unglücks.

Sonja Sutter war ein DEFA-Star. In den Jahren der noch frischen Erinnerungen an das Erlebte – Krieg, Not, Angst, Scham, Schuld – vermochte sie ihren vom Schicksal und den mißlichen Umständen geprägten Frauengestalten Würde und Schönheit zu geben. Ihre Figuren – gleich für welche Zeit sie erdacht waren – mußten den Frauen vor der Leinwand wie Schwestern vorkommen, denn sie teilten ihre Wünsche und Sehnsüchte und die Hoffnung, zugleich geborgen und frei zu sein.

Die unselige Mauer trennte die Schauspielerin von ihrer künstlerischen Heimat, wie sie die DEFA bis heute trotz allem nennt. Sie wollte ihr Geld nicht in einem Staat verdienen, in dem Zwang auf Menschen ausgeübt wurde. So unvorstellbar es ist, wenn man Sonja Sutter auf der Leinwand sieht, ihre Filmkarriere war damit weitgehend beendet. Den Angeboten im Westen, Heimatfilme zu drehen, entfloh sie ans Theater. Eine vertane Chance fürs deutsche Kino.

Mit Maly Delschaft in
FRAUENSCHICKSALE
Regie: Slatan Dudow

Mit Hartmut Reck in
TATORT BERLIN
Regie: Joachim Kunert

DER LOTTERIESCHWEDE, Regie: Joachim Kunert

Ingeborg Pietzsch

KATHARINA THALBACH

Am Anfang stand das Theater. Katharina Thalbach, Tochter der Schauspielerin Sabine Thalbach und des Regisseurs Benno Besson, fand schon als Kind – ihrer Mutter bei der Arbeit zuschauend – zwischen Kulissen, Kostümen und Schminke ihre ureigene Welt. Die Thalbach hat nie eine Schauspielschule besucht. Sie lernte in der strengen Schule des Berliner Ensembles, was eben notwendig war, betrat blutjung die Bretter, die die Welt bedeuten. Sie kam, sah und siegte...

Sie ist ein Naturtalent: Kobold und kindliches Mädchen, Gassengöre und Clown, frühreifes Weibchen und übersinnlich-sinnlich knabenhaftes Geschöpf. Manchmal schaut sie mordshäßlich aus und gibt sich tolpatschig-grotesk; dann wieder kommt sie uns liebreizend, naiv in Mißgeschicke geratend oder hocherotisch. Sie kann mit ihrer Stimme plärren und krähen und brummen, sie kann säuseln, kreischen, betteln, schmachten und sich todtraurig und vereinsamt in sich selbst verlieren. Eine unglaubliche Begabung – auf der Bühne wie im Film, als Schauspielerin wie als Regisseurin.

1972 hatte sie ihren ersten DEFA-Film gedreht. *Es ist eine alte Geschichte* spielt unter Medizinstudenten. Tini – die Thalbach – ist eine von ihnen. Zwei ihrer Kommilitonen verlieben sich in sie, umwerben sie, und die Schauspielerin darf naiv, unbeschwert und heiter darauf reagieren. Mehr nicht. Der Film, dokumentarisch, unpathetisch, linear und still, abhold allem damals gängigen Heroismus, setzte auf Unverbrauchtes und Antiklischees, beschränkte mit seinem Stil aber auch darstellerische Möglichkeiten.

Obwohl nur eine kurze, fast stumme Szene, prägt sich dagegen die junge schwangere Frau in Konrad Wolfs *Nacktem Mann auf dem Sportplatz* (1974) nachhaltig ein. Da steht sie, eine zierliche Person, etwas verloren im Hof des Bildhauers Kemmel. Sie und ihr Mann möchten ein Bild, eine Skizze vielleicht, kaufen. In einer ganz gesammelten, ruhigen Einstellung, in der Film-Bild und Persönlichkeit der Thalbach zu einer wunderbaren Einheit verschmelzen, wird über Leben (die figürlichen Skizzen und die schwangere Frau) und Tod (die Konfrontation mit einem Foto des KZ Ravensbrück) unsentimental und sehr berührend erzählt.

In Egon Günthers *Lotte in Weimar* (1975) war die Thalbach dann die Ottilie von Pogwisch, August von Goethes zukünftige Frau. Die Beziehung ist in eine Krise geraten: die selbstaufgebürdete Verantwortung, den labilen Verlobten zu ändern, kommt ins Wanken durch einen jungen Mann, in den sich Ottilie hoffnungslos verliebt. Diesen Zustand eines verwirrten, unsicheren Gefühls spielt die Thalbach in sich überstürzenden Entäußerungen: herzzerreißendes Schluchzen am Hals der Freundin Adele Schopenhauer, erotisches Hingezogensein zu dem jungen »Findling«, plötzlich aufbrausender, auch ungerechter Zorn gegenüber August und schließlich ein beklommener Verzicht auf den einzig Geliebten, der mit ihr, wie sie plötzlich begreift, nur getändelt hat. In dieser kleinen Person, die sich im vertrauten Kreis der Freundinnen schmachtend und ein wenig kitschig »Tillemuse« titulieren läßt, stecken eine unerhörte Sehnsucht, die Lust auf Aus- und Aufbruch aus Konventionen und der Hunger nach erotischen Abenteuern. Wenn Ottilie »Santa Lucia« am Klavier intoniert – wild, begeistert, eine Mischung aus Gassengöre und professioneller Sängerin –, dann schwingt all das mit und wird schließlich doch durch das ach so freiheitlich-fortschrittliche Weimar für alle Zeit unterbunden.

Ende der siebziger Jahre verließ Katharina Thalbach die DDR. Nun wurde sie auch im Westen rasch bekannt: durch ihre Theaterarbeit, aber auch durch Filme. Volker Schlöndorff besetzte sie in der *Blechtrommel* (1979) mit der Rolle des Dienstmädchens, das dem zwergenhaften Oskar Matzerath genauso naiv-sinnlich entgegenkommt wie seinem Papa. Ein komischer und heikler Balanceakt zwischen lustvoller Spielerei und ernsthafter sexueller Hingabe. In der *Denunziantin* (1993) verkörperte die Thalbach die authentische Figur der Helene Schwärzel, die, im Dritten Reich, mehr zufällig als gewollt in den Strudel staatstragender Spitzelei gerät. Ein harmlos-unpolitisches Aschenputtel, von niemandem besonders wichtig genommen – bis zum Moment des Verrats. Und dann der »Aufstieg« – Anerkennung, Publicity... Die Thalbach mit streng gescheitelter, »angeklatschter« Frisur, ihre Helene ein Mauerblümchen und »eine von vielen«. Mit der Erfahrung selbst erlebten Lebens in einer Diktatur machte sie bewußt, wie gefährdet der einzelne ist und wie leicht und schuldlos-schuldig der Mensch zum Denunzianten werden kann.

Mit Matti Geschonneck in
DER NACKTE MANN AUF DEM SPORTPLATZ
Regie: Konrad Wolf

Seite 222:
DIE LEIDEN DES JUNGEN WERTHERS
Regie: Egon Günther

ES IST EINE ALTE GESCHICHTE
Regie: Lothar Warneke

Mit Viktor Semjonow in
DAS BLAUE LICHT
Regie: Iris Gusner

Mit Vadim Glowna in
DIE LÜGNERIN
Regie: Siegfried Kühn

Nächste Seiten:
Mit Jutta Hoffmann
und Hilmar Baumann in
LOTTE IN WEIMAR
Regie: Egon Günther

DON JUAN, KARL-LIEBKNECHTSTR. 78, Regie: Siegfried Kühn

Siegfried Kühn

HILMAR THATE

Ich habe zwei Filme mit ihm gedreht: Die *Wahlverwandtschaften* und *Don Juan, Karl-Liebknechtstr. 78*, Eduard und Wischnewski.

Beide Figuren haben viele Gemeinsamkeiten. In der Leidenschaft, im Versagen, im Mut wie in der Angst, in der Tiefe wie in der Oberflächlichkeit. Männer, die scheinbar nur aus Widersprüchen bestehen. Sie wollen alles gleichzeitig, und alles scheint gleichzeitig in ihnen zu sein. Liebesfähigkeit und Abgrund, das Schlimmste neben dem Besten. Figuren, die von einem Ereignis zum nächsten jagen, nie irgendwann, irgendwo ankommen. Immer von quälender Unruhe getrieben. Mit Angst vorm Stillstand und jeglicher Art von Wiederholung, die für sie der Tod bedeutet.

Ich kenne keinen anderen Akteur, der in der Lage gewesen wäre, soviel Zerrissenheit in sich zu vereinen, wie Hilmar Thate. Und viel davon muß in ihm selber sein. Ein Filmschauspieler kann seiner Gestalt immer nur geben, was in ihm ist, und seine Kunst besteht darin, diesen inneren Reichtum sichtbar zu machen. Thate ist ein brillanter Selbstdarsteller. Wo viel Licht ist, ist viel Schatten, sagte er gern ironisch über sich...

Eduard in den *Wahlverwandtschaften* – ein Mann in einer Lebens- und Gewissenskrise. Alle bisherigen Werte kippen plötzlich ins Gegenteil, nichts ist mehr so wie früher. Thate verkörpert diesen Eduard als eine sehr heutige, moderne Gestalt: fieberhaft unruhig, kräftig, unglaublich ungereimt, schillernd. Keineswegs banal. Eduard – ein Symbol für den Mann am Kreuzweg. Frappierend, daß sich seit Goethe nichts geändert hat und sich scheinbar nie etwas ändern wird. Der Dichter hatte in Eduard den »Mann an sich« beschrieben, und der Darsteller gab ihn so, wie wir ihm heute auf der Straße begegnen.

Doch wenn man glaubt, den Eduard Thates zu kennen, hat man aufgehört, ihn zu verstehen. Beide lieben es, mit dem scheinbar Unvereinbaren zu spielen, sie sind Meister des psychologischen Hütchenspiels, Spieler mit undurchsichtigen Manövern. Hintergründig, doppelbödig und niemals festzulegen. Wenn Thate mit Charlotte, seiner Frau, ein persönliches Problem zu klären hat, hört sich das an wie ein Gespräch zwischen Diplomaten.

Thate ist ein archaischer Schauspieler. Wenn es ihm gelingt, in das Herz einer Frau einzudringen, dann trinkt er ihr Blut. Absolutismus und die eigne Behauptung sind ein starkes Element in Thate selbst. Ich erinnere mich gut an seine Beziehung zu Pferden. Wenn er fest im Sattel über die Felder galoppierte, sich an das Tier anschmiegte, mit ihm eins war, erinnerte er mich an einen Dämon – und an die erste Rolle, in der ich ihn sah, ganz jung noch im Berliner Maxim Gorki Theater, als Osvald in Ibsens »Gespenstern«. Auch da war eine unheimliche Abgründigkeit und Finsternis. So wie ich Thate mit dem Tier in Erinnerung habe, so spielt er seine Rollen. Hinreißend und ausschließlich.

Thate den modernen *Don Juan*, den Opernregisseur Wischnewski, anzubieten, lag daher auf der Hand. Rücksichtsloses, totales Ausleben, um den Rausch und das Glück des Augenblicks zu erfahren. Thates Undurchsichtigkeit und Intelligenz machten die Gestalt nie oberflächlich, sie wurde eher schon tragikomisch – und immer nachvollziehbar. Nie wird Wischnewski / Don Juan preisgegeben oder denunziert. Thate liebt die Figur und nimmt sie mit all ihren Schwächen an. Er verteidigt seine Männer noch im schlimmsten Versagen – so wie Mozart seinen Giovanni in keiner Situation verraten hat. Giovanni stirbt als Mörder, aber er läßt eine Gesellschaft zurück, die ohne ihn tödlich langweilig wäre.

Das alles bringt Thate auf einen glaubhaften Punkt. Das Geheimnis liegt in der Verwandtschaft.

Thate lotet die Widersprüche immer total aus. Wenn sich Eduard in die Enge getrieben sieht und nichts mehr entscheiden kann, weil er den Mut zur Konsequenz nicht aufbringt, zieht er lieber in den Krieg und läßt den Zufall seines Amtes walten. Das ist überzeugend, weil es durch Thate selbstverständlich wird. So, als ob es nur diesen einen Weg geben kann, den absurdesten.

Es gibt wenige Schauspieler, die zur Preisgabe der Privatperson bereit sind. Vielleicht liegt darin jene Wirkung, die gemeinhin mit Ausstrahlung oder Aura umschrieben wird. Wenn Thate spielt, dann immer ganz.

Mit Emil Stöhr in
ROBERT MAYER –
DER ARZT AUS HEILBRONN
Regie: Helmut Spieß

DAS LIED DER MATROSEN
Regie: Kurt Maetzig
und Günter Reisch

LEUTE MIT FLÜGELN
Regie: Konrad Wolf

DER FALL GLEIWITZ, Regie: Gerhard Klein

ANTON DER ZAUBERER, Regie: Günter Reisch

Günter Reisch

ULRICH THEIN

Der Wunsch verstanden zu werden, bestimmte sein Werk. Er wollte sich allen verständlich machen, ohne sich anzubiedern. Er wollte sich selbst entdecken und darüber eine ungewöhnliche Variationsbreite finden. Von dem boxenden Golden Boy, als den ich ihn kennenlernte, bis in die Sphären Luthers und Bachs.

Allemal waren es Suchende, nie Fertige und Satte, denen Ulrich Thein seine Gestalt gab. Alle waren sie auf dem Weg, wollten etwas verbessern, unzufrieden mit sich und dem Bestehenden. Wie seine Figuren suchte auch Thein einen immer größeren Radius, als Schauspieler, Autor, Regisseur und Hochschullehrer. Ein glänzender Erzähler und Komödiant – auch im Parodieren seiner Kollegen und Intendanten. Immer nach dem Kern der Sache forschend, von sich selbst höchste Sachkenntnis fordernd, sei es an Bachs Tasteninstrumenten oder in Antons Autowerkstatt. Dazu mußte er ein akribischer Beobachter von Menschen und Umständen sein, genau in allen Gesten, im Denken, im Reden.

Seine zeitgenössischen Gestalten waren empfindsam, liebten das Leben und verteidigen es. Hellwach und listig, denn sie begriffen schnell, daß man auf geradem Wege am wenigsten vorwärts kommt. Thein machte das Ungewöhnliche im Alltäglichen sichtbar und legte den Finger auf seelische Wunden, die eine wenig bürgerfreundliche Amts- und Machtausübung geschlagen hatte. Dabei verblieb er nie in der Negation, sondern suchte den Anstoß zu positiven Veränderungen. Er schaute, wie seine Luther-Gestalt, »den Leuten aufs Maul«, und die wiederum verstanden ihn und dankten es ihm. Sie sahen sich liebenswert kritisch getroffen, nie denunziert, obwohl ihnen Thein auch unangenehme Wahrheiten vors Gesicht hielt. Das machte ihn so populär. Er traf den Ton seiner Zuschauer – und ihr Herz.

Das wußte ich, als ich ihn bat, *Anton den Zauberer* zu spielen. Ulli wurde eins mit dieser Gestalt, die in kein offizielles Filmheldenbild paßte. Ein Kerl, der den »Klassenauftrag« an die Arbeiter – alles in die eigenen Hände zu nehmen – sehr erfolgreich dahingehend erweiterte, daß er alles in die eigene Tasche steckt. Die Schelmenfigur eines marktwirtschaftlichen Einzelgängers in der sozialistischen Planmißwirtschaft, charmant, energisch und listig. Allen sagte er, wie's ist – und wie es sein müßte, offen und auch zwischen den Zeilen, immer mit einem Augenzwinkern. Viele, die ihn heute in dieser Rolle sehen, meinen, das sei seinerzeit eine prophetische Gestalt gewesen.

Wie, so werde ich jetzt gefragt, war es überhaupt möglich, solche Widersprüche vor Millionen auszubreiten?

Nun, es war möglich, wie die Kino- und Theatergeschichte jener Jahre beweist. Es ist möglich gewesen, daß sich Kunst entgegen offiziellen Verlautbarungen durchsetzte...

Und heute? Er spricht deutlicher als alles andere über die Medien im vereinten Deutschland, daß für Ulrich Thein, den kritischen und mitfühlenden Zeitgenossen, nach der »Wende« kein neuer Platz zu finden war. Daß sich eine neue Einseitigkeit etablierte, die Sichten und Gestalten, wie er sie liebte, im Fernsehen und im Kino keinen Raum mehr gibt. Daß er gleichsam aufs Altenteil abgeschoben wurde.

Als Musikstudent wählte er die Harfe – aber sie wurde ihm, weil er sie leihen mußte, zu teuer. Das Klavier, das ihn später zu Bach führte, war der Rhythmusträger des Boogie-Woogie, den er für einen unserer frühen Filme komponierte. Zur gleichen Zeit triumphierte Ulli als jugendlicher Liebhaber in Klassikinszenierungen an Langhoffs Deutschem Theater. Unvergeßlich: Thein als Mortimer an Inge Kellers Brust. Und als gleichaltriger Zeitgenosse suchte er im Berlin des Kalten Krieges seine Romanzen. Die Jugend des Ostens fand sich in seinen Gestalten wieder und wuchs mit ihnen auf. So begegneten wir uns privat und im Atelier. Schon damals, als er sich das Dach überm Kopf selber baute, für sich, seine jeweilige Frau und natürlich die geliebten Hunde.

Herbert Ihering, 1956 Chefdramaturg des Deutschen Theaters, schrieb seinerzeit: »Wir bleiben neugierig, ob die frische Begabung Ulli Theins sich halten wird.«

Sie hat sich über Jahrzehnte erhalten. Bis zum frischen und frechen *Anton*, bis zum großen Ernst und der Gediegenheit seines *Martin Luther*. Bis zur ergreifenden Annäherung des einstigen Musikstudenten und gereiften Schauspielers an *Johann Sebastian Bach*.

EINE BERLINER ROMANZE
Regie: Gerhard Klein

Mit Wolfgang Stumpf in
SIE KANNTEN SICH ALLE
Regie: Richard Groschopp

Mit Doris Abeßer in
SEPTEMBERLIEBE
Regie: Kurt Maetzig

Mit Jana Brejchová in
DER TRAUM DES HAUPTMANN LOY
Regie: Kurt Maetzig

FÜNF PATRONENHÜLSEN
Regie: Frank Beyer

KÖNIGSKINDER
Regie: Frank Beyer

Mit Angelica Domröse in
CHRONIK EINES MORDES
Regie: Joachim Hasler

Mit Mathias Noack in
MIT LEIB UND SEELE
Regie: Bernhard Stephan

DIE VERLOBTE, Regie: Günther Rücker und Günter Reisch

Günther Rücker

JUTTA WACHOWIAK

Was bleibt dir von einem Film in den Erinnerungen deines Lebens? Zwei, vielleicht drei Szenen, ein Gesicht, ein Lächeln, eine Landschaft, ein Lied.

Ich erinnere mich. Das Licht ist bestimmt, die Kamerafahrten sind ausgemessen, die Szene wird in einer durchgehenden Einstellung gedreht, die Darstellerin hat darum gebeten. Der Name der Strafgefangenen wird aufgerufen. Die Wachowiak kommt die steile Treppe an der Atelierwand herunter, in Angst, Neugier, Erwartung. Drei Jahre Sehnsucht nach dem Geliebten liegen hinter ihr. Sie kommt näher, ein Tor aus Maschendraht wird geöffnet, sie sieht den Verlobten. Sie glättet mit der Hand ihr Gefängniskleid, sie möchte ordentlich aussehen. Sie versucht ein Lächeln, das mißlingt, sie möchte etwas sagen, aber ihr Mund bringt keinen Laut zustande, sie wendet ihr Gesicht ab von dem Mann. Sie hält sich an einem Tisch fest, sinkt in die Knie, liegt auf dem Betonboden. Nicht mehr als ein Stammeln stellt sich her. Sie vergräbt ihr Gesicht in die Hände. Es ist zusammengebrochen, was die einzige Hoffnung ihres Lebens war.

Im Atelier geht etwas vor sich, was keiner je vergessen wird. Nichts bewegt sich, der Kameramann stellt die Kamera ab. Der Regisseur hilft der Wachowiak aufzustehen. Noch immer hat niemand eine Bewegung gewagt. Die Wachowiak sagt leise: Das kann ich nur noch ein einziges Mal durchhalten. Die erste Bewegung im Atelier, keine Gespräche. Von diesem Augenblick an ging man anders miteinander um. Nicht nur aus Rücksichtnahme, Respekt und Bewunderung. Es war mehr. Viel, viel mehr.

Eine andere Szene. Die Reichel, Gefängniswärterin, weist die Wachowiak an, die Blumen ihres Dienstraumes zu gießen. Während des Vorgangs sprechen sie nur wenige Sätze. Am Tag der Aufnahme geht man Text und Ablauf durch, dann sagt der Kameramann, er wolle alles gleich mal mitdrehen. Die beiden Schauspielerinnen arbeiten seit zwanzig Jahren im Ensemble des Deutschen Theaters. Jede kennt die andre quasi auf Gramm und Nuance. Die Szene läuft. Keine noch so unterschichtige Schattierung geht verloren. So leicht kam noch keine Sequenz in den Kasten.

Wir leisten uns zu dritt ein Abendessen im »Metropol«. Die Reichel erzählt, wie sie das Kriegsende in Berlin erlebte. Sie war vierzehn geworden und brauchte einen Personalausweis. Ihr wirklicher Name war Levy. Ein lebensgefährlicher Name, weil von lebensgefährlicher Herkunft. Sie hat zeit ihres Lebens vor der Polizei gezittert. Levy, sagt der Polizist, lieber Gott, da hatten sie's sicher nicht leicht im Leben. Er sagt es in mitfuhlendem Ton. Wenn Polizei heute so denkt, meint die Neunzehnjährige, ist die Zeit von Judenhaß und Rassenwahn vorbei. Für immer. Das war im Jahr 1945.

Als ich der Wachowiak die Rolle der *Verlobten* anbot, lehnte sie kategorisch ab. Das muß eine junge Frau spielen. Ich litt und redete und redete und litt. Endlich war sie zu einer Probeaufnahme bereit. Eine Dreiminutenszene. Sie kommen von rechts, sehen den Mann, schenken ihm Tee ein, setzen sich. Und lächeln. Aus. Während der Endfertigung sagt Günter Reisch, mein Co-Regisseur, es fehlt eine Szene, die Beglückung erzählt, ein Lächeln in Seligkeit. Wir erinnern uns der Probeaufnahme. Wir legen sie an, und wir sehen die Wachowiak lächeln. Ihr Lächeln trifft uns mitten ins Herz. Was ist es, das den Zuschauer bezaubert?

Ich sah die Wachowiak am Deutschen Theater mit der Schorn in »Onkel Wanja«, Regie Wolfgang Heinz. Die Lebensstränge der beiden lagen bloß, nicht anders die der Zuschauer. »Onkel Wanja« wurde dreimal »zum allerletztenmal« gespielt. Immer wieder hätte man den beiden Beifall geben und laut rufen wollen: Ihr zwei Wunderbaren, so hat die Szene hierzulande noch keine gespielt. Ich sah die Wachowiak in Kahlaus »Galoschenoper« einen Spitzentanz in Hauslatschen vollführen, während jede Faser ihres Körpers in Zittern vergehen wollte. In Arnold Zweigs Grischa-Verfilmung sah ich ein Frauengesicht. Ich hab es nie vergessen. Eine damals Unbekannte. Jutta Wachowiak. Viele, viele Jahre später kamen die sechzig Tage unserer Filmarbeit.

Was bleibt dir in Erinnerung von einem Film? Zwei, drei Szenen, ein Gesicht, ein Lächeln, ein Lied. Du rufst dir zurück, was dich bewegt, die Stimme im Ohr. »Und in dem Schneegebirge, da fließt ein Brünnlein kalt, und wer daraus getrunken, wird jung und nimmer alt.«

Ich denke an die sechzig Tage gemeinsamer Arbeit im Atelier und in Gefängnissen. Wie kurz war die Zeit. Aber sie war vom Besten und zählt zum Bleibenden.

Mit Katja Paryla in
P. S.
Regie: Roland Gräf

Mit Hermann Beyer in
DAS HAUS AM FLUSS
Regie: Roland Gräf

Mit Jörg Gudzuhn in
FALLADA – LETZTES KAPITEL
Regie: Roland Gräf

KÄTHE KOLLWITZ – BILDER EINES LEBENS
Regie: Ralf Kirsten

Mit Peter René Lüdicke in
SO VIELE TRÄUME
Regie: Heiner Carow

DAS KANINCHEN BIN ICH, Regie: Kurt Maetzig

Bärbel Dalichow

ANGELIKA WALLER

Der furiose erste Auftritt einer großen, einundzwanzigjährigen Schauspielerin verkam zum Staatsgeheimnis.

Um die besondere Gefährlichkeit von Kurt Maetzigs *Das Kaninchen bin ich* hervorzuheben, schimpfte Staatsratsvorsitzender Ulbricht alle wachen Gegenwartsfilme des Jahrganges 1965 »Kaninchenfilme«, und eine Parteikampagne sorgte für ihr Verbot. Die weibliche Hauptperson des *Kaninchen*-Films, Maria Morzek, Berliner Kellnerin, gespielt von Angelika Waller, konnte nur deshalb nicht zur Lieblingsheldin junger Frauen in Ostdeutschland werden, weil man ihn bis zum Untergang der DDR versteckte. Aber auch die Journalisten, die das Drehteam besuchten, hatten offenbar nicht erkannt, welchen ungeschliffenen Edelstein Kurt Maetzig für die Kamera zu entdecken im Begriffe war. Die wenigen überlieferten Vorberichte beginnen nämlich stereotyp mit folgenden Worten: «Ein Mädchen wie viele andere, jung, nett anzusehen, selbstbewußt, ein bißchen burschikos, gar nicht auffallend, das ist Angelika Waller...«

Das ist Angelika Waller gerade nicht. Sie ist trotz ihrer Jugend eben kein Mädchen, sondern von Anbeginn eine Frau. Sie ist nicht »nett anzusehen«, sondern schön und häßlich, begabt mit der Wandlungsfähigkeit des Naturtalents. Schlank und dennoch, in diesen frühen Jahren, rundlich wie die Dietrich im *Blauen Engel*, besitzt sie dieselbe brisante Mischung aus anziehender Körperlichkeit und herausfordernder Widersetzlichkeit, gewürzt von der berühmt-berüchtigten Berliner Schnauze. Als singuläre Erscheinung unterscheidet sie sich natürlich von der berühmten Vorgängerin, ist geerdeter, lebensvoller, weniger Puppe. Einerseits unbescholten und rein, kann sie andererseits berechnend und voll von gefährlichen Energien sein. Eine Provokateurin mit verwundbarer Seele. Eine junge Frau, die ihre Ziele durchsetzt. Eine Liebessucherin, die sich auch in verzweifelter Lage niemals selbst den Judaskuß gibt.

Sie könnte die nörgelnde Emanze, die peitschenknallende Domina, den realitätsfernen Vamp und das blonde Dummchen spielen. Ihr Naturell prädestiniert sie aber zur Verkörperung moderner Weiblichkeit: selbständig und erotisch, selbstbewußt und unverkrampft, nachdenklich und lebensvoll. Von Männern verursachte Beweisnot ist der hingebungsfähigen, kräftigen Frau wesensfremd. – Aber wo versteckte sich ihr Josef von Sternberg? Verwickelt in politischen Quark, befallen vom Virus des Antistarsystems, mit dem eigenen Durchwursteln beschäftigt, hatten die männlichen Filmkünstler – Versehen oder Methode – offenbar Tomaten auf den Augen. Nur wenige Privilegierte sahen Maetzigs *Kaninchen*. Brecht-Regisseur Manfred Wekwerth vom Berliner Ensemble empfahl Ihrer Exzellenz Helene Weigel ein Vorspiel der Waller. Sie wurde prompt engagiert. Im Fernsehen war sie wie am Theater durchweg gut beschäftigt. Auch bei der DEFA hatte man ihr sofort die nächste Hauptrolle geboten, aber der Zirkusfilm *Schwarze Panther* blieb, wie das Lustspiel *Im Himmel ist doch Jahrmarkt* und fast alle folgenden Produktionen, an die Angelika Waller geriet, eher ein Filmchen.

Als sie Mitte dreißig war, schien noch einmal eine Chance zu kommen. In *Ein April hat 30 Tage* spielte sie eine Liebende, die um einen Mann aus Uruguay kämpft, der für kurze Zeit in ihrer Heimatstadt Asyl sucht. Trotz hervorragender Darsteller vermochte es Regiedebütant Gunther Scholz leider nur in Maßen, dem Filmstoff Leben einzuhauchen. Die Waller war enttäuscht, die Sehnsucht nach der großen Kinoaufgabe blieb weiterhin unerfüllt.

Was Angelika Waller für den DEFA-Film hätte sein können, zeigte sie zuletzt in einer brillant gespielten Nebenrolle in Frank Beyers *Bruch* von 1989. An der Seite von Götz George, als betrogene Gattin des Schwerenöters, gibt sie ein vollbusiges, dummes, rassig-raffiniertes, heftig im Welken begriffenes früheres Matrosenliebchen, das in den neuen Aufzug als mondäne Dame nicht ganz paßt. Obgleich ihr nur wenige Szenen zur Verfügung stehen, läßt die Waller ihre Filmfigur in so zahlreichen Facetten leuchten, daß Fellini gewiß gejubelt hätte.

Pfusch war im Staate DDR, in dem man Qualitätsarbeit und Kulturniveau auf Transparenten forderte, an der Tagesordnung. Angelika Waller nicht zur DEFA-Königin gemacht zu haben, gehört zu den unverzeihlichen Versäumnissen der Pfuscher. Dieses Land mußte untergehen. Angelika Waller, der unsichtbaren Kinokönigin, gebührt nachträglich eine Krone.

Mit Ulrich Thein in
GESCHICHTEN
JENER NACHT
Regie: Frank Vogel

Mit Hermann Beyer in
DER BRUCH
Regie: Frank Beyer

Mit Manfred Borges,
Werner Dissel
und Michael Gwisdek in
FARSSMANN
ODER ZU FUSS
IN DIE SACKGASSE
Regie: Roland Oehme

Mit Jurie Darie in EIN APRIL HAT 30 TAGE, Regie: Gunther Scholz

BIOGRAPHIEN

Hermann Beyer

Geboren am 30. Mai 1943 in Altenburg. 1963 bis 1966 Studium an der Staatlichen Schauspielschule Berlin, 1965 Rolle des Andres in einer Fernsehinszenierung des »Woyzeck«, 1966 Abschluß mit der Rolle des Schuhu in »Der Schuhu oder die fliegende Prinzessin«. Danach bis 1969 erstes Engagement am Maxim Gorki Theater Berlin, 1970 bis 1971 Hans-Otto-Theater Potsdam, u. a. als Egmont. Neben der Schauspielertätigkeit 1969 bis 1975 Philosophiestudium an der Humboldt-Universität. 1971 bis 1980 Volksbühne Berlin, u. a. bei Regisseuren wie Fritz Marquardt, Benno Besson, Manfred Karge / Matthias Langhoff und in Stücken von Erich Köhler (Zollda in »Der Geist von Granitz«), Shakespeare (Orlando in »Wie es Euch gefällt«) und Heiner Müller (Macbeth, verschiedene Rollen in »Die Schlacht«, Flint in »Die Bauern«, Hasselbein in »Der Bau«). 1980 bis 1983 ohne festes Engagement, während dieser Zeit Gastspiele an der Volksbühne, am Berliner Ensemble und am Theater Greifswald (Kragler in »Trommeln in der Nacht«). Ab 1983 fest am Berliner Ensemble, u. a. als Faust in »Urfaust«, Tschu Jün in »Großer Frieden«, Neitzel in »Villa Jugend«. Weitere wichtige Rollen waren der Woyzeck (Gastspiel am Meininger Theater), der Robespierre in »Dantons Tod« (Gastspiel am bat), der Direktor in »Lohndrücker« (Gastspiel am Deutschen Theater). Im DDR-Fernsehen u. a. in »Zeit ist Glück« (1968), »Verwandte und Bekannte« (1971), »Süßer Vogel Jugend« (1976), »Tull« (1979), »Das Buschgespenst« (1986). Nach 1990 am Berliner Ensemble u. a. als Fatzer, Alfredo in »Das Wunder von Mailand«, Kleist in »Zement«, Roma in »Der aufhaltsame Aufstieg des Arturo Ui«. Im Kino als Feuerbach (»Kaspar Hauser«/ 1992/ Regie: Peter Sehr) und in der Titelrolle des »Kontrolleurs« (1994, Hochschule für Film und Fernsehen Potsdam-Babelsberg, Regie: Stefan Trampe).

DEFA-Kinofilme: Ich war neunzehn (1968), Verdacht auf einen Toten (1969), Männer ohne Bart (1971), Lützower (1972), Das zweite Leben des Friedrich Wilhelm Georg Platow (1973), Der Untergang der Emma (1974), Jakob der Lügner (1974), Zwischen Nacht und Tag (1975), Ikarus (1975), Bankett für Achilles (1975), Ein Sonntagskind, das manchmal spinnt (1978), Unser kurzes Leben (1981), Die Beunruhigung (1982), Märkische Forschungen (1982), Schwierig sich zu verloben (1983), Das Luftschiff (1983), Verzeihung, sehen Sie Fußball? (1983), Olle Henry (1983), Kaskade rückwärts (1984), Gritta von Rattenzuhausbeiuns (1985), Junge Leute in der Stadt (1985), Das Haus am Fluß (1986), Jan auf der Zille (1986), Kindheit (1987), Vorspiel (1987), Das Herz des Piraten (1988), Fallada – letztes Kapitel (1988), Felix und der Wolf (1988), Der Bruch (1989), Treffen in Travers (1989), Der Tangospieler (1991), Elefant im Krankenhaus (1992)

Gerhard Bienert

Geboren am 8. Januar 1898 in Berlin. Gestorben am 23. Dezember 1986 in Berlin. Abitur, Studium der Germanistik und Philosophie, ab 1919 Schauspielschule des Deutschen Theaters Berlin, u. a. bei Max Reinhardt. 1922 Debüt als Herrmann in »Die Räuber« im Großen Schauspielhaus. Auftritte bei Max Reinhardt, Wilhelm Dieterle, Erwin Piscator u. a.; 1928 Mitbegründer der »Gruppe Junger Schauspieler«, in Stücken von Lampel (»Revolte im Erziehungshaus«), Friedrich Wolf (»Cyankali«), Brecht / Weisenborn (»Die Mutter«). Mitwirkender in Agit-Prop-Revuen. Nach 1945 Deutsches Theater, Berliner Ensemble, Theater am Schiffbauerdamm. Von 1952 bis zu seinem Tod Mitglied im Ensemble des Deutschen Theaters Berlin, u. a. als Feldwebel in »Mutter Courage und ihre Kinder«, Alfred Doolittle in »Pygmalion«, Kent in »König Lear«, Theobald Maske in »Die Hose« und »Der Snob«, Abt von Fulda in »Urgötz«, Kottwitz in »Prinz Friedrich von Homburg«, Trinculo in »Der Sturm«, Bannermann in »Zwei Krawatten« usw.

Erste Filmrollen 1923, meist kleinere Aufgaben im Stumm- und Tonfilm, u. a. bei Regisseuren wie Fritz Lang (»Die Nibelungen«/ 1922-24, »M«/ 1931, »Das Testament des Dr. Mabuse«/ 1933), Phil Jutzi (»Mutter Krausens Fahrt ins Glück«/ 1929, »Berlin Alexanderplatz«/ 1931), Josef von Sternberg (»Der blaue Engel«/ 1930), Richard Oswald (»Der Hauptmann von Köpenick«/ 1931, »Unheimliche Geschichten«/ 1932), Erich Engel (»Fünf von der Jazzband«/ 1932), Slatan Dudow (»Kuhle Wampe«/ 1932), Gustav Ucicky (»Yorck«/ 1931, »Morgenrot«/ 1933), Reinhold Schünzel (»Amphytrion«/ 1935), Hans Steinhoff (»Ohm Krüger«/ 1941, »Shiva und die Galgenblume«/ 1945). Seit 1948 Arbeit für die DEFA, seit 1967 auch fürs DDR-Fernsehen, u. a. in »Effi Briest« (1970) und »Verwandte und Bekannte« (1971).

DEFA-Kinofilme: Affaire Blum (1948), Die Unbesiegbaren (1953), Ernst Thälmann – Sohn seiner Klasse (1954), Ein Polterabend (1955), Thomas Müntzer (1956), Die Millionen der Yvette (1956), Lissy (1957), Die Schönste (1957, verboten), Polonia-Expreß (1957), Emilia Galotti (1958), Der Prozeß wird vertagt (1958), Ein Mädchen von 16 1/2 (1958), Klotz am Bein (1958), Die Elenden (1959), Reportage 57 (1959), Verwirrung der Liebe (1959), Trübe Wasser (1960), Die heute über 40 sind (1960), Alwin der Letzte (1960), Mutter Courage und ihre Kinder (1961), Viel Lärm um nichts (1964), Ohne Paß in fremden Betten (1965), Hochzeitsnacht im Regen (1967), Wir lassen uns scheiden (1968), Das siebente Jahr (1969), Elixiere des Teufels (1973), Der nackte Mann auf dem Sportplatz (1974), Suse, liebe Suse (1975), Blumen für den Mann im Mond (1975), Hostess (1976), Die Leiden des jungen Werthers (1976), Die Flucht (1977), Sabine Wulff (1978)

Christel Bodenstein

Geboren am 13. Oktober 1938 in München. 1952 bis 1955 Ballettschule Leipzig. 1955 bis 1956 Tänzerin am Landestheater Halle, 1956 von Kurt Maetzig für den Film entdeckt. 1956 bis 1959 Studium an der Deutschen Hochschule für Filmkunst Potsdam-Babelsberg. 1959 bis 1974 Mitglied im DEFA-Ensemble, daneben Rollen am Maxim Gorki Theater Berlin, am Hans-Otto-Theater Potsdam sowie zahlreiche literarisch-musikalische Abende. 1966 Titelrolle des Fernsehfilms »Der kleine Prinz« nach Antoine de Saint-Exupéry (Regie: Konrad Wolf). Ab 1976 Ensemblemitglied der Kleinen Bühne »das ei« im Berliner Friedrichstadtpalast. Nach 1990 Regieassistenzen am Friedrichstadtpalast, ab 1994 auch Regie bei »Claire«, einem Claire-Waldoff-Abend, sowie bei der Revue »Sommernachtsträume« in der Kleinen Bühne.

DEFA-Kinofilme: Der Hauptmann von Köln (1956), Das tapfere Schneiderlein (1956), Das singende, klingende Bäumchen (1957), Klotz am Bein (1958), Tatort Berlin (1958), Kapitäne bleiben an Bord (1959), Maibowle (1959), Bevor der Blitz einschlägt (1959), Silvesterpunsch (1960), Ein Sommertag macht keine Liebe (1961), Italienisches Capriccio (1961), Revue um Mitternacht (1962), Minna von Barnhelm (1962), Beschreibung eines Sommers (1963), Viel Lärm um nichts (1964), Ohne Paß in fremden Betten (1965), Wenn du groß bist, lieber Adam (1965, verboten, UA: 1990), Im Himmel ist doch Jahrmarkt (1969), Aus dem Leben eines Taugenichts (1973), Nicht schummeln, Liebling (1973), Wie füttert man einen Esel (1974), Grüne Hochzeit (1989)

Kurt Böwe

Geboren am 28. April 1929 in Reetz. 1950 bis 1954 Studium der Germanistik und Theaterwissenschaft an der Humboldt-Universität Berlin, anschließend bis 1960 wissenschaftlicher Assistent am Theaterwissenschaftlichen Institut der Humboldt-Universität. Vorlesungen zur Theatergeschichte und Dramaturgie, Vorbereitung einer Dissertation über die soziale Stellung des Komödianten im 18. Jahrhundert. Daneben Akteur und von 1958 bis 1960 Leiter der Studentenbühne, in der er u. a. den Schleim in Ernst Tollers »Der entfesselte Wotan« spielt. 1961 Debüt als Schauspieler am Berliner Maxim Gorki Theater als Schufterle in Schillers »Räubern«. 1967 bis 1973 Engagement am Landestheater Halle, Rollen u. a.: Teterew in den »Kleinbürgern«, Pilger Luka in »Nachtasyl«, Faust, Puntila, Spiegelberg in »Die Räuber«, Trullesand in »Die Aula«. Seit 1973 am Deutschen Theater Berlin. Wichtige Rollen u. a.: Dr. Stockmann in »Ein Volksfeind«, Michael Kohlhaas, Jegor Bulytschow (Gastspiel am Berliner Ensemble), Puck in »Ein Sommernachtstraum«, Clown in »Dantons Tod«, Soldatenkönig Friedrich Wilhelm I. in »Die traurige Geschichte von Friedrich dem Großen«, Orest in »Iphigenie auf Tauris«, Boll in »Der blaue Boll«, der alte Sedemund in »Die echten Sedemunds«, Bruscon in »Der Theatermacher«, Engstrand in »Gespenster«, Don Diego in »Der Cid«, Herr Paul in »Herr Paul«.

1961 erste Filmrolle in einem DDR-Fernsehfilm (»Das Urteil fällst du«), seit 1963 auch bei der DEFA. Fernsehrollen u. a. in »Broddi« (1975), »Tod und Auferstehung des Wilhelm Hausmann« (1977), »Pinselheinrich« (1979), »Die Rache des Kapitäns Mitchell« (1979), »Eine Anzeige in der Zeitung« (1980), »Melanie van der Straaten« (1982), »Einzug ins Paradies« (1984, verboten, UA: 1987), »Ein ehrlicher Finder« (1986), »Das Buschgespenst« (1986), »Der unbekannte Großvater« (1987), »Späte Ankunft« (1989), »Pause für Wanzka« (1990), »Die verschwundene Miniatur« (1991), »Sprache der Vögel« (1991). 1992 Theaterdirektor in »Stilles Land« (Regie: Andreas Dresen). Danach vor allem im Fernsehen, z. B. als Kommissar Groth in der Kriminalreihe »Polizeiruf

110« (u. a. »Bullerjahn«/ 1994, »Kiwi und Ratte«/ 1994, »Über Bande«/ 1994, »Taxi zur Bank«/ 1995, »Alte Freunde«/ 1995).

DEFA-Kinofilme: Sonntagsfahrer (1963), Pension Boulanka (1964), Berlin um die Ecke (1966, verboten, UA: 1987), Die Toten bleiben jung (1968), Ich war neunzehn (1968), Leichensache Zernik (1970, 1. Fassung, abgebrochen), Leichensache Zernik (1972), Der nackte Mann auf dem Sportplatz (1974), Johannes Kepler (1974), Zwischen Nacht und Tag (1975), Ottokar der Weltverbesserer (1977), Tambari (1977), Zünd an, es kommt die Feuerwehr (1979), Blauvogel (1979), Levins Mühle (1980), Pugowitza (1981), Jadup und Boel (1981, verboten, UA: 1988), Asta, mein Engelchen (1981), Märkische Forschungen (1982), Das Luftschiff (1983), Automärchen (1983), Die vertauschte Königin (1984), Ab heute erwachsen (1985), Besuch bei van Gogh (1985), Der Junge mit dem großen schwarzen Hund (1986), Verflixtes Mißgeschick! (1989), Ein brauchbarer Mann (1989), Die Spur des Bernsteinzimmers (1992)

Annekathrin Bürger

Geboren am 3. April 1937 in Berlin-Charlottenburg. Lehre als Gebrauchsgrafikerin, dann Arbeit als Bühnenbild-Assistentin und Requisiteurin am Carl-Maria-von-Weber-Theater Bernburg. Statistin in »Schwarzwaldmädel«. 1955 von tschechischen Dokumentaristen für den Kulturfilm »Gebirge und Meer« entdeckt (Rolle der Pionierleiterin in der Rahmenhandlung), danach von Gerhard Klein zur DEFA geholt. Neben intensiver Filmarbeit ab 1956 drei Jahre Schauspielstudium an der Deutschen Hochschule für Filmkunst Potsdam-Babelsberg. 1959 Deutsches Theater Berlin, 1960 bis 1963 Theater der Bergarbeiter Senftenberg, u. a. als Amalia in »Die Räuber«, Klärchen in »Egmont«, Rose Bernd, Lucietta in »Viel Lärm um nichts«, Katharina in »Der Widerspenstigen Zähmung«, Hauptrolle in »Schloß Gripsholm«, Amtsgerichtsrätin Maria in »Glaube, Liebe, Hoffnung«, Emilia Galotti. 1966 alternierend mit Eva-Maria Hagen als Eliza Doolittle in »My Fair Lady« (als Gast am Landestheater Dessau). Ab 1966 Volksbühne Berlin, u. a. als Elisabeth in »Don Carlos«, Enea in »Siebentens: Stiehl ein bißchen weniger«, Annerose in »Kap der Unruhe«, Bürgersfrau in »Speckhut«. Wichtige Rollen in DDR-Fernsehfilmen, u. a. in »Lucie und der Angler von Paris« (1963), »Wolf unter Wölfen« (1965), »Vanina Vanini« (1966), »Die Bilder des Zeugen Schattmann« (1972), »Schuldig« (1976), »Plantagenstraße 19« (1979), »Der Teufel hat den Schnaps gemacht« (1980), »Merkwürdiges Beispiel einer weiblichen Rache« (1986), »Unverhofft kommt oft« (1989), »Der Rest, der bleibt« (1990). Zahlreiche Auftritte mit Chansonprogrammen und literarisch-musikalischen Abenden. 1990 Vorsitzende des Kongresses der nationalen Bürgerbewegung. Engagement für Waisenkinder in der ehemaligen Sowjetunion, Mitarbeit am Dokumentarfilm »Kinder vom Don« (1993/ Regie: Rolf Römer). Rollen u. a. in »Der Menschenfeind«, »Stadt der Gerechtigkeit« sowie als Arkadina in »Die Möwe« (alles Volksbühne), in Fernsehfilmen wie »Showmaster« (1993), »Ein Kerl wie Samt und Seide« (1993), »Wir sind auch nur ein Volk« (1994), »Vergangene Schatten (1995) und »Verliebte Feinde« (1995).

DEFA-Kinofilme: Eine Berliner Romanze (1956), Spur in die Nacht (1957), Tilman Riemenschneider (1958), Reportage 57 (1959), Verwirrung der Liebe (1959), Septemberliebe (1960), Fünf Tage – fünf Nächte (1961), Guten Tag, lieber Tag (1961), Königskinder (1962), Das zweite Gleis (1962), Mörder auf Urlaub (1965), Nichts als Sünde (1965), Abschied (1968), Mit mir nicht, Madam! (1969), Leichensache Zernik (1970, 1. Fassung, abgebrochen), He, Du! (1970), Tödlicher Irrtum (1970), Tecumseh (1972), Hostess (1976), Brandstellen (1978), Der Baulöwe (1980), Auf dem Sprung (1984)

Fred Delmare

Geboren am 24. April 1922 in Sonneberg. Abitur, Beginn eines Medizinstudiums an der Universität Wien, Schauspielunterricht. 1943 schwere Verwundung als Marinesoldat in Norwegen. Nach dem Krieg Fortsetzung des Schauspielstudiums in Weimar und an der Schauspielschule des Berliner Hebbel-Theaters. Nach Anfängen an einer Tourneebühne 1950 bis 1970 Mitglied des Ensembles des Leipziger Schauspielhauses, dem er danach auch als Gast verpflichtet bleibt. Rollen u. a. Marinus van der Lubbe in »Der Teufelskreis«, Truffaldino in »Der Diener zweier Herren«, Grumio in »Der Widerspenstigen Zähmung«, Dromio in »Komödie der Irrungen«, Figaro in »Der tolle Tag«, Calvino in »Das Verhör von Havanna«, Caliban in »Der Sturm« Frosch in »Die Fledermaus« (Leipziger Oper). Ab 1970 Mitglied des Schauspielerensembles im Fernsehen der DDR, u. a. »Nackt unter Wölfen« (1960), »Viechereien« (1977), »Ende vom Lied« (1979), »Märkische Chronik« (1982). Seit Mitte der fünfziger Jahre zahlreiche Episodenrollen bei der DEFA. Nach 1990 u. a. Auftritte in TV-Serien wie »Landarzt«, »Lindenstraße«, »Viel Rummel um den Skooter«. Lesetourneen mit Texten von Kästner, Busch und Eugen Roth. 1995 Hauptrolle in dem Fernsehfilm »Matulla und Busch« (Regie: Matti Geschonneck).

DEFA-Kinofilme: Ernst Thälmann – Führer seiner Klasse (1955), 52 Wochen sind ein Jahr (1955), Der Teufelskreis (1956), Vergeßt mir meine Traudel nicht (1957), Ein Mädchen von 16 1/2 (1958), Das Lied der Matrosen (1958), Einer von uns (1960), Der Fremde (1961), Schneewittchen und die sieben Zwerge (1961), Auf der Sonnenseite (1962), Mord ohne Sühne (1962), Die schwarze Galeere (1962), Königskinder (1962), Ach du fröhliche... (1962), Nackt unter Wölfen (1963), Daniel und der Weltmeister (1963), Koffer mit Dynamit (1963), Karbid und Sauerampfer (1964), Schwarzer Samt (1964), Die Suche nach dem wunderbunten Vögelchen (1964), Preludio 11 (1964), Die Hochzeit von Länneken (1964), Viel Lärm um nichts (1964), Das Lied vom Trompeter (1964), Engel im Fegefeuer (1965), Tiefe Furchen (1965), Solange Leben in mir ist (1965), Denk bloß nicht, ich heule (1965, verboten, UA: 1990), Wenn du groß bist, lieber Adam (1965, verboten, UA: 1990), Karla (1966, verboten, UA: 1990), Hände hoch – oder ich schieße! (1966, verboten), Das Tal der sieben Monde (1967), Brot und Rosen (1967), Die Fahne von Kriwoj Rog (1967), Spur des Falken (1968), Schüsse unterm Galgen (1968), Abschied (1968), Weiße Wölfe (1969), Der Weihnachtsmann heißt Willi (1969), Zeit zu leben (1969), Weite Straßen – stille Liebe (1969), Weil ich dich liebe (1970), Schwarzer Zwieback (1971), Trotz alledem! (1972), Der Mann, der nach der Oma kam (1972), Der Dritte (1972), Reife Kirschen (1972), Januskopf (1972), Die Legende von Paul und Paula (1973), Das zweite Leben des Friedrich Wilhelm Georg Platow (1973), Apachen (1973), Die Hosen des Ritters von Bredow (1973), Orpheus in der Unterwelt (1974), Wie füttert man einen Esel (1974), Für die Liebe noch zu mager? (1974), Ulzana (1974), Zum Beispiel Josef (1974), Johannes Kepler (1974), Suse, liebe Suse (1975), Am Ende der Welt (1975), Lotte in Weimar (1975), Ikarus (1975), Bankett für Achilles (1975), Die Moral der Banditen (1976), Hostess (1976), Das blaue Licht (1976), Liebesfallen (1976), Philipp der Kleine (1976), Beethoven – Tage aus einem Leben (1976), Nelken in Aspik (1976), Der kleine Zauberer und die große Fünf (1977), Feuer unter Deck (1977, verboten, UA: 1979), Hiev up (1978), Das Ding im Schloß (1979), Des Henkers Bruder (1979), Glück im Hinterhaus (1980), Und nächstes Jahr am Balaton (1980), Don Juan, Karl-Liebknechtstr. 78 (1980), Die Schmuggler von Rajgrod (1980), Asta, mein Engelchen (1981), Mein Vater Alfons (1981), Der lange Ritt zur Schule (1982), Die Gerechten von Kummerow (1982), Automärchen (1983), Fariaho (1983), Einer vom Rummel (1983), Gritta von Rattenzuhausbeiuns (1985), Unternehmen Geigenkasten (1985), Eine zauberhafte Erbschaft (1986), Der Bärenhäuter (1986), Wie die Alten sungen... (1987), Die Alleinseglerin (1987), Mensch, mein Papa...! (1988), Zwei schräge Vögel (1989), Ein brauchbarer Mann (1989), Das Land hinter dem Regenbogen (1992), Zirri – das Wolkenschaf (1993)

Angelica Domröse

Geboren am 4. April 1941 in Berlin. Stenotypistin, mit 16 von Slatan Dudow für den DEFA-Film »Verwirrung der Liebe« entdeckt. 1959 bis 1961 Studium an der Deutschen Hochschule für Filmkunst Potsdam-Babelsberg, danach bis 1967 am Berliner Ensemble und 1967 bis 1979 Volksbühne Berlin. Rollen u. a.: Babette Cherron in »Die Tage der Commune«, Polly in »Die Dreigroschenoper«, Cleopatra in »Caesar und Cleopatra«, Prinzessin Eboli in »Don Carlos«, Cressida in »Troilus und Cressida«, Helena in »Die schöne Helena«, Frau Sörby in »Die Wildente«, Pompea in »Das schöne grüne Vögelchen«. Wichtige Fernsehrollen u. a. in »Papas neue Freundin« (1960), »Vielgeliebtes Sternchen« (1961), »Wege übers Land« (1968), »Effi Briest« (1970), »Die Brüder Lautensack« (1972), »Eva und Adam« (1973), »Mein lieber Mann und ich« (1974), »Daniel Druskat« (1976), »Fleur Lafontaine« (1978). 1979/80 Übersiedlung in die BRD. Thalia-Theater Hamburg, Berliner Schiller-Theater, Württembergisches Staatstheater Stuttgart, Wien. Zu sehen u. a. als Helena in »Faust II«, Frau Quangel in »Jeder stirbt für sich allein«, Lulu, Cäcilie in »Stella«, Stalin, Marthe in »Faust I«. Literarisch-musikalische Abende, u. a. »Brecht und die Frauen« (1992) gemeinsam mit ihrem Mann Hilmar Thate. Seit 1992 Dozentin an der Hochschule für Schauspielkunst »Ernst Busch« in Berlin. Im gleichen Jahr Regie am Meininger Theater (»Schreib mich in den Sand«) und am Studiotheater bat Berlin (»Brut«).
Herausragende BRD-Fernsehrollen in Filmen von Frank Beyer (»Die zweite Haut«/ 1981), Egon Günther (»Hanna von acht bis acht«/ 1983 und »Mamas Geburtstag«/ 1984) sowie Helmut Dietl (»Kir Royal«/ 1985/86). Ab 1993 als Kommissarin Vera Bilewski in der TV-Kriminalreihe »Polizeiruf 110« (u. a. »Samstags, wenn Krieg ist«/ 1993). Im Theater u. a. als Hillary Clinton in »Das Lächeln des Baracudas« (Wiener Festwochen).

DEFA-Kinofilme: Verwirrung der Liebe (1959), Die Liebe und der Co-Pilot (1961), Die aus der 12b (1962), Wenn du zu mir hältst (1962), An französischen Kaminen (1963), Sonntagsfahrer (1963), Julia lebt

(1963), Die Abenteuer des Werner Holt (1965), Chronik eines Mordes (1965), Entlassen auf Bewährung (1965), Ein Lord am Alexanderplatz (1967), Die Legende von Paul und Paula (1973), Unterm Birnbaum (1973), Bis daß der Tod euch scheidet (1979), Verfehlung (1992)

Horst Drinda

Geboren am 1. Mai 1927 in Berlin. Lehre als Flugmotorenbauer, Vorbereitung einer Laufbahn als technischer Offizier, Verwundung in den letzten Kriegsmonaten. Im Sommer 1945 erster Stipendiat der Schauspielschule des Deutschen Theaters Berlin, Privatstudium u. a. bei Horst Caspar und Inge von Wangenheim. 1946 bis 1971 mit einer kurzen Unterbrechung (1948 bis 1950 Halle) Ensemblemitglied des Deutschen Theaters, unter anderem als Ferdinand in »Egmont«, Don Carlos, Chlestakow in »Der Revisor«, Wurm in »Kabale und Liebe«, Max Piccolomini in »Wallenstein«, Geßler in »Wilhelm Tell«, Orest in »Iphigenie auf Tauris«, Hamlet, Bürgermeister in »Der Drache«, Papst Pius XII. in »Der Stellvertreter«. 1971 Wechsel zum Fernsehensemble der DDR. Wichtige TV-Filme u. a.: »Ich – Axel Cäsar Springer« (Titelrolle 1967/68), »Zur See« (1974/76), »Scharnhorst« (Titelrolle 1977/78), »Plantagenstraße 19« (1979), »Unser Mann ist König« (1979/80) und »Der Direktor« (1980). 1979 Inszenierung der »Kassette« im Deutschen Theater, 1982 Inszenierung der »Mitschuldigen« im Berliner Theater im Palast, danach auch Regiearbeiten fürs Fernsehen: »Die Hose«, »Der Snob«, »1913«, »Magdeburger Geschichte« (auch Szenarium). Nach 1989 u. a. als Mephisto in Goethes »Faust« (Düsseldorf 1990), im Fernsehfilm »Verliebte Feinde« (1995) und in Ljudmila Rasumowskajas »Am Ende der achtziger Jahre oder Meine Söhne Kain« (Theater Bern 1995).

DEFA-Kinofilme: Und wieder 48 (1948), Der Auftrag Höglers (1950), Semmelweis – Retter der Mütter (1950), Zugverkehr unregelmäßig (1951), Gefährliche Fracht (1954), Einmal ist keinmal (1955), Das tapfere Schneiderlein (1956), Lissy (1957), Sie kannten sich alle (1958), Klotz am Bein (1958), Bevor der Blitz einschlägt (1959), Hochmut kommt vor dem Knall (1960), Begegnung im Zwielicht (1960), Die Liebe und der Co-Pilot (1961), Der Traum des Hauptmann Loy (1961), Das Kleid (1961, verboten, UA: 1991), Ärzte (1962), Das verhexte Fischerdorf (1962), Der Dieb von San Marengo (1963), Die besten Jahre (1965), Die Reise nach Sundevit (1966), Der Mord, der nie verjährt (1968), KLK an PTX – die Rote Kapelle (1971), Addio, piccola mia (1979), Nachtspiele (1979), Zwei Zeilen, kleingedruckt (1981), Die Kolonie (1981)

Eberhard Esche

Geboren am 25. Oktober 1933 in Leipzig. 1955 Abschluß der Theaterhochschule Leipzig, erstes Engagement am Meininger Theater (u. a. Moritatensänger in der »Dreigroschenoper«), dann Erfurt und Karl-Marx-Stadt. Seit 1961 am Deutschen Theater Berlin, u. a. als Tumult in »Der Frieden«, Lancelot in »Der Drache« (650 Vorstellungen in 17 Jahren), Amphytrion, Satanael in »Adam und Eva«, Iwan Iwanowitsch in »Das Schwitzbad«, Wallenstein, Seneca in »Senecas Tod«, Bruder Ignatius in »Der Turm« und Soloabende (»Deutschland. Ein Wintermärchen«, »Reineke Fuchs«, »Die große Kamelfrage«). 1979 erste Theaterregie »Prexaspes« von Peter Hacks am Deutschen Theater (gemeinsam mit Cox Habbema). Fernsehdebüt in »Auf der Flucht erschossen« (1962), dem TV-Rollen u. a. in »Mord in Getaway« (1962), »Mord in Riverport« (1963), »Der kleine Prinz« (1966), »Anlauf« (1970), »Fleur Lafontaine« (1978), »Einzug ins Paradies« (1984, verboten, UA: 1987) und »Sachsens Glanz und Preußens Gloria« (1985) folgen.

DEFA-Kinofilme: Nebel (1963), For eyes only (1963), Der geteilte Himmel (1964), Spur der Steine (1966), Geschichten jener Nacht (Episode »Die Prüfung«, 1967), Mord am Montag (1968), Wie heiratet man einen König (1969), Das siebente Jahr (1969), KLK an PTX – die Rote Kapelle (1971), Reife Kirschen (1972), Das zweite Leben des Friedrich Wilhelm Georg Platow (1973), Leben mit Uwe (1974), Till Eulenspiegel (1975), Beethoven – Tage aus einem Leben (1976), Die unverbesserliche Barbara (1977), Levins Mühle (1980), Der Spiegel des großen Magus (1981), Märkische Forschungen (1982), Novalis – die Blaue Blume (1993)

Dieter Franke

Geboren am 13. Oktober 1934 in Hartau. Gestorben am 23. Oktober 1982 in Berlin. Garderobier, Requisiteur, Bühnenarbeiter, Inspizient und Statist am Theater Greiz. 1958 Abschluß des Studiums an der Staatlichen Schauspielschule Berlin. Danach Engagement in Karl-Marx-Stadt, 1963 Volksbühne Berlin, 1964 bis zu seinem Tod Deutsches Theater Berlin. Rollen u. a. Charlesmagne in »Der Drache«, Mephisto in »Faust«, Kreon in »Oedipus Tyrann«, Kapitän Boyle in »Juno und der Pfau«, Trutzwackerl in »Das Schwitzbad«, Kurfürst in »Prinz Friedrich von Homburg«, Dorfrichter Adam im »Zerbrochenen Krug«. Zahlreiche Fernsehfilme, u. a. »Jeder stirbt für sich allein« (1970), »Zwischen Freitag und morgen« (1971), »Don Juan« (1972), »Camping – Camping« (1977), »Der Meisterdieb« (1978), »Der gepuderte Mann im bunten Rock oder Musjöh lebt gefährlich« (1978), »Puppen für die Nacht« (1980), »Gevatter Tod« (1980).

DEFA-Kinofilme: Verliebt und vorbestraft (1964), Die Abenteuer des Werner Holt (1965), Mein lieber Robinson (1971), Männer ohne Bart (1971), Laut und leise ist die Liebe (1972), Das zweite Leben des Friedrich Wilhelm Georg Platow (1973), Der nackte Mann auf dem Sportplatz (1974), ...verdammt, ich bin erwachsen (1974), Johannes Kepler (1974), Looping (1975), Blumen für den Mann im Mond (1975), Bankett für Achilles (1975), Wer reißt denn gleich vor'm Teufel aus (1977), Eine Handvoll Hoffnung (1978), Achillesferse (1978), P. S. (1979), Dach überm Kopf (1980), Levins Mühle (1980), Der lange Ritt zur Schule (1982), Märkische Forschungen (1982)

Erich Franz

Geboren am 5. November 1903 in Laurahütte. Gestorben am 10. Februar 1961 in Berlin. Dreher, Bergarbeiter, Mitglied einer Laienspielgruppe der Sozialistischen Deutschen Arbeiterjugend, Leiter eines Arbeiterchors, Rezitator und Sänger. 1933 Emigration in die Tschechoslowakei, 1945 als Freiwilliger für den Wiederaufbau in die UdSSR, Arbeit im Bergbau. 1949 Rückkehr in die DDR, Ortssekretär der Gesellschaft für Deutsch-Sowjetische Freundschaft. Bertolt Brecht entdeckt ihn in einem dramatischen Zirkel in Köthen und holt ihn 1951 ans Berliner Ensemble, dem er bis zu seinem Tod angehört. Erste Rolle: Wolkow in »Die Mutter«. Danach u. a.: Weidling in »Katzgraben«, Böser Geist in »Urfaust«, Oberkofler in »Die Winterschlacht«, Farrell in »Der Held der westlichen Welt«, Semjon Lapkin in »Die Mutter«. Sprecher in zahlreichen Hörspielen und Synchronisationen.

DEFA-Kinofilme: Geheimakten Solvay (1953), Die Unbesiegbaren (1953), Ernst Thälmann – Sohn seiner Klasse (1954), Alarm im Zirkus (1954), Stärker als die Nacht (1954), Ernst Thälmann – Führer seiner Klasse (1955), 52 Wochen sind ein Jahr (1955), Drei Mädchen im Endspiel (1956), Genesung (1956), Das Traumschiff (1956), Eine Berliner Romanze (1956), Schlösser und Katen (1957), Spielbank-Affäre (1957), Sheriff Teddy (1957), Tatort Berlin (1958), Sie kannten sich alle (1958), Ein Mädchen von 16 1/2 (1958), Sonnensucher (1958, verboten, UA: 1972), Eine alte Liebe (1959), Sie nannten ihn Amigo (1959), Maibowle (1959), Zu jeder Stunde (1960), Wo der Zug nicht lange hält (1960), Seilergasse 8 (1960), Die heute über 40 sind (1960), Begegnung im Zwielicht (1960), Silvesterpunsch (1960), Fünf Tage – fünf Nächte (1961), Urlaub ohne dich (1961), Der Mann mit dem Objektiv (1961)

Erwin Geschonneck

Geboren am 27. Dezember 1906 in Bartenstein (Ostpreußen). Mit zwei Jahren nach Berlin. Bürobote, Hilfsarbeiter, Hausdiener. Leiter des Arbeiter-Athletenbundes Kreuzberg der Arbeitersportbewegung Fichte, Auftritte in Agitprop-Gruppen und im Kabarett »Rote Hilfe«, Mitwirkung unter 4000 Arbeitersportlern in »Kuhle Wampe« von Bertolt Brecht und Slatan Dudow. Komparse bei Erwin Piscator an der Jungen Volksbühne. 1933 ins polnische Exil, 1934 Abschiebung in die Tschechoslowakei, Ende 1934 UdSSR, Arbeit am Deutschen Gebietstheater Dnjepropetrowsk und in Odessa, 1938 Ausweisung nach Prag, Leiter einer Laienspielgruppe deutscher Emigranten, Tournee mit einer jüdischen Schauspielergruppe durch Polen. 1939 Festnahme durch die SS, Inhaftierung in den KZ Sachsenhausen, Dachau, Neuengamme. Überlebender der Versenkung des Schiffs »Cap Arkona« mit KZ-Häftlingen an Bord. 1946 von Ida Ehre an die Hamburger Kammerspiele engagiert. Mitwirkung an der Uraufführung von Wolfgang Borcherts Stück »Draußen vor der Tür« und an Helmut Käutners erstem Nachkriegsfilm »In jenen Tagen« (1947) – Geschonnecks Kinodebüt. Weitere Filme: »Finale« (1948/ Regie: Ulrich Erfurth), »Die letzte Nacht« (1949/ Regie: Eugen York), »Hafenmelodie« (1949/ Regie: Hans Müller), »Liebe 47« (1949/ Regie: Wolfgang Liebeneiner). 1949 bis Mitte der fünfziger Jahre Mitglied des Berliner Ensembles, u. a. als Matti in »Herr Puntila und sein Knecht Matti«, Wehrhahn in »Biberpelz und Roter Hahn«, Feldprediger in »Mutter Courage und ihre Kinder«, Adam in »Der zerbrochene Krug«, Grossmann in »Katzgraben« und als »Don Juan«. Seit 1955 vor allem Kino- und Fernseharbeit. Wichtige Fernsehfilme u. a.: »Gewissen in Aufruhr« (1961), »Der andere neben dir« (1963), »Jeder stirbt für sich allein« (1970), »Ein altes Modell« (1976), »Plantagenstraße 19« (1979), »Meschkas Enkel« (1981), »Der Mann von der Cap Arcona« (1982). 1984 Autobiographie »Meine unruhigen Jahre«. Plattenaufnahmen u. a. mit »Küchenliedern«.

1993 als Gast am Berliner Ensemble, Rolle des Funktionärs in »Duell Traktor Fatzer« (Regie: Heiner Müller). Im gleichen Jahr Bundesfilmpreis für das Lebenswerk. 1995 neben Fred Delmare in einer der Titelrollen des TV-Films »Matulla und Busch« (Regie: sein Sohn Matti Geschonneck).

DEFA-Kinofilme: Der Biberpelz (1949), Das kalte Herz (1950), Das Beil von Wandsbek (1951), Schatten über den Inseln (1952), Die Unbesiegbaren (1953), Alarm im Zirkus (1954), Mutter Courage und ihre Kinder (1955, abgebrochen), Der Hauptmann von Köln (1956), Die Abenteuer des Till Ulenspiegel (1957), Schlösser und Katen (1957), Sonnensucher (1958, verboten, UA: 1972), Die Geschichte vom armen Hassan (1958), Der Lotterieschwede (1958), SAS 181 antwortet nicht (1959), Musterknaben (1959), Fünf Patronenhülsen (1960), Leute mit Flügeln (1960), Wind von vorn (1962, abgebrochen), Ach, du fröhliche... (1962), Nackt unter Wölfen (1963), Karbid und Sauerampfer (1963), Tiefe Furchen (1965), Berlin um die Ecke (1966, verboten, UA: 1987), Ein Lord am Alexanderplatz (1967), Geschichten jener Nacht (Episode »Der große und der kleine Willi«, 1967), Die Fahne von Kriwoj Rog (1967), Wir kaufen eine Feuerwehr (1970), Der Untergang der Emma (1974), Jakob der Lügner (1974), Looping (1975), Bankett für Achilles (1975), Das Licht auf dem Galgen (1976), Die Insel der Silberreiher (1977), Tambari (1977), Anton der Zauberer (1978), Das Ding im Schloß (1979), Levins Mühle (1980), Asta, mein Engelchen (1981), Wie die Alten sungen... (1987), Mensch, mein Papa...! (1988)

Winfried Glatzeder

Geboren am 26. April 1945 in Zoppot. Facharbeiter für Maschinenbau. 1965 bis 1969 Schauspielstudium an der Deutschen Hochschule für Filmkunst Potsdam-Babelsberg, Diplomarbeit über Clowns. Danach bis 1971 Hans-Otto-Theater Potsdam, 1971 bis 1982 Volksbühne Berlin, u. a. als Yang Sun in »Der gute Mensch von Sezuan«, Jacques in »Wie es euch gefällt«, Oronte in »Der Menschenhasser«, Clown / Totengräber in »Hamlet« und Vater Märten in »Der Bürgergeneral«, unter Regisseuren wie Benno Besson, Fritz Marquardt und Manfred Karge / Matthias Langhoff. 1982 Übersiedlung nach Berlin (West), Arbeit für Theater (Schillertheater), Film und Fernsehen. Wichtige Rollen bei Peter Beauvais (»Der Kunstfehler«/ 1982), István Szabó (»Bali«/ 1984), Slavo Luther (»Vergeßt Mozart!«/ 1984), Margarethe von Trotta (»Rosa Luxemburg«/ 1985) u. a. Auf der Bühne u. a. in Düsseldorf: Malvolio in »Was ihr wollt«, Scanarelle in »Don Juan«, Clov in »Endspiel«, Schauspieler in »Nachtasyl«. Nach 1989 Mitarbeit an drei Nach-Wende-Produktionen der DEFA, zahlreiche Aufgaben fürs Fernsehen (»Spreepiraten«, »Ron und Tanja«, »Die Männer vom K 3«, »Tandem«, »Sterne des Südens«, »Kanzlei Bürger«) und Kino (»Gossenkind«/ 1991/ Regie: Peter Kern).

DEFA-Kinofilme: Ein Lord am Alexanderplatz (1967), Geschichten jener Nacht (Episode »Materna«/ 1967), Spur des Falken (1968), Wie heiratet man einen König (1969), Jungfer, Sie gefällt mir (1969), Dr. med. Sommer II (1970), Hart am Wind (1970), Unterwegs zu Lenin (1970), Du und ich und Klein-Paris (1971), Zeit der Störche (1971), Der Mann, der nach der Oma kam (1972), Tecumseh (1972), Die Legende von Paul und Paula (1973), Das zweite Leben des Friedrich Wilhelm Georg Platow (1973), Till Eulenspiegel (1974), Nelken in Aspik (1976), Die Flucht (1977), Zünd an, es kommt die Feuerwehr (1978), Für Mord kein Beweis (1978), Der Katzenprinz (1979), Asta, mein Engelchen (1980), Die Kolonie (1981), Tanz auf der Kippe (1991), Zwischen Pankow und Zehlendorf (1991), Das Land hinter dem Regenbogen (1992)

Helga Göring

Geboren am 14. Januar 1922 in Meißen. 1938 bis 1940 Ausbildung an der Akademie für Musik und Theater (Abteilung Schauspiel) in Dresden. Erste Engagements 1940/41 Stadttheater Bielefeld, 1941 bis 1943 Städtische Bühnen Frankfurt am Main und 1943/44 Staatliches Schauspielhaus Hamburg (u. a. das Gretchen in »Urfaust«). 1944 nach der kriegsbedingten Schließung aller Theater Rückkehr nach Dresden. Der Versuch, die Karriere nach dem Krieg in Hamburg fortzusetzen, schlug fehl. Neubeginn am Stadttheater Stendal, an einer Berliner Privatbühne und 1947 bis 1955 in Dresden, zunächst Komödie, dann Volksbühne, schließlich Staatstheater (Gretchen in »Faust I«, Emilia Galotti, Johanna in »Die heilige Johanna«, Klärchen in »Egmont«). Vom Generalintendanten der Staatstheater, Martin Hellberg, für den Film entdeckt.

1962 bis 1991 Mitglied im Schauspielerensemble des Deutschen Fernsehfunks. Wichtige Fernseharbeiten schon seit 1959, u. a. die Titelrollen in TV-Spielen über Dorothea Erxleben, Annette von Droste-Hülshoff und Käthe Kollwitz. Filme u. a.: »Krupp und Krause – Krause und Krupp« (1969), »Die große Reise der Agathe Schweigert« (1970), »Spreewaldfamilie« (1990), auch Lustspiele wie »Rentner haben niemals Zeit« (1978/79) oder »Drei reizende Schwestern« (1984). Daneben einige Gastspiele am Theater: im Berliner Maxim Gorki Theater (»Nacktes Gras«), Leipziger Schauspielhaus (»Maria Magdalena«) und Hans-Otto-Theater Potsdam (Lessings »Minna von Barnhelm«, Kohouts »So eine Liebe«, Gorkis »Somow und andere«). Nach 1990 u. a. im Berliner Hansa-Theater, in TV-Filmen von Frank Beyer (»Das große Fest«/ 1992) und Nicos Ligouris (»Herz aus Stein«/ 1994) und in der Serie »Mit Herz und Schnauze«.

DEFA-Kinofilme: Das verurteilte Dorf (1952), Stärker als die Nacht (1954), Schlösser und Katen (1957), Bärenburger Schnurre (1957), Zwei Mütter (1957), Berlin – Ecke Schönhauser... (1957), Sheriff Teddy (1957), Nur eine Frau (1958), Ein Mädchen von 16 1/2 (1958), Die Premiere fällt aus (1959), Reportage 57 (1959), Erich Kubak (1959), Die Entscheidung des Dr. Ahrendt (1960), Hochmut kommt vor dem Knall (1960), Die heute über 40 sind (1960), Sommerwege (1960, verboten), Der Fremde (1961), Ein Sommertag macht keine Liebe (1961), Peter und das Einmaleins mit der Sieben (1962), Das zweite Gleis (1962), Minna von Barnhelm (1962), Geheimarchiv an der Elbe (1963), Mir nach, Canaillen! (1964), Das Lied vom Trompeter (1964), Die Abenteuer des Werner Holt (1965), Entlassen auf Bewährung (1965), Ohne Paß in fremden Betten (1965), Denk bloß nicht, ich heule (1965, verboten, UA: 1990), Spur der Steine (1966), Das Mädchen auf dem Brett (1967), Meine Freundin Sybille (1967), Brot und Rosen (1967), Mord am Montag (1968), Aus unserer Zeit (1970, Episoden »Das Duell« und »Gewöhnliche Leute«), Unterwegs zu Lenin (1970), Netzwerk (1970), Weil ich dich liebe (1970), Leichensache Zernik (1970, 1. Fassung, abgebrochen), Trotz alledem! (1972), Wolz – Leben und Verklärung eines deutschen Anarchisten (1974), Nelken in Aspik (1976), Eine Handvoll Hoffnung (1978), Jörg Ratgeb – Maler (1978), Brandstellen (1978), Weiße Wolke Carolin (1985), Der Hut des Brigadiers (1986)

Herwart Grosse

Geboren am 17. April 1908 in Berlin. Gestorben am 27. Oktober 1982 in Berlin. Kaufmännische Lehre. Künstlerische Ausbildung im Sprecherchor des Arbeiter-Turn- und Sportbundes Fichte. Mitarbeit in der »Roten Revue« unter Hans Rodenberg und an der Jungen Volksbühne. Schauspielunterricht bei Paul Bildt. Engagiert 1933/34 am Staatstheater Berlin, 1934 bis 1938 am Theater der Jugend Berlin, 1938 bis 1944 am Berliner Schillertheater. Soldat, Gefangenschaft. Seit 1946 bis zu seinem Tod am Deutschen Theater Berlin. Wichtige Rollen u. a. Wurm in »Kabale und Liebe«, Tybalt in »Romeo und Julia«, Wagner in »Faust I«, Derwisch in »Nathan der Weise«, Attinghausen in »Wilhelm Tell«, Shotover in »Haus Herzenstod«, Polonius in »Hamlet«, Shaw in »Geliebter Lügner«, Hastings in »König Richard III.«, Narr in »König Lear«, Radlfitz in »Das Schwitzbad«, Seni in »Die Piccolomini« und »Wallensteins Tod«. Von 1951 bis 1959 einige Regiearbeiten, u. a. »Shakespeare dringend gesucht«, eine Satire von Heinar Kipphardt. Lesungen und Ein-Mann-Abende, u. a. »Fülle des Wohllauts«, ein Thomas-Mann-Programm.

Erste Filmauftritte in »Andreas Schlüter« (1942/ Regie: Herbert Maisch) und »Die Degenhardts« (1944/ Regie: Werner Klingler), nach dem Krieg u. a. in »Berliner Ballade« (1948/ Regie: Robert A. Stemmle). Im DDR-Fernsehen zahlreiche prägende Rollen in Filmen wie »Dr. Schlüter« (1965), »Wolf unter Wölfen« (1965), »Fleur Lafontaine« (1978), »Stine« (1979) und »Martin Luther« (1983). Gelegentlich auch Regisseur im Rundfunk.

DEFA-Kinofilme: Straßenbekanntschaft (1948), Und wieder 48 (1948), Der Rat der Götter (1950), Karriere in Paris (1952), Das verurteilte Dorf (1952), Das geheimnisvolle Wrack (1954), Robert Mayer – der Arzt aus Heilbronn (1955), Damals in Paris (1956), Der junge Engländer (1958), Ware für Katalonien (1959), Bevor der Blitz einschlägt (1959), Begegnung im Zwielicht (1960), Der Fall Gleiwitz (1961), Der Arzt von Bothenow (1961), Professor Mamlock (1961), Freispruch mangels Beweises (1962), Ach, du fröhliche... (1962), Minna von Barnhelm (1962),

Sonntagsfahrer (1963), Pension Boulanka (1964), Nichts als Sünde (1965), Die besten Jahre (1965), Karla (1966, verboten, UA: 1990), Fräulein Schmetterling (1966, verboten), Lebende Ware (1966), Turlis Abenteuer (1967), Schüsse unterm Galgen (1968), Seine Hoheit – Genosse Prinz (1969), Netzwerk (1970), Liebeserklärung an G.T. (1971), Husaren in Berlin (1971), Die gestohlene Schlacht (1972), Wolz – Leben und Verklärung eines deutschen Anarchisten (1974), Am Ende der Welt (1975), Die Leiden des jungen Werthers (1976), Beethoven – Tage aus einem Leben (1976), Lachtauben weinen nicht (1979), Levins Mühle (1980)

Jörg Gudzuhn

Geboren am 23. März 1945 in Seilershof. Schleifer, Haus- und Wandmaler. 1966 bis 1970 Staatliche Schauspielschule Berlin. Engagements in Karl-Marx-Stadt (1970 bis 1974), am Hans-Otto-Theater Potsdam (1974 bis 1976) und am Maxim Gorki Theater Berlin (1976 bis 1987). Hier spektakulärer Erfolg als McMurphy in »Einer flog über das Kuckucksnest«. Weitere Rollen u. a. Kasimir in »Kasimir und Karoline«, Satin in »Nachtasyl«, Johannes Vockerat in »Einsame Menschen«, Werschinin in »Drei Schwestern«, Zettel in »Ein Sommernachtstraum«. Seit 1987 am Deutschen Theater Berlin, u. a. als Valmont in »Quartett«, Saladin in »Nathan der Weise«, Leicester in »Maria Stuart«, Adam in »Der zerbrochene Krug«, Claudius in »Hamlet/Hamletmaschine«, Burggraf von Freiburg in »Das Käthchen von Heilbronn«, König Basilius in »Der Turm«, Rodrigo in »Der Cid« und Hagen Tronje in »Kriemhilds Rache«. 1992/93 als Gast bei den Salzburger Festspielen (Mammon in »Jedermann«).

Fernsehrollen seit 1970 (»Strafversetzt«). Filmrollen neben den DEFA-Arbeiten u. a. bei Bernhard Wicki (»Die Grünstein-Variante«/ 1985) und Matti Geschonneck (»Moebius«/ 1992). Daneben zu sehen u. a. in »Ende der Unschuld« (1991/ Regie: Frank Beyer), »Liebling Kreuzberg (1993/ Regie: Werner Masten) und in »Das Phantom – Die Jagd nach Dagobert« (1994/ Regie: Roland Suso Richter).

DEFA-Kinofilme: Till Eulenspiegel (1974), Das Luftschiff (1983), Eine sonderbare Liebe (1985), Fahrschule (1986), Fallada – letztes Kapitel (1988), Verfehlung (1992)

Michael Gwisdek

Geboren am 14. Januar 1942 in Berlin. Nach verschiedenen Umwegen (Trabrennfahrer, Handelsvertreter, Buffetier in der Gaststätte seines Vaters, Jugendclubhaus-Leiter, Plakatmaler, Dekorateur, Fernstudium für Regie am Theaterinstitut Leipzig usw.) 1965 bis 1968 Studium an der Staatlichen Schauspielschule Berlin. Danach bis 1973 Städtisches Theater Karl-Marx-Stadt (u. a. Karl Moor in »Die Räuber«, Iswall in »Die Aula«), 1973 bis 1983 Volksbühne Berlin, 1983 bis 1991 Deutsches Theater Berlin. Wichtige Rollen: Kreon in »Antigone«, Probstein in »Wie es euch gefällt«, Horatio in »Hamlet«, Leonce in »Leonce und Lena«, einer von drei Macbeth' in Heiner Müllers Shakespeare-Adaption »Macbeth«, Oscar Wildes »Bunbury«, der alte Herzog von Gothland in »Herzog Theodor von Gothland« und Ägisth in »Medea«. Im Fernsehen u. a. in Filmen von Thomas Langhoff: »Muhme Mehle« (1980), »Stella« (1982). Danach u. a. in Kino- und Fernseharbeiten von Hark Bohm (»Der Fall Bachmeier – Keine Zeit für Tränen«/ 1984, »Der kleine Staatsanwalt«/ 1987, »Herzlich willkommen«/ 1989), Bernhard Wicki (»Sansibar oder Der letzte Grund«/ 1987), Rolf Schübel (»Das Heimweh des Walerjan Wrobel«/ 1991) und Frank Beyer (»Sie und Er«/ 1992, »Das große Fest«/ 1992).

1989 erste Filmregie bei der DEFA: »Treffen in Travers«, der 1994 eine zweite Regie folgt: »Abschied von Agnes« mit sich selbst in einer der Hauptrollen. Weitere Rollen u. a. in »Der Kontrolleur« (1994) und »Wachtmeister Zumbühl« (1994), einer Schweizer Produktion.

DEFA-Kinofilme: Spur des Falken (1968), Die Toten bleiben jung (1968), Jungfer, Sie gefällt mir (1969), Weiße Wölfe (1969), Till Eulenspiegel (1974), Mann gegen Mann (1976), Hostess (1976), Addio, piccola mia (1979), Zünd an, es kommt die Feuerwehr (1978), Die Stunde der Töchter (1980), Jadup und Boel (1981, verboten, UA: 1988), Märkische Forschungen (1982), Dein unbekannter Bruder (1982), Olle Henry (1983), Ärztinnen (1984), Hälfte des Lebens (1985), Die Schauspielerin (1988), Pestalozzis Berg (1989), Treffen in Travers (1989), Coming out (1989), Der Tangospieler (1991), Farßmann oder Zu Fuß in die Sackgasse (1991), Der Verdacht (1991), Die Spur des Bernsteinzimmers (1992)

Eva-Maria Hagen

Geboren am 19. Oktober 1934 in Költschen/ Hinterpommern. Land- und Forstarbeiterin. Lehre als Schlosser im Bahnbetriebswerk Wittenberge. 1952 bis 1958 Studium an der Schauspielschule Berlin, während dieser Zeit kleine Rollen am Berliner Ensemble, noch unter der Regie von Bertolt Brecht. 1958 erstes Engagement am Berliner Maxim Gorki Theater. 1961 Mitglied im Schauspielerensemble des Deutschen Fernsehfunks, u. a. in »Liebe auf den ersten Blick« (1960), »Ein Glas Wasser« (1960), »Flitterwochen ohne Ehemann« (1961), »Zum goldenen Anker« (1962), »Fanny« (1962), »Rue Paradis« (1962), »Wolf unter Wölfen« (1964), »Hotel du Commerce« (1964), »Dr. Schlüter« (1965), »Der Mann, der bei Schirokko kam« (1965), »Der Richter am Yukon« (1973). Synchronarbeiten (u. a. die Rolle der Tatjana Samoilowa in »Die Kraniche ziehen«). Tourneen als Liedermacherin und Diseuse, u. a. mit dem Chansonabend »Und lieb sein kann ich auch«. 1966 alternierend mit Annekathrin Bürger als Eliza Doolittle in »My Fair Lady« (Landestheater Dessau, über vierhundert Vorstellungen), 1976 als Rosa Fröhlich in »Prof. Unrat« nach Heinrich Mann (Kleist-Theater Frankfurt/ Oder). 1977 nach der Ausbürgerung ihres Lebensgefährten Wolf Biermann und der fristlosen Entlassung aus dem Fernsehensemble Entlassung aus der Staatsbürgerschaft der DDR und Übersiedlung in die BRD. Beginn einer neuen Karriere als Liedersängerin und Schauspielerin. Tournee zusammen mit Wolf Biermann durch alle großen Theater. Auftritt in »Der gute Mensch von Sezuan« unter der Regie von Giorgio Strehler. 1978 Theater-Engagement als »Kameliendame« am Schauspielhaus Düsseldorf. 1984 als Marie in Büchners »Woyzeck« auf Tournee. 1986 Anastasia in Dürrenmatts »Ehe des Herrn Mississippi«. Fernseh- und Filmaufgaben (u. a. »Wo geht's lang, Kutti?«/ 1977, »Gibby – Westgermany«/ 1979, »Marmor, Stein und Eisen bricht«/ 1982, »Trauma«/ 1983, »Zielscheiben«/ 1984, »Herzlich willkommen«/ 1989) sowie Auftritte als Diseuse im In- und Ausland. 1989 nach dreizehnjährigem Einreiseverbot in den Osten Konzerte in Moskau und langsam wachsende Kontakte zur »alten Heimat«. 1994 nach rund zehnjähriger Theaterabstinenz Titelrolle in Hans Henny Jahnns »Medea«, 1995 Titelrolle in »Mutter Courage und ihre Kinder« (beide Ernst-Deutsch-Theater Hamburg).

DEFA-Kinofilme: Vergeßt mir meine Traudel nicht (1957), Spur in die Nacht (1957), Ware für Katalonien (1958), Nur eine Frau (1958), Weißes Blut (1959), Der schweigende Stern (1959), Italienisches Capriccio (1961), Das Kleid (1961, verboten, UA: 1991), For eyes only (1963), Ohne Paß in fremden Betten (1965), Reise ins Ehebett (1966), Meine Freundin Sybille (1967), Brot und Rosen (1967), Die Fahne von Kriwoj Rog (1967), Heroin (1968), Die Legende von Paul und Paula (1973), Die Hosen des Ritters von Bredow (1973), Aus dem Leben eines Taugenichts (1973), Johannes Kepler (1974), Zum Beispiel Josef (1975), Liebesfallen (1976), Nelken in Aspik (1977), Herzsprung (1992), Novalis – die Blaue Blume (1993)

Hans Hardt-Hardtloff
Geboren am 8. August 1906 in Köln. Gestorben am 24. Mai 1974 in Potsdam. Startet seine Karriere an einer Wanderbühne, spielt dann acht Jahre am Millowitsch-Theater Köln. Während der Nazizeit Emigration nach Wien, Brüssel und Argentinien. Nach 1945 Oberspielleiter beim Mitteldeutschen Rundfunk sowie Schauspieler an den Theatern Wurzen, Altenburg, Burgstädt, Meiningen, Döbeln (Intendant), Annaberg, Wittenberg, Eisleben und am Hans-Otto-Theater Potsdam. Zahlreiche Fernsehrollen.

DEFA-Kinofilme: Tinko (1957), Der Prozeß wird vertagt (1958), Klotz am Bein (1958), Die Premiere fällt aus (1959), Die Entscheidung des Dr. Ahrendt (1960), Hochmut kommt vor dem Knall (1960), Freispruch mangels Beweises (1962), Wind von vorn (1962, abgebrochen), Die Entdeckungen des Julian Böll (1962), Ach, du fröhliche... (1962), Auf der Sonnenseite (1962), Die Glatzkopfbande (1963), Nackt unter Wölfen (1963), For eyes only (1963), Julia lebt (1963), Karbid und Sauerampfer (1963), Der geteilte Himmel (1964), Mir nach, Canaillen! (1964), Verliebt und vorbestraft (1964), Als Martin 14 war (1964), Tiefe Furchen (1965), Entlassen auf Bewährung (1965), Lots Weib (1965), Die besten Jahre (1965), Solange Leben in mir ist (1965), Der Frühling braucht Zeit (1965), Das Kaninchen bin ich (1965, verboten, UA: 1990), Denk bloß nicht, ich heule (1965, verboten, UA: 1990), Die Söhne der großen Bärin (1966), Die Reise nach Sundevit (1966), Flucht ins Schweigen (1966), Fräulein Schmetterling (1966, verboten), Berlin um die Ecke (1966, verboten, UA: 1987), Karla (1966, verboten, UA: 1990), Ein Lord am Alexanderplatz (1967), Der Revolver des Korporals (1967), Geschichten jener Nacht (Episode »Phönix«, 1967), Frau Venus und ihr Teufel (1967), Das Tal der sieben Monde (1967), Die gefrorenen Blitze (1967), Brot und Rosen (1967), Der Mord, der nie verjährt (1968), Schüsse unterm Galgen (1968), Hauptmann Florian von der Mühle (1968), Die Russen kommen (1968, verboten, UA: 1987), Nebelnacht (1969), Mohr und die Raben von London (1969), Zeit zu leben (1969), Weite Straßen – stille Liebe (1969), Aus unserer Zeit (1970, Episoden »Die zwei Söhne« und »Der Computer sagt: nein«), Karriere (1971), Amboß oder Hammer (1972), Trotz alledem! (1972), Leichensache Zernik (1972), Die Legende von Paul und Paula (1973), Wolz – Leben und Verklärung eines deutschen Anarchisten (1974)

Corinna Harfouch
Geboren am 16. Oktober 1954 in Suhl. Lehre als Krankenschwester und Studium als Textilingenieurin. 1978 bis 1981 Studium an der Hochschule für Schauspielkunst Berlin. Meisterklasse am Theater im Palast Berlin (Lucie in »Stella«, Julia in »Romeo und Julia«). 1982/83 Städtisches Theater Karl-Marx-Stadt, 1983 bis 1989 Berliner Ensemble, 1990/91 Deutsches Theater Berlin. Wichtige Rollen u. a. Helena in »Faust II« , Lady Macbeth in Heiner Müllers »Macbeth« (Volksbühne Berlin), Polly in der »Dreigroschenoper«, Gretchen im »Urfaust«. Als Gast in einigen Filmen von Hark Bohm: »Der kleine Staatsanwalt« (1986), »Yasemin« (1987). Nach 1990 Rollen im Theater (»Frau vom Meer«/ Volksbühne Berlin, »Eyolf«/ Berliner Ensemble), Kino (»Charlie und Louise – Das doppelte Lottchen«/ 1994/ Regie: Joseph Vilsmaier, »Das Versprechen«/ 1995/ Regie: Margarethe von Trotta, »Geh' doch rüber«/ 1995/ Regie: Alexander Ries) und im Fernsehen (»Unser Lehrer Dr. Specht«, »Thea und Nat«, »Goldstaub«).

DEFA-Kinofilme: Verzeihung, sehen Sie Fußball? (1983), Das Haus am Fluß (1986), Wengler & Söhne – eine Legende (1987), Fallada – letztes Kapitel (1988), Die Schauspielerin (1988), Pestalozzis Berg (1989), Treffen in Travers (1989), Der Tangospieler (1991), Zwischen Pankow und Zehlendorf (1991), Die Spur des Bernsteinzimmers (1992)

Rolf Herricht

Geboren am 5. Oktober 1927 in Magdeburg. Gestorben am 23. August 1981 in Berlin. 1945 Magdeburger Schauspielstudio, danach Engagements in Salzwedel, Stendal, Staßfurt, Güstrow, 1951 bis 1955 Kleist-Theater Frankfurt/Oder und 1955 bis 1959 wieder Magdeburg. 1961 bis 1964 Mitglied im Schauspielerensemble des Deutschen Fernsehfunks, danach bis zu seinem Tod am Metropol-Theater Berlin. Hier u. a. als Maler in »Can-Can«, Ganove in »Kiss me, Kate!«, Njegus in »Die lustige Witwe«, Schneider Lämmermeier in »Frau Luna«, Senator in »Eine Nacht in Venedig«. Auftritte im Berliner Friedrichstadtpalast und in zahlreichen heiteren Fernsehspielen und Unterhaltungssendungen des DDR-Fernsehens (»Von Melodie zu Melodie«, »Ein Kessel Buntes«). Populär als Komiker im Duo mit Hans-Joachim Preil (126 Sketche in 25 Jahren).

DEFA-Kinofilme: Musterknaben (1959), Bevor der Blitz einschlägt (1959), Seilergasse 8 (1960), Auf der Sonnenseite (1962), For eyes only (1963), Geliebte weiße Maus (1964), Der Reserveheld (1965), Nichts als Sünde (1965), Hände hoch – oder ich schieße! (1966, verboten), Meine Freundin Sybille (1967), 12 Uhr mittags kommt der Boß (1968), Hauptmann Florian von der Mühle (1968), Mit mir nicht, Madam! (1969), Seine Hoheit – Genosse Prinz (1969), Der Weihnachtsmann heißt Willi (1969), Husaren in Berlin (1971), Der Mann, der nach der Oma kam (1972), Schwarzer Zwieback (1972), Nicht schummeln, Liebling! (1973), DEFA-Disko 77 (1977), Der Baulöwe (1980)

Harry Hindemith

Geboren am 16. Juni 1906 in Brüssel. Gestorben am 21. Januar 1973 in Berlin. Studium an den Musikhochschulen Mannheim und Karlsruhe. Bankbote. Schauspielunterricht in Würzburg, erstes Engagement 1930 am Stadttheater Würzburg. 1933 wegen seiner KPD-Mitgliedschaft zunächst Auftrittsverbot, das später aufgehoben wird. Engagements in Wuppertal, Allenstein und Berlin. Kleine Rolle im Film »Junge Adler« (1944/ Regie: Alfred Weidenmann). Nach dem Krieg zunächst Engagement in Rostock, schon 1945 Deutsches Theater Berlin, u. a. als Saladin in »Nathan der Weise«, Horatio in »Hamlet«, Andres in »Woyzeck«. 1954 Wechsel zur Volksbühne Berlin, u. a. als Wilhelm Tell, Miller in »Kabale und Liebe«, Talbot in »Maria Stuart«, Bruder Martin in »Götz von Berlichingen«. Ab 1961 zahlreiche Fernsehrollen, u. a. in »Gewissen in Aufruhr« (1961), »Mord an Rathenau« (1961), »Dr. Schlüter« (1965), »Krupp und Krause« (1969), »Der Sonne Glut« (1970).

DEFA-Kinofilme: Irgendwo in Berlin (1946), Straßenbekanntschaft (1948), Und wieder 48 (1948), Quartett zu fünft (1949), Unser täglich Brot (1949), Der Auftrag Höglers (1950), Familie Benthin (1950), Roman einer jungen Ehe (1952), Sein großer Sieg (1952), Anna Susanna (1953), Die Unbesiegbaren (1953), Jacke wie Hose (1953), Drei Mädchen im Endspiel (1956), Der Teufelskreis (1956), Genesung (1956), Mich dürstet (1956), Der Fackelträger (1956), Schlösser und Katen (1957), Bärenburger Schnurre (1957), Tatort Berlin (1958), Sie kannten sich alle (1958), Der Lotterieschwede (1958), Die Elenden (1958), Die Feststellung (1958), SAS 181 antwortet nicht (1959), Zu jeder Stunde (1960), Einer von uns (1960), Hatifa (1960), Schritt für Schritt (1960), Die heute über 40 sind (1960), Die Liebe und der Co-Pilot (1961), Der Fremde (1961), Italienisches Capriccio (1961), Kuttel (1961), Schneewittchen und die sieben Zwerge (1962), An französischen Kaminen (1963), Die Hochzeit von Länneken (1964), Als Martin 14 war (1964), Lots Weib (1965), Solange Leben in mir ist (1965), Die besten Jahre (1965), Denk bloß nicht, ich heule (1965, verboten, UA: 1990), Brot und Rosen (1967), Die Fahne von Kriwoj Rog (1967), Meine Stunde Null (1970), Trotz alledem! (1972), Schwarzer Zwieback (1972)

Jutta Hoffmann

Geboren am 3. März 1941 in Halle. Während der Schulzeit in der Laienspielgruppe der Buna-Werke. 1959 bis 1962 Studium an der Deutschen Hochschule für Filmkunst Potsdam-Babelsberg, danach bis 1965 Engagement am Berliner Maxim Gorki Theater. Von 1965 bis 1967 Deutsches Theater Berlin, 1967 bis 1973 wieder Maxim Gorki Theater, 1973 bis 1978 Berliner Ensemble. Rollen u. a. Donna Elvira in »Don Juan«, Minna von Barnhelm, Vivie in »Frau Warrens Gewerbe« und Fräulein Julie. DDR-Fernsehrollen u. a. in »Kleiner Mann – was nun?« (1967), »Junge Frau von 1914« (1970), »Geschlossene Gesellschaft« (1978), »Hedda Gabler« (1980), »Stella« (1982) und »Die Zeit der Einsamkeit« (1984).

Ab 1978 zunächst Gastrollen, dann Übersiedlung in die BRD. Freie Volksbühne Berlin, Kammerspiele München (u. a. Olivia in »Was ihr wollt«, Yerma), Salzburger Festspiele (Leonore in »Torquato Tasso«), Hamburger Schauspielhaus (u. a. Lady Macbeth; Gräfin Geschwitz in »Lulu«). Seit 1991 Professorin für darstellende Kunst an der Hochschule für Musik und Theater Hamburg. Kinofilme u. a. mit dem Regisseur Alexander Kluge (»Der Angriff der Gegenwart auf die übrige Zeit«/ 1985). Nach 1990 u. a. am Berliner Schiller-Theater (»Böhmen am Meer«), als Gast am Deutschen Theater Berlin (»Der zerbrochene Krug«) und in der satirischen Fernsehreihe »Motzki« (1993) von Wolfgang Menge. 1994/95 erneute Zusammenarbeit mit Egon Günther, der sie in einer Produktion der Hochschule für Film und Fernsehen Potsdam-Babelsberg als Goneril besetzt (»Die Probe« mit Rolf Ludwig als König Lear).

DEFA-Kinofilme: Das Rabaukenkabarett (1961), Ärzte (1962), Koffer mit Dynamit (1963), Julia lebt (1963), Engel im Fegefeuer (1965), Solange Leben in mir ist (1965), Denk bloß nicht, ich heule (1965, verboten, UA: 1990), Karla (1966, verboten, UA: 1990), Zeit zu leben (1969), Weite Straßen – stille Liebe (1969), Dr. med. Sommer II (1970), Trotz alledem! (1972), Der Dritte (1972), Die Schlüssel (1974), Lotte in Weimar (1975), Das Versteck (1978), Blauvogel (1979)

Rolf Hoppe

Geboren am 6. Dezember 1930 in Ellrich. Laienspielgruppe. Schauspielausbildung am Landeskonservatorium Erfurt. Stimmbandlähmung, deshalb vorübergehend als Tierpfleger im Zirkus tätig. Erstes Engagement am Theater der Jungen Garde in Halle, danach Greifswald (1952/53), Leipzig (1953 bis 1955), Gera (1955 bis 1961) und 1962 bis 1972 sowie 1976 bis 1984 am Staatsschauspiel Dresden. Rollen u. a. Galy Gay in »Mann ist Mann«, Sun in »Der gute Mensch von Sezuan«, Seneca in »Senecas Tod«, König Lear, Dorfrichter Adam im »Zerbrochenen Krug«, Helmer in »Nora«, Möbius in »Die Physiker«, Erzieher des Orest in »Elektra«. International berühmt wird er durch die Darstellung des preußischen Ministerpräsidenten in István Szabós »Mephisto« (1980). 1983 und 1988 Mammon in »Jedermann« bei den Salzburger Festspielen. Neben DEFA- und DDR-TV-Arbeiten spielt er u. a. bei Peter Schamoni (»Frühlingssinfonie«/ 1983), Bernhard Wicki (»Die Grünstein-Variante«/ 1985) und Peter Fleischmann (»Es ist nicht leicht, ein Gott zu sein«/ 1988). Nach 1989 zahlreiche Fernseh- und Kinorollen, u. a. in »Bronsteins Kinder« (1991/ Regie: Jerzy Kawalerowicz), »Die Lok« (1992/ Regie: Gerd Haag), »Brandnacht« (1992/ Regie: Markus Fischer), »Schtonk!« (1992/ Regie: Helmut Dietl), »Das große Fest« (1992/ Regie: Frank Beyer), »Alles Glück dieser Erde« (1994), »Mario und der Zauberer« (1994/ Regie: Klaus Maria Brandauer), auch in der Schweiz (»Wachtmeister Zumbühl«/ 1994).

DEFA-Kinofilme: Jetzt und in der Stunde meines Todes (1963), Solange Leben in mir ist (1965), Die besten Jahre (1965), Der Frühling braucht Zeit (1965), Karla (1966, verboten, UA: 1990), Fräulein Schmetterling (1966, verboten), Lebende Ware (1966), Frau Venus und ihr Teufel (1967), Ich war neunzehn (1968), Die Nacht im Grenzwald (1968), Spur des Falken (1968), Hauptmann Florian von der Mühle (1968), Jungfer, Sie gefällt mir (1969), Weiße Wölfe (1969), Mohr und die Raben von London (1969), Nebelnacht (1969), Tödlicher Irrtum (1970), Männer ohne Bart (1971), Goya (1971), Leichensache Zernik (1972), Die gestohlene Schlacht (1972), Eolomea (1972), Die Hosen des Ritters von Bredow (1973), Susanne und der Zauberring (1973), Das zweite Leben des Friedrich Wilhelm Georg Platow (1973), Für die Liebe noch zu mager? (1974), Leben mit Uwe (1974), Der nackte Mann auf dem Sportplatz (1974), Orpheus in der Unterwelt (1974), Hans Röckle und der Teufel (1974), Wie füttert man einen Esel (1974), Drei Haselnüsse für Aschenbrödel (1974), Ulzana (1974), Johannes Kepler (1974), Kit & Co. (1974), Zwischen Nacht und Tag (1975), Ikarus (1975), Das Licht auf dem Galgen (1976), Unser stiller Mann (1976), Beethoven – Tage aus einem Leben (1976), Unterwegs nach Atlantis (1977), Die Flucht (1977), Jörg Ratgeb – Maler (1978), Ein Sonntagskind, das manchmal spinnt (1978), Sabine Wulff (1978), Schatzsucher (1979), Komödiantenemil (1980), Levins Mühle (1980), Pugowitza (1981), Peters Jugend (1981), Die Gerechten von Kummerow (1982), Der lange Ritt zur Schule (1982), Sonjas Rapport (1982), Mein Vater ist ein Dieb (1983), Ärztinnen (1984), Hälfte des Lebens (1985), Besuch bei van Gogh (1985), Die Gänse von Bützow (1985), Das Haus am Fluß (1986), Johann Strauß – Der ungekrönte König (1987), Liane (1987), Der Bruch (1989), Pestalozzis Berg (1989), Ein brauchbarer Mann (1989), Das Licht der Liebe (1991)

Wolfgang Kieling

Geboren am 16. März 1924 in Berlin. Gestorben am 7. Oktober 1985 in Hamburg. Schon Anfang der dreißiger Jahre Kinderdarsteller auf der Bühne, im Rundfunk und ab 1935 im Film (»Maria, die Magd«/ 1936, »Heimweh«/ 1937 u. a.). Schauspielunterricht bei Albert Florath, Ausbildung zum Regieassistenten bei der Ufa. 1941 erstes Engagement am Landestheater der Mark Brandenburg Luckenwalde, 1942 Stadttheater Potsdam. Soldat. 1949 Rückkehr aus sowjetischer Gefangenschaft nach Berlin (West). Synchronsprecher, Gelegenheitsrollen am Hebbel-Theater, Rezitationsabende, Auftritt in der Experimentierbühne Haus am Waldsee, Nachrichtensprecher beim Nordwestdeutschen Rundfunk Berlin. 1953 erster Fernsehauftritt. 1954 gemeinsam mit Gisela Uhlen Übersiedlung in die DDR, Vertrag mit der DEFA. 1957 Rückkehr in die BRD, Engagements am Staatsschauspiel Stuttgart (Titelrollen in »Leben Eduards II. von England« und in der Uraufführung von »Der aufhaltsame Aufstieg des Arturo Ui«), am Residenztheater München und Gastspiele am Stadttheater Köln. Filmrollen u. a. bei Jürgen Roland (»Polizeirevier Davidswache«/ 1964), Kurt Hoffmann (»Das Haus in der Karpfengasse«/ 1965) und Alfred Hitchcock (»Der zerrissene Vorhang«/ 1966). 1968 aus politischen Gründen erneut Übersiedlung in die DDR, 1970 Rückkehr in die Bundesrepublik. Wichtige Aufgaben im Fernsehen beider deutscher Staaten, u. a. bei Regisseuren wie Hans-Joachim Kasprzik (»Jeder stirbt für sich allein«/ 1970), Rainer Werner Fassbinder (»Bremer Freiheit«/ 1972), Peter Beauvais (»Im Reservat«/ 1973), Theodor Grädler (»Der Anwalt«/ 1977/78), Egon Günther (»Exil«/ 1980), Frank Beyer (»Der König und sein Narr«/ 1981) und Egon Monk (»Die Geschwister Oppermann«/ 1982). Synchronarbeiten. 1977 Theatertournee als Geldbriefträger Fuchs in Simmels »Mein Schulfreund«. Im Kino u. a.: »Morgen in Alabama« (1983/ Regie: Norbert Kückelmann) und »Abwärts« (1984/ Regie: Carl Schenkel).

DEFA-Kinofilme: Genesung (1956), Damals in Paris (1956), Betrogen bis zum jüngsten Tag (1957), Das siebente Jahr (1969), Jungfer, Sie gefällt mir (1969), Leichensache Zernik (1970, 1. Fassung, abgebrochen), Aus unserer Zeit (Episode »Das Duell«, 1970), Goya (1971)

Willy A. Kleinau

Geboren am 12. November 1907 in Mühlhausen. Gestorben am 18. Oktober 1957 bei Merseburg (Autounfall). Studium bei Louise Dumont in Düsseldorf, dort auch Dramaturg, Schauspieler und Regisseur. Ab 1932 Engagements in Meiningen, München, Konstanz, Potsdam, Godesberg, Wuppertal und bei einer Wanderbühne. Nach 1945 Mitglied einer Bühnengemeinschaft in Bremen, danach Göttingen und Hamburg. 1949 von Brecht an das Berliner Ensemble geholt, danach Deutsches Theater Berlin, u. a. als Faust, Othello, Jegor Bulytschow, Miller in »Kabale und Liebe«, König Lear. 1955 Götz von Berlichingen an der Volksbühne Berlin. Durch Vermittlungen des Produzenten Erich Mehl, der Kleinau zum auch international bekannten Star machen möchte, ab 1955 verstärkt Auftritte im westdeutschen Film, u. a. in Helmut Käutners »Der Hauptmann von Köpenick« (1956). Da er während der Dreharbeiten an »Reifender Sommer« verunglückt, werden Teile seiner Rolle von Gerd Ehlers (mit dem Rücken zur Kamera) gedoubelt.

DEFA-Kinofilme: Die blauen Schwerter (1949), Der Rat der Götter (1950), Das Beil von Wandsbek (1951), Karriere in Paris (1952), Roman einer jungen Ehe (1952), Schatten über den Inseln (1952), Die Unbesiegbaren (1953), Kein Hüsung (1954), Gefährliche Fracht (1954), Carola Lamberti – Eine vom Zirkus (1954), Der Teufel vom Mühlenberg (1955), Das Fräulein von Scuderi (1955), Ein Polterabend (1955), Zar und Zimmermann (1956), Spielbank-Affäre (1957), Die Schönste (1957, verboten), Reifender Sommer (1957, UA: 1959)

Hans Klering

Geboren am 8. November 1906 in Berlin. Gestorben am 30. Oktober 1988 in Berlin. Kaufmannslehrling, Handlungsgehilfe, Abonnentensammler, Hafenarbeiter, Ausrufer, Schriftmaler, Plakatzeichner. Zunächst Mitglied der Schauspielergruppen der Internationalen Arbeiterhilfe und der Agitpropkolonnen der KPD. 1929 »Kolonne links«, 1931 nach einem Gastspiel dieser Gruppe in Moskau Übersiedlung in die UdSSR. Schauspieler am Theater der Arbeiterjugend, dann am deutschsprachigen Theater unter Gustav von Wangenheim und Erwin Piscator. Darsteller in verschiedenen sowjetischen Filmen, u. a. bei Boris Barnet (»Vorstadt«/ 1933), Alexander Dowshenko (»Stschors«/ 1936), Abram Room (»Geschwader Nr. 5«/ 1937), Igor Ssawtschenko (»Bogdan Chmelnitzki«/ 1940), Mark Donskoi (»Regenbogen«/ 1944). 1945 Rückkehr nach Berlin. Einer der Gründerväter der DEFA und Mitglied im ersten DEFA-Vorstand. Ab 1950 Vertrag als Schauspieler. Mehrere Jahrzehnte Mitglied im Schauspielerensemble der DEFA. Zahlreiche Fernsehfilme.

DEFA-Kinofilme: Allez hopp (1946, abgebrochen), Straßenbekanntschaft (1948), Grube Morgenrot (1948), Die Brücke (1949), Die Buntkarierten (1949), Familie Benthin (1950), Saure Wochen – frohe Feste (1950), Die letzte Heuer (1951), Die Meere rufen (1951), Die Unbesiegbaren (1953), Ernst Thälmann – Sohn seiner Klasse (1954), Hexen (1954), Carola Lamberti – Eine vom Zirkus (1954), Leuchtfeuer (1954), Wer seine Frau lieb hat (1955), Der Teufel vom Mühlenberg (1955), Rauschende Melodien (1955), Lied über dem Tal (1956, abgebrochen), Heimliche Ehen (1956), Thomas Müntzer (1956), Mich dürstet (1956), Schlösser und Katen (1957), Rivalen am Steuer (1957), Die Hexen von Salem (1957), Polonia-Expreß (1957), Meine Frau macht Musik (1958), Nur eine Frau (1958), Der Lotterieschwede (1958), Tilman Riemenschneider (1958), Geschwader Fledermaus (1958), Sie nannten ihn Amigo (1959), Die Premiere fällt aus (1959), Senta auf Abwegen (1959), Ehesache Lorenz (1959), Musterknaben (1959), Das Leben beginnt (1960), Die Entscheidung des Dr. Ahrendt (1960), Hochmut kommt vor dem Knall (1960), Kein Ärger mit Cleopatra (1960), Italienisches Capriccio (1961), Eine Handvoll Noten (1961), Das Kleid (1961, verboten, UA: 1991), Tanz am Sonnabend – Mord ? (1962), Peter und das Einmaleins mit der Sieben (1962), Die schwarze Galeere (1962), Revue um Mitternacht (1962), Menschen und Tiere (1962), Geheimarchiv an der Elbe (1963), Reserviert für den Tod (1963), For eyes only (1963), Jetzt und in der Stunde meines Todes (1963), Die Hochzeit von Länneken (1964), Das Lied vom Trompeter (1964), Chronik eines Mordes (1965), Terra incognita (1965), Die antike Münze (1965), Lots Weib (1965), Ohne Paß in fremden Betten (1965), Das Kaninchen bin ich (1965, verboten, UA: 1990), Hände hoch – oder ich schieße! (1966, verboten), Das Tal der sieben Monde (1967), 12 Uhr mittags kommt der Boß (1968), Abschied (1968), Mohr und die Raben von London (1969), Unterwegs zu Lenin (1970), Tödlicher Irrtum (1970), Husaren in Berlin (1971), Die gestohlene Schlacht (1972), Wer reißt denn gleich vor'm Teufel aus (1977), Eine Handvoll Hoffnung (1978), Anton der Zauberer (1978), Das Pferdemädchen (1979), Ein April hat 30 Tage (1979), Des Henkers Bruder (1979), Levins Mühle (1980), Der Baulöwe (1980), Platz oder Sieg (1981), Die Gerechten von Kummerow (1982), Der lange Ritt zur Schule (1982), Der Doppelgänger (1985)

Hildegard Knef

Geboren am 28. Dezember 1925 in Ulm. Ab 1942 Ausbildung als Trickzeichnerin bei der Ufa, anschließend Staatliche Filmschule Babelsberg. 1944/45 Nebenrollen in Filmen von Gerhard Lamprecht (»Die Brüder Noltenius«), Helmut Käutner (»Unter den Brücken«) und Erich Engel (»Fahrt ins Glück«). 1945 Kurfürstendamm-Tribüne Berlin, dann bis 1947 Berliner Schloßparktheater. Nach ihrer Hauptrolle im ersten deutschen Nachkriegsfilm »Die Mörder sind unter uns« zahlreiche Filmaufgaben in der BRD, ab 1950 auch in den USA, später in Frankreich, Großbritannien, Italien und Österreich – bei Regisseuren wie Willi Forst (»Die Sünderin«/ 1950), Anatole Litvak (»Entscheidung im Morgengrauen«/ 1950), Rudolf Jugert (»Film ohne Titel«/ 1947, »Illusion in Moll«/ 1952), Carol Reed (»The Man Between«/ 1953), Wolfgang Staudte (»Madeleine und der Legionär«/ 1957, »Die Dreigroschenoper«/ 1963), Claude Chabrol (»Landru«/ 1962) und Billy Wilder (»Fedora«/ 1978). Theaterrollen in Berlin, New York (1954 Ninotchka in dem Broadway-Musical »Silk Stockings«) u. a. Ab 1963 vor allem Karriere als Chansonsängerin (rund 400 Titel). 1970 Autobiographie »Der geschenkte Gaul«, der weitere Bücher, u. a. über Romy Schneider (»Romy. Betrachtung eines Lebens«/ 1983), folgen. Weitere Rollen u. a.: 1975 Anna Quangel in Alfred Weidenmanns Fallada-Verfilmung »Jeder stirbt für sich allein«, 1987 Zimmerwirtin in der Musical-Inszenierung »Cabaret« (Theater des Westens Berlin), 1992 Lilly Tüllmann in der TV-Reihe »Haus am See«, 1994 Baronesse in der Agentenserie »Berlin Break« und Gräfin in der Kriminalreihe »Peter Strohm«.

DEFA-Kinofilm: Die Mörder sind unter uns (1946)

Wilhelm Koch-Hooge

Geboren am 11. Februar 1916 in Patschkau. 1936 bis 1938 Schauspielschule des Deutschen Theaters Berlin. Engagements in Kaiserslautern, Heidelberg und Magdeburg. 1951 bis 1953 Berliner Ensemble, Rollen u. a.: Benedikt in »Viel Lärm um nichts«, Schalimow in »Sommergäste«, Helmar in »Nora«. 1953 bis 1962 Mitglied im DEFA-Ensemble und Gastspielverpflichtungen am Deutschen Theater, 1962 bis 1979 Deutsches Theater. Seit Anfang der sechziger Jahre zahlreiche Auftritte in tschechoslowakischen und jugoslawischen Filmen, u. a. in »Festung am Rhein« (1962), »Der Schlüssel« (1971), »Die Oase« (1972), »Chronik eines heißen Sommers« (1973), »Das Attentat von Sarajevo« (1976), »Die Befreiung Prags« (1977). Zahlreiche Fernsehfilme, u. a. »Geboren unter schwarzen Himmeln« (1962), »Das grüne Ungeheuer« (1962), »Krupp und Krause« (1969), »Die Verschworenen« (1972), »Ohne Märchen wird keiner groß« (1974), »Scharnhorst« (1979), »Anamnese« (1980), »Der Mann von der Cap Arcona« (1982).

DEFA-Kinofilme: Geheimakten Solvay (1953), Die Unbesiegbaren (1953), Gefährliche Fracht (1954), Pole Poppenspäler (1954), Stärker als die Nacht (1954), Ernst Thälmann – Führer seiner Klasse (1955), Die Abenteuer des Till Ulenspiegel (1956), Genesung (1956), Rivalen am Steuer (1957), Zwei Mütter (1957), Im Sonderauftrag (1959), Sie nannten ihn Amigo (1959), Reportage 57 (1959), SAS 181 antwortet nicht (1959), Das Leben beginnt (1960), Leute mit Flügeln (1960), Schritt für Schritt (1960), Fünf Tage – fünf Nächte (1961), Mord ohne Sühne (1962), Terra incognita (1965), Der Mord, der nie verjährt (1968), Tödlicher Irrtum (1970), KLK an PTX – die Rote Kapelle (1971), Schüsse in Marienbad (1973), Am Ende der Welt (1975), Die Flucht (1977), Die Stunde der Töchter (1980)

Uwe Kockisch

Geboren am 31. Januar 1944 in Cottbus. Fünf abgebrochene Lehren, u. a. Tagebaumaschinist. Mit 17 Fluchtversuch über die Ostsee wenige Tage nach dem Mauerbau. Gefängnis. Danach Nachtpförtner und Hilfsgarderobier am Cottbuser Theater. 1964 bis 1967 Berliner Schauspielschule. Nach dem Studium eine Spielzeit in Cottbus, danach drei Jahre Städtische Bühnen Karl-Marx-Stadt. Rollen u. a. Truffaldino in »Diener zweier Herren«. Eine Spielzeit Gast an der Berliner Volksbühne bei Benno Besson. 1971 bis 1992 Ensemblemitglied des Maxim Gorki Theater Berlin. Rollen u. a.: Waska Pepel in »Nachtasyl«, Alois Fingerlein in »Die lange Ankunft des Alois Fingerlein«, Soljony in »Drei Schwestern«, Theseus und Oberon in »Ein Sommernachtstraum«, Pjotr in »Die Kleinbürger«, Doktor in »Transit Europa«, Bartodsiej in »Porträt« und Albert in »Unbekannte in der Seine«. Seit 1992 ständiger Gast der Schaubühne Berlin, in »Schlußchor«, »Alice im Bett«, »Die Stunde, bevor wir voneinander wußten«. Im Fernsehen u. a. »Die Falle« (1974), »Drei Schwestern« (1980), »Die Zeit der Einsamkeit« (1984), »Im Sog der Angst« (1991), »Landschaft mit Dornen« (1991). 1994 als Chefarzt Heinrich Klein in »Die Narbe des Himmels«, 1995 Hauptrolle in der TV-Kriminalreihe um den Kriminalhauptkommissar »Zappek«.

DEFA-Kinofilme: Leichensache Zernik (1970, 1. Fassung, abgebrochen), Für die Liebe noch zu mager (1974), Lachtauben weinen nicht (1979), Unser kurzes Leben (1980), Bürgschaft für ein Jahr (1981), Sabine Kleist, 7 Jahre... (1982), Dein unbekannter Bruder (1983), Erscheinen Pflicht (1984), Rabenvater (1986), Schwein gehabt (1988), Treffen in Travers (1989), Die Spur des Bernsteinzimmers (1992), Miraculi (1992)

Renate Krößner

Geboren am 17. Mai 1945 in Osterode/Harz. Mitarbeit an einem Laientheater. 1964 Diplom an der Staatlichen Schauspielschule Berlin, danach Engagements an Theatern in Parchim (1966/67), Stendal (1967/68), Senftenberg (1970/71) und ab 1971 Brandenburg. Ab 1965 Fernsehrollen, u. a. in »Der Sonne Glut« (1970), »Alle meine Kinder« (1976), »Zyankali« (1977) und »Verflucht und geliebt« (1981). Titelrolle in dem TV-Film »Mathilde Möhring« (1983). 1980 Darstellerpreis der Berliner Filmfestspiele (Silberner Bär) für die Titelrolle in Konrad Wolfs und Wolfgang Kohlhaases »Solo Sunny«. 1982 unter der Regie von Peter Beauvais Hauptrolle in »Die ewigen Gefühle«. 1985 Übersiedlung in die BRD nach zweijährigem Berufsverbot. Dort u. a. in Filmen von Hajo Gies (»Broken Blossoms«/ 1986), M. Arend (»Der Fahnder«/ 1987), W. Zeindler (»Jugendliebe«/ 1989), Jan Ruzicka (»Im Sog der Angst«/ 1991), Adolf Winkelmann (»Nordkurve«/ 1992) und Sigi Rothemund (»Glück im Grünen«/ 1994). Theateraufgaben u. a. in Basel (Stieftochter in »Sechs Personen suchen einer Autor«, Titelrolle in »Minna von Barnhelm«), am Residenztheater München (Deianeira in »Die Frauen von Trachis«, Sasportas in »Der Auftrag«), an der Schaubühne Berlin (Celimene in »Le Misantrophe«) und am Theater Essen (Goneril in »König Lear«).
Nach Babelsberg kehrt sie 1992 zurück, um unter der Regie von Rainer Simon in dem Gegenwartsfilm »Fernes Land Pa-isch« zu spielen.

DEFA-Kinofilme: Tiefe Furchen (1965), Eine Pyramide für mich (1975), Die unverbesserliche Barbara (1977), Feuer unter Deck (1977, verboten, UA: 1979), Zünd an, es kommt die Feuerwehr (1979), Bis daß der Tod euch scheidet (1979), Solo Sunny (1980), Einer vom Rummel (1983)

Manfred Krug

Geboren am 8. Februar 1937 in Duisburg. Schmelzer. Abitur auf einer Abendschule. 1954/55 anderthalb Jahre Schauspielschule Leipzig, dann Eleve am Berliner Ensemble (u. a. Panzerleutnant in Brechts Inszenierung der »Winterschlacht«). Bühnenreifeprüfung. Ab 1957 als freischaffender Schauspieler zahlreiche DEFA-Rollen und Arbeiten im Fernsehen der DDR, u. a. in Filmen wie »Wege übers Land« (1968), »Junge Frau von 1914« (1970), »Die Verschworenen« (1971), »Stülpner-Legende« (1973), »Daniel Druskat« (1976), »Abschied vom Frieden« (1977). 1970 Gastauftritt als Sporting Life in »Porgy and Bess« unter der Regie von Walter Felsenstein (Komische Oper Berlin). Chansonnier und Jazzer, mehrere Schallplatten. 1977 nach seiner Unterschrift unter die Petition gegen die Ausbürgerung Wolf Biermanns und einem darauf folgenden Berufsverbot Übersiedlung in die BRD. Neben Liselotte Pulver Hauptakteur in der Kinder-TV-Reihe »Sesamstraße«; Hauptdarsteller in Fernsehserien wie »Auf Achse« (ab 1977), »Liebling Kreuzberg« (ab 1985), »Wir sind auch nur ein Volk« (1994). Seit 1984 Rolle des Kriminalkommissars Paul Stoever in der TV-Krimi-Reihe »Tatort«. Kinofilmrollen unter anderem bei Max Willutzki (»Die Faust in der Tasche«/ 1978), Egon Günther (»Rosamunde«/ 1990), Werner Masten (»Neuner«/ 1990) und Lienhard Wawrzyn (»Der Blaue«/ 1994).

DEFA-Kinofilme: Mazurka der Liebe (1957), Vergeßt mir meine Traudel nicht (1957), Ein Mädchen von 16 1/2 (1958), Ware für Katalonien (1959), Reportage 57 (1959), Bevor der Blitz einschlägt (1959), Leute mit Flügeln (1960), Fünf Patronenhülsen (1960), Was wäre, wenn...? (1960), Professor Mamlock (1961), Drei Kapitel Glück (1961), Guten Tag, lieber Tag (1961), Auf der Sonnenseite (1962), Revue um Mitternacht (1962), Königskinder (1962), Minna von Barnhelm (1962), Der Kinnhaken (1962), Beschreibung eines Sommers (1963), Nebel (1963), Mir nach, Canaillen! (1964), Die antike Münze (1965), König Drosselbart (1965), Wenn du groß bist, lieber Adam (1965, verboten, UA: 1990), Fräulein Schmetterling (1966, verboten), Spur der Steine (1966), Frau Venus und ihr Teufel (1967), Die Fahne von Kriwoj Rog (1967), Hauptmann Florian von der Mühle (1968), Abschied (1968), Käuzchenkuhle (1969), Mit mir nicht, Madam! (1969), Weite Straßen – stille Liebe (1970), Meine Stunde Null (1970), Netzwerk (1970), Husaren in Berlin (1971), Die gestohlene Schlacht (1972), Wie füttert man einen Esel (1974), Kit & Co. (1974), Feuer unter Deck (1977, verboten, UA: 1979), Das Versteck (1978)

Rolf Ludwig

Geboren am 28. Juli 1925 in Stockholm. Kartolithograph, Stein- und Offsetdrucker. Soldat, britische Kriegsgefangenschaft, Auftritte im Lagertheater. Ab 1947 Schauspieler, zunächst an den Hamburger Kammerspielen, dann am Stadttheater Lübeck. 1948 bis 1950 Volksbühne Dresden, bis 1952 Metropol-Theater Berlin und Gast am Theater am Schiffbauerdamm Berlin. 1954 bis 1964 und 1969 bis 1976 Volksbühne Berlin. Von 1965 bis 1969 und ab 1976 Deutsches Theater Berlin. Wichtige Rollen u. a.: Truffaldino in »Diener zweier Herren«, Puck in »Ein Sommernachtstraum«, Figaro in »Der tolle Tag«, Mosca in »Volpone«, Titelrolle in »Der Drache«, Sganarelle in »Don Juan«, Jago in »Othello«, Octavio Piccolomini in »Wallenstein«, Meister in »Der Meister und Margarita«, Otto Prunkhorst in »Der blaue Boll«, Anton in »Der Turm«. Fernsehrollen seit 1955, u. a. in »Kleiner Mann – was nun?« (1967), »Der Streit um den Sergeanten Grischa« (1968), »Verflucht und geliebt« (1981), »Einzug ins Paradies« (1984, verboten, UA: 1987), »Das Buschgespenst« (1986) und »Späte Ankunft« (1988). 1983 als Hölderlin in dem Studentenfilm »Hommage á Hölderlin« (Regie: Herwig Kipping), 1984 und 1987 in Filmen von Bernhard Wicki (»Die Grünstein-Variante«, »Sansibar oder Der letzte Grund«).
Nach 1990 u. a. Gastspiele bei den Salzburger Festspielen (Isaak in »Die Jüdin von Toledo«) und am Wiener Burgtheater (Darry Berrill in »Das Ende vom Anfang«). 1994/95 Zusammenarbeit mit Egon Günther, der ihn in einer Produktion der Hochschule für Film und Fernsehen Potsdam-Babelsberg als König Lear und Narr gleichzeitig besetzt (»Die Probe«). 1995 als Pfarrer Reichenberg in Frank Beyers Fernsehfilm »Nikolaikirche«.

DEFA-Kinofilme: Sein großer Sieg (1952), Die Unbesiegbaren (1953), Wer seine Frau lieb hat (1955), Sommerliebe (1955), Der Hauptmann von Köln (1956), Drei Mädchen im Endspiel (1956), Der Teufelskreis (1956), Der Richter von Zalamea (1956), Thomas Müntzer (1956), Mich dürstet (1956), Im Sonderauftrag (1959), Das Feuerzeug (1959), Der kleine Kuno (1959), Das Leben beginnt (1960),

Hochmut kommt vor dem Knall (1960), Die heute über 40 sind (1960), Italienisches Capriccio (1961), Der Mann mit dem Objektiv (1961), Der Fall Gleiwitz (1961), Viel Lärm um nichts (1964), Solange Leben in mir ist (1965), Flucht ins Schweigen (1966), Die Russen kommen (1968, verboten, UA: 1987), Abschied (1968), Jungfer, Sie gefällt mir (1969), Seine Hoheit – Genosse Prinz (1969), Tödlicher Irrtum (1970), Netzwerk (1970), Karriere (1971), Trotz alledem! (1972), Der Dritte (1972), Die Legende von Paul und Paula (1973), Eine Pyramide für mich (1975), Lotte in Weimar (1975), Wer reißt denn gleich vor'm Teufel aus ? (1977), Ich zwing dich zu leben (1978), Zünd an, es kommt die Feuerwehr (1979), Die Verlobte (1980), Levins Mühle (1980), Pugowitza (1980), Moritz in der Litfaßsäule (1983), Eine sonderbare Liebe (1984), Wo andere schweigen (1984), Meine Frau Inge und meine Frau Schmidt (1985), Das Schulgespenst (1987), Stielke, Heinz, fünfzehn... (1987), Käthe Kollwitz – Bilder eines Lebens (1987), Schwein gehabt (1988), Stein (1991), Das Land hinter dem Regenbogen (1992)

Gojko Mitić

Geboren am 13. Juni 1940 in Leskovac. 1958 bis 1963 Sportstudium an der Belgrader Hochschule für Körperkultur und Sport. 1960 bis 1963 Schauspielunterricht. 1962 Double in einer englischen Filmproduktion (»Lancelot und die Königin«), danach kleine Rollen in italienischen und jugoslawischen Filmen sowie in westdeutschen Karl-May-Adaptionen (»Winnetou I«/ 1963, »Old Shatterhand«/ 1964, »Unter Geiern«/ 1964 u. a.). Seit 1965 Arbeit für die DEFA, auch als Drehbuch-Co-Autor (»Apachen«/ 1973). 1976 erster Bühnenauftritt in der Titelrolle des Schauspiels »Spartacus« am Harzer Bergtheater Thale, danach auf derselben Bühne auch als »Robin Hood«. TV-Aufgaben u. a. in »Das Geheimnis der Anden« (1972), »Visa für Ocantros« (1974), »Die Liebe und die Königin« (1976), »Zweite Liebe – ehrenamtlich« (1977), »Archiv des Todes« (1980) und »Front ohne Gnade« (1984). Nach 1990 kleinere Rollen in verschiedenen Babelsberger Produktionen, u. a. bei Bernhard Sinkel (»Der Kinoerzähler«/ 1993) und Peter Welz (»Burning Life«/ 1994), sowie in Fernsehspielen wie »Tücken des Alltags« (1991), »Alle Tage Sonntag« (1991), »Salto Postale« (1993) und »Hecht und Haie« (1994). 1991 als »Winnetou« am Harzer Bergtheater Thale. In der Nachfolge von Pierre Brice ab 1992 ebenfalls Darsteller des Winnetou bei den Bad Segeberger Karl-May-Festspielen (»Der Ölprinz«, »Der Schatz im Silbersee«, »Old Surehand«, »Winnetou I«). Lesetourneen mit Texten aus Reden großer Häuptlinge.

DEFA-Kinofilme: Die Söhne der großen Bärin (1966), Chingachgook, die Große Schlange (1967), Spur des Falken (1968), Weiße Wölfe (1969), Tödlicher Irrtum (1970), Signale – ein Weltraumabenteuer (1970), Osceola (1971), Der Mann, der nach der Oma kam (1972), Tecumseh (1972), Apachen (1973), Ulzana (1974), Blutsbrüder (1975), Ich will euch sehen (1978), Severino (1978), Der lange Ritt zur Schule (1982), Der Scout (1983), Das Herz des Piraten (1988), Laßt mich doch eine Taube sein (1990), Zirri – das Wolkenschaf (1993)

Alfred Müller

Geboren am 4. Juli 1926 in Berlin. Mechaniker, Soldat, Musikstudium, Laienspielgruppen, 1952 bis 1955 Studium an der Staatlichen Schauspielschule Berlin. Erstes Engagement bis 1959 am Theater der Bergarbeiter Senftenberg, Debüt als Muley Hassan in »Die Verschwörung des Fiesco zu Genua«. Wichtige Rollen: Faust, Satin in »Nachtasyl«, Theobald Maske in »Die Hose«, Puntila. Danach bis 1965 und 1972 bis 1982 Maxim Gorki Theater Berlin, u. a. als Roller in »Die Räuber«, Gerichtsrat Walter in »Der zerbrochene Krug«, Phileas Fogg in »Reise um die Erde in 80 Tagen«, Kapitän Ritter in »Seemannsliebe«, Sudakow in »Das Nest des Auerhahns«, Hitler in »Das Ende«, Squenz in »Ein Sommernachtstraum«. 1965 bis 1972 Mitglied des DEFA-Ensembles. Auftritte in literarisch-musikalischen Programmen (z. T. gemeinsam mit Gisela May und Marianne Wünscher) und in Revuen (Friedrichstadtpalast Berlin, gemeinsam mit Helga Hahnemann). Zahlreiche Fernsehrollen, u. a. »Der Schwur des Soldaten Pooley« (1961), »Die Bilder des Zeugen Schattmann« (1972), »Die sieben Affären der Doña Juanita« (1973), »Tiere machen Leute« (1988), »Die gläserne Fackel« (1989), sowie in den Silvesterschwänken um das »Ferienheim Bergkristall« (1983 bis 1989). Auch in Fernsehspielen und -filmen für Kinder (»Sherlock Holmes und die sieben Zwerge«/ 1991). 1992/94 Rolle des Hauptmanns von Köpenick am Landestheater Dessau und in Hagen. Ab 1993 Auftritte als Revue- und Musical-Darsteller am Theater des Westens Berlin, u. a. in »Anything Goes« (1993) und »Blue Jeans« (1995). 1995 Rolle des Linus Bornowski in Frank Beyers Fernsehfilm »Nikolaikirche«.

DEFA-Kinofilme: Die heute über 40 sind (1960), Silvesterpunsch (1960), For eyes only (1963), Solange Leben in mir ist (1965), Das Kaninchen bin ich (1965, verboten, UA: 1990), Die gefrorenen Blitze (1967), Die Fahne von Kriwoj Rog (1967), Turlis Abenteuer (1967), Leben zu zweit (1968), Das siebente Jahr (1969), Mohr und die Raben von London (1969), Aus unserer Zeit (1970, Episode »Der Computer sagt: nein«), Netzwerk (1970), Signale

– ein Weltraumabenteuer (1970), Meine Stunde Null (1970), Mein lieber Robinson (1971), Anflug Alpha 1 (1971), KLK an PTX – die Rote Kapelle (1971), Laut und leise ist die Liebe (1972), Der kleine Kommandeur (1973), Hiev up (1978), Das Versteck (1978), Chiffriert an Chef – Ausfall Nr. 5 (1979), Erscheinen Pflicht (1984)

Armin Mueller-Stahl

Geboren am 17. Dezember 1930 in Tilsit. Elf Semester Musikstudium (Geige und Musikwissenschaft) am Berliner Städtischen Konservatorium, 1949 Examen als Musiklehrer. Ein Jahr Schauspielschule. 1952 Theater am Schiffbauerdamm, 1954 Volksbühne Berlin. Rollen u. a.: Marquis von Posa in »Don Carlos«, Cherubin in »Der tolle Tag«, Prinz in »Emilia Galotti«, Wurm in »Kabale und Liebe«, Narr in »Was ihr wollt«, Mercutio in »Romeo und Julia«, Andrej in »Krieg und Frieden«, Menelaos in »Die schöne Helena«. Neben Kinorollen (seit 1955) Auftritte als Chansonnier und zahlreiche Fernsehaufgaben, u. a. in den Filmen »Flucht aus der Hölle« (1960), »Der andere neben dir« (1963), »Wolf unter Wölfen« (1965), »Wege übers Land« (1968), »Das unsichtbare Visier« (1973 bis 1976), »Geschlossene Gesellschaft« (1978).

Anfang 1980 Übersiedlung in die BRD, Filmarbeit u. a. mit Rainer Werner Fassbinder (»Lola«/ 1981, »Die Sehnsucht der Veronika Voss«/ 1982), Niklaus Schilling (»Der Westen leuchtet!«/ 1982), Andrzej Wajda (»Eine Liebe in Deutschland«/ 1983), Patrice Chereau (»Der verführte Mann«/ 1983), Herbert Achternbusch (»Rita Ritter«/ 1983), Agnieszka Holland (»Bittere Ernte«/ 1984), István Szabó (»Oberst Redl«/ 1984), Alexander Kluge (»Der Angriff der Gegenwart auf die übrige Zeit«/ 1985), Bernhard Wicki (»Das Spinnennetz«/ 1989), Jerzy Kawalerowicz (»Bronsteins Kinder«/ 1990). Seit Ende der achtziger Jahre vor allem in Hollywood tätig, u. a. in »Music Box« (1989/ Regie: Costa-Gavras), »Avalon« (1990/ Regie: Barry Levinson), »Night on Earth« (1991/ Regie: Jim Jarmusch), »Kafka« (1991/ Regie: Steven Soderbergh), »The Last Good Time« (1994/ Regie: Bob Balaban). 1992 in der britischen Produktion »Utz« (Regie: George Sluizer). 1993 »Das Geisterhaus« (Regie: Bille August) und »Der Kinoerzähler« (Regie: Bernhard Sinkel). 1995 »Der Unhold« (Regie: Volker Schlöndorff) nach dem Roman »Der Erlkönig« von Michel Tournier. Daneben schriftstellerische Tätigkeit: »Verordneter Sonntag«, autobiographische Erinnerungen (1981), »Drehtage – Music Box / Avalon« (1991).

DEFA-Kinofilme: Heimliche Ehen (1956), Fünf Patronenhülsen (1960), ...und deine Liebe auch (1962), Königskinder (1962), Nackt unter Wölfen (1963), Christine (1963, Fragment), Alaskafüchse (1964), Preludio 11 (1964), Ein Lord am Alexanderplatz (1967), Tödlicher Irrtum (1970), Der Dritte (1972), Januskopf (1972), Die Hosen des Ritters von Bredow (1973), Kit & Co. (1974), Jakob der Lügner (1975), Nelken in Aspik (1976), Die Flucht (1977)

Werner Peters

Geboren am 7. Juli 1918 in Werlitzsch. Gestorben am 30. März 1971 in Wiesbaden. 1935 Besuch der Schauspielschule am Alten Theater Leipzig. 1937 jugendlicher Komiker für Schauspiel, Oper und Operette in Stralsund, 1938/39 Preußisches Staatstheater Mainz, danach Kassel. Nach 1945 Engagement in Gera, 1946/47 München, 1947 bis 1952 Deutsches Theater Berlin und danach bis 1955 an der Berliner Volksbühne/Theater am Schiffbauerdamm. 1955/56 Schauspielhaus Düsseldorf und 1956 bis 1958 Schillertheater Berlin. Rollen u. a.: Dr. Bünger in »Der Teufelskreis« und St. Just in »Dantons Tod«.

Filmdebüt 1947 in »Zwischen gestern und morgen« (Regie: Harald Braun). Bis 1955 einige DEFA-Filme, danach u. a. Verpflichtungen bei Artur Brauners CCC-Filmkunst Berlin (West). Bis 1958 auch Arbeit im DEFA-Synchronstudio (z. B. Rolle von Bernard Blier in »Die Elenden«/ 1958). 1958 Gründer und Leiter einer eigenen Synchronfirma »Rondo-Film GmbH Werner Peters« in Berlin (West). Daneben zahlreiche Rollen in Kino und Fernsehen, u. a. bei Regisseuren wie Robert Siodmak (»Nachts, wenn der Teufel kam«/ 1957), Rolf Thiele (»Das Mädchen Rosemarie«/ 1958), Falk Harnack (»Der 20. Juli«/ 1955, »Unruhige Nacht«/ 1958), Wolfgang Staudte (»Madeleine und der Legionär«/ 1957, »Rosen für den Staatsanwalt«/ 1959), in zahlreichen Filmen der Edgar-Wallace-Serie sowie in amerikanischen und britischen Produktionen.

DEFA-Kinofilme: Affaire Blum (1948), Die Buntkarierten (1949), Rotation (1949), Der Biberpelz (1949), Der Kahn der fröhlichen Leute (1950), Modell Bianca (1951), Der Untertan (1951), Karriere in Paris (1952), Kein Hüsung (1952, 1. Fassung, abgebrochen), Anna Susanna (1953), Die Unbesiegbaren (1953), Die Geschichte vom kleinen Muck (1953), Ernst Thälmann – Sohn seiner Klasse (1954), Der Teufel vom Mühlenberg (1955), Sommerliebe (1955), Ein Polterabend (1955), Star mit fremden Federn (1955), Ernst Thälmann – Führer seiner Klasse (1955)

Henny Porten

Geboren am 7. Januar 1890 in Magdeburg. Gestorben am 15. Oktober 1960 in Berlin. Kinderrollen im Theater ihres Vaters in Dortmund. 1906 Beginn der Filmarbeit in Tonbildern von Oskar Messter. 1911 erster großer Erfolg in »Das Liebesglück einer Blinden«. Neben Asta Nielsen populärster deutscher Filmstar. 1924 Gründung einer eigenen Produktionsfirma, die 1932 nach dem aufwendigen Projekt »Luise, Königin von Preußen« in Konkurs geht. Nach 1933 starke Einschränkung ihrer Filmarbeit, da sie sich nicht von ihrem jüdischen Ehemann zu trennen bereit ist. Filme u. a. mit Veit Harlan (»Krach im Hinterhaus«/ 1936), Georg Wilhelm Pabst (»Komödianten«/ 1941), Hans Bertram (»Symphonie eines Lebens«/ 1942) und Carl Froelich (»Familie Buchholz«/ 1944, »Neigungsehe«/ 1944). Erster Nachkriegsfilm 1949/50: »Absender unbekannt« (Regie: Akos von Rathony). Comeback bei der DEFA, danach in der Bundesrepublik keine Filmaufgaben mehr.

DEFA-Kinofilme: Carola Lamberti – Eine vom Zirkus (1954), Das Fräulein von Scuderi (1955)

Käthe Reichel

Geboren am 3. März 1926 in Berlin. Textilkauffrau. 1945 Theater am Schiffbauerdamm, danach Greiz und Gotha. 1950 Berliner Ensemble (Margarete in »Urfaust«). Bertolt Brecht verpflichtet sie u. a. als Gustchen in »Der Hofmeister«, Jeanne d' Arc, Natella Abaschwili in »Der kaukasische Kreidekreis«. Gastauftritte in Rostock (Shen Te / Shui Ta in »Der gute Mensch von Sezuan«), Frankfurt am Main (Grusche im »Kaukasischen Kreidekreis«) und Wuppertal/Stuttgart (Titelrolle in »Die heilige Johanna der Schlachthöfe«, Polly in »Die Dreigroschenoper«). Seit 1961 am Deutschen Theater Berlin. Wichtige Rollen u. a.: Hanna Tainz in »Die Holländerbraut«, Minna in »Minna von Barnhelm«, Julia in »Zwei Herren aus Verona«, Frau Madigan in »Juno und der Pfau«, Botin in »Ödipus Tyrann«, Klytämnestra in »Die Fliegen«, Brigitte in »Der zerbrochene Krug«. Zu ihren großen Erfolgen gehören Lesungen der Büchner-Novelle »Lenz« und aus Christa Wolfs Erzählung »Kassandra« im Deutschen Theater. Fernsehrollen u. a. in »Fleur Lafontaine« (1978), »Muhme Mehle« (1980), »Der Schimmelreiter« (1984). Seit 1989 öffentliches politisches Engagement, u. a. gegen den Golfkrieg, für russische Soldatenmütter, die ihre Söhne aus dem Tschetschenien-Krieg zurückholen, und gegen Kriegseinsätze deutscher Soldaten auf dem Balkan.

DEFA-Kinofilme: Corinna Schmidt (1952), Nebelnacht (1969), Wie heiratet man einen König (1969), Du und ich und Klein-Paris (1971), Mein lieber Robinson (1971), Männer ohne Bart (1971), Leichensache Zernik (1972), Die Legende von Paul und Paula (1973), Johannes Kepler (1974), Das Licht auf dem Galgen (1976), Rotschlipse (1978), Glück im Hinterhaus (1980), Levins Mühle (1980), Die Verlobte (1980), Jadup und Boel (1981, verboten, UA: 1988), Pugowitza (1981), Ärztinnen (1984), Besuch bei van Gogh (1985), Pestalozzis Berg (1989), Farßmann oder Zu Fuß in die Sackgasse (1991), Zwischen Pankow und Zehlendorf (1991), Die Spur des Bernsteinzimmers (1992), Miraculi (1992)

Rolf Römer
Geboren am 20. September 1935 in Königswinter. Schauspielstudium an der Deutschen Hochschule für Filmkunst in Babelsberg, danach von 1960 bis 1963 Engagement am Theater der Bergarbeiter Senftenberg. In derselben Zeit Regisseur am Arbeitertheater Brieske-Ost. Seit Ende der sechziger Jahre auch Szenarist (»Mit mir nicht, Madam!«/ 1969, »Tödlicher Irrtum«/ 1970 u. a.) sowie Regisseur von DEFA-Kinofilmen (»He, Du!«/ 1970, »Hostess«/ 1976) und Fernsehfilmen (»Schuldig«/ 1978). Nach 1990 Regie von Dokumentarfilmen, u. a. für die Hochschule für Film und Fernsehen Potsdam-Babelsberg (»Kinder vom Don«/ 1993). 1990 Dialogregie von »Bronsteins Kinder« (Regie: Jerzy Kawalerowicz). Fernsehrollen u. a. in »Kraftwerk« (1994) und »Unser Lehrer Doktor Specht« (1995).

DEFA-Kinofilme: Das Lied der Matrosen (1958), Die Liebe und der Co-Pilot (1961), Ein Sommertag macht keine Liebe (1961), Drei Kapitel Glück (1961), Eine Handvoll Noten (1961), Tanz am Sonnabend – Mord? (1962), Auf der Sonnenseite (1962), Die Glatzkopfbande (1963), Das Lied vom Trompeter (1964), Die Abenteuer des Werner Holt (1965), Lots Weib (1965), Nichts als Sünde (1965), Wenn du groß bist, lieber Adam (1965, verboten, UA: 1990), Jahrgang 45 (1966, verboten, UA: 1990), Die Söhne der großen Bärin (1966), Chingachgook, die Große Schlange (1967), Der Mord, der nie verjährt (1968), Abschied (1968), Mit mir nicht, Madam! (1969), Hut ab, wenn du küßt (1971), Tecumseh (1972), Hostess (1976), Glück im Hinterhaus (1980)

Katrin Saß
Geboren am 23. Oktober 1956 in Schwerin. Telefonistin, Ankleiderin beim Theater. 1976 bis 1978 Schauspielschule Rostock. Während des Studiums Rolle der Vera in »Die Nacht nach der Abschlußfeier« als Gast am Schweriner Theater. Von Heiner Carow für den Film (»Bis daß der Tod euch scheidet«) entdeckt. Danach Engagements am Kleist-Theater Frankfurt/ Oder (1979 bis 1981), am Landestheater Halle (1981 bis 1987) und am Leipziger Schauspielhaus (1987 bis 1990). Rollen u. a.: Stumme Kattrin in »Mutter Courage und ihre Kinder«, Nastonja in »Leb und vergiß nicht«, Julia in »Romeo und Julia«, Julie in »Liliom«, Dascha in »Zement«, Antonia in »Bezahlt wird nicht«. Fernsehaufgaben u. a. in »Familie Rechlin« (1982), »Vaters Frau« (1985), »Sie und Er« (1992/ Regie: Frank Beyer), »Das große Fest« (1992/ Regie: Frank Beyer), »Ein Fall für zwei« (1993), »Wolffs Revier« (1995). Seit Mitte der neunziger Jahre in der TV-Krimi-Reihe »Polizeiruf 110« Rolle der Hauptkommissarin Tanja Voigt (u. a. »7 Tage Freiheit«/ 1995).

DEFA-Kinofilme: Bis daß der Tod euch scheidet (1979), Die Schmuggler von Rajgrod (1980), Die Verlobte (1980), Bürgschaft für ein Jahr (1981), Meine Frau Inge und meine Frau Schmidt (1985), Ab heute erwachsen (1985), Das Haus am Fluß (1986), Rabenvater (1986), Der Traum vom Elch (1986), Fallada – letztes Kapitel (1988), Zum Teufel mit Harbolla (1989), Heute sterben immer nur die andern (1991)

Raimund Schelcher
Geboren am 27. März 1910 in Daressalam. Gestorben am 27. März 1972 in Berlin. 1928 bis 1930 Studium an der Städtischen Schauspielschule Köln. 1930 bis 1932 Engagement in Gießen, Debüt als Ferdinand in »Kabale und Liebe«. 1933 Neues Theater Frankfurt am Main, 1934/35 Deutsches Schauspielhaus Hamburg, 1935 bis 1938 Leipzig. Gastspiel als Hamlet in Hildesheim. 1938 Berliner Schillertheater. Rollen u. a.: Romeo, Prinz Friedrich von Homburg, Karl Moor in »Die Räuber«, Mortimer in »Maria Stuart«, Melchthal in »Wilhelm Tell«. Erste Filmrollen 1939 bei Veit Harlan (»Das unsterbliche Herz«) und Hans Steinhoff (»Robert Koch, der Bekämpfer des Todes«). 1939 Soldat in Bewährungsbataillon. Sowjetische Gefangenschaft. 1949 Stadttheater Bremen, erster Nachkriegsfilm »0 Uhr 15, Zimmer 9« (Regie: A. M. Rabenalt). 1950 Deutsches Theater Berlin, 1954 Berliner Ensemble, u. a. Simon Chachava in »Der kaukasische Kreidekreis«, Gerhard Nohl in »Die Winterschlacht«, Fritz Weiler in »Frau Flinz«. Ab 1961 auch Fernsehaufgaben, u. a. in »Gewissen in Aufruhr« (1961) und »Die Verschworenen« (1971/72).

DEFA-Kinofilme: Die Sonnenbrucks (1951), Das Beil von Wandsbek (1951), Der Untertan (1951), Geheimakten Solvay (1953), Ernst Thälmann – Sohn seiner Klasse (1954), Der Fall Dr. Wagner (1954), Leuchtfeuer (1954), Der Ochse von Kulm (1955), Wer seine Frau lieb hat (1955), Ernst Thälmann – Führer seiner Klasse (1955), Der Richter von Zalamea (1956), Schlösser und Katen (1957), Lissy (1957), Wo du hin gehst... (1957), Berlin – Ecke Schönhauser... (1957), Spur in die Nacht (1957), Gejagt bis zum Morgen (1957), Jahrgang 21 (1958), Der Prozeß wird vertagt (1958), Das Lied der Matrosen (1958), Erich Kubak (1959), Das Leben beginnt (1960), Schritt für Schritt (1960), Fünf Tage – fünf Nächte (1961), Der Arzt von Bothenow (1961), Die schwarze Galeere (1962), Die Entdeckungen des Julian Böll (1962), Die Jagd nach dem Stiefel (1962), An französischen Kaminen (1963), Geschichten jener Nacht (Episode »Phönix«, 1967), Trotz alledem! (1972)

Christine Schorn

Geboren am 1. Februar 1944 in Prag. Wäscherin und Verkäuferin. 1961 bis 1964 Studium an der Staatlichen Schauspielschule Berlin. Seit 1964 am Deutschen Theater Berlin. Rollen u. a. die Sima in »Unterwegs«, Alkmene in »Amphytrion«, Titelrolle in »Doña Rosita bleibt ledig«, Recha bzw. Daja in »Nathan der Weise«, Lady Milford in »Kabale und Liebe«, Jelena in »Onkel Wanja«, Lady Ariadne Utterword in »Haus Herzenstod«, Luise in »Herr Paul«. Fernsehrollen seit 1965, u. a. in »Dr. Schlüter« (1965), »Zeit ist Glück« (1968), »Jeder stirbt für sich allein« (1970), »Erziehung vor Verdun« (1973). 1994 als Lehrerin Trude in Jurek Beckers TV-Satire-Reihe »Wir sind auch nur ein Volk«.

DEFA-Kinofilme: Der Dritte (1972), Die Wahlverwandtschaften (1974), Addio, piccola mia (1979), Nachtspiele (1980), Unser kurzes Leben (1981), Die Beunruhigung (1982), Verzeihung, sehen Sie Fußball? (1983), Die Schüsse der Arche Noah (1983), Eine sonderbare Liebe (1984), Weiberwirtschaft (1984), Die Frau und der Fremde (1985), Vernehmung der Zeugen (1987), Liane (1987), Der Magdalenenbaum (1989), Versteckte Fallen (1991), Der Verdacht (1991)

Günther Simon

Geboren am 11. Mai 1925 in Berlin. Gestorben am 25. Juni 1972 in Berlin. Schon als Gymnasiast Schauspielunterricht. Soldat, amerikanische Gefangenschaft, Mitglied in einem Lagertheater. 1947 Schauspielunterricht am Berliner Hebbel-Theater. Erste Engagements 1947/48 am Stadttheater Köthen und 1948 bis 1950 am Stadttheater Schwerin. 1950/51 Staatstheater Dresden, dessen Generalintendant Martin Hellberg ihn für den Film »Das verurteilte Dorf« erstmals zur DEFA holt. 1952 Städtische Bühnen Leipzig. Danach vornehmlich Film- und Fernsehaufgaben. Prägende TV-Rollen u. a. in »Irrlicht und Feuer« (1966), »Krupp und Krause – Krause und Krupp« (1969), »Zwei Briefe an Pospischiel« (1970).

DEFA-Kinofilme: Das verurteilte Dorf (1952), Anna Susanna (1953), Jacke wie Hose (1953), Ernst Thälmann – Sohn seiner Klasse (1954), Ernst Thälmann – Führer seiner Klasse (1955), Drei Mädchen im Endspiel (1956), Lied über dem Tal (1956, abgebrochen), Das Traumschiff (1956), Treffpunkt Aimeé (1956), Damals in Paris (1956), Tinko (1957), Vergeßt mir meine Traudel nicht (1957), Sheriff Teddy (1957), Meine Frau macht Musik (1958), Der Lotterieschwede (1958), Das Lied der Matrosen (1958), Geschwader Fledermaus (1958), Sonnensucher (1958, verboten, UA: 1972), Der kleine Kuno (1959), Senta auf Abwegen (1959), Eine alte Liebe (1959), Der schweigende Stern (1960), Einer von uns (1960), Die heute über 40 sind (1960), Der Moorhund (1960), Kein Ärger mit Cleopatra (1960), Die Liebe und der Co-Pilot (1961), Der Fremde (1961), Der Traum des Hauptmann Loy (1961), Der Tod hat ein Gesicht (1961), Eine Handvoll Noten (1961), Das Kleid (1961, verboten, UA: 1991), Ärzte (1962), Mord ohne Sühne (1962), An französischen Kaminen (1963), Nebel (1963), Geheimarchiv an der Elbe (1963), Preludio 11 (1964), Schwarzer Samt (1964), Das Lied vom Trompeter (1964), Wenn du groß bist, lieber Adam (1965, verboten, UA: 1990), Der Frühling braucht Zeit (1965), Der Reserveheld (1965), Lots Weib (1965), Alfons Zitterbacke (1966), Reise ins Ehebett (1966), Brot und Rosen (1967), Heroin (1968), Verdacht auf einen Toten (1969), Weil ich dich liebe... (1970), KLK an PTX – die Rote Kapelle (1971), Reife Kirschen (1972), Amboß oder Hammer (1972)

Sonja Sutter

Geboren am 17. Januar 1931 in Freiburg/Breisgau. Ausbildung in einer Rudolf-Steiner-Schule mit den Spezialfächern Griechisch und Latein. 1950 Debüt am Stadttheater Freiburg. Als Autodidaktin von Slatan Dudow für den Film entdeckt. Erste Engagements bei der DEFA, in Stuttgart (Lulu), beim Bayerischen Staatsschauspiel München (1955/56) und am Hamburger Schauspielhaus. Seit 1959 am Wiener Burgtheater, u. a.: Helena in Giraudoux' »Der trojanische Krieg findet nicht statt«, Lady Milford in »Kabale und Liebe«, Helena in »Faust II«, Königin Christine, Maggie in »Nach dem Sündenfall«, Gräfin Werdenfels in »Der Marquis von Keith«, Titania in »Der Park«, Frau Tod in »Mein Kampf«, Armgard in »Wilhelm Tell«, Oberpriesterin in »Penthesilea«. Gastspiele am Deutschen Schauspielhaus Hamburg und am Zürcher Schauspielhaus. Langjähriges Mitglied der Salzburger Festspiele. Darstellerin in dem 1961 nach der Salzburger Inszenierung gedrehten Film »Jedermann« (Regie: Gottfried Reinhardt). Zahlreiche Rollen im Fernsehen, daneben Rezitationsabende und Soloprogramme mit Musik.

DEFA-Kinofilme: Frauenschicksale (1952), Star mit fremden Federn (1955), Lissy (1957), Sie kannten sich alle (1958), Der Lotterieschwede (1958), Tatort Berlin (1958)

Katharina Thalbach

Geboren am 19. Januar 1954 in Berlin als Tochter der Schauspielerin Sabine Thalbach und des Regisseurs Benno Besson. Schon ab vier Jahren Auftritte auf Bühne, in Film und Fernsehen. Als Oberschülerin 1968 von Helene Weigel für die Rolle der Hure Betty in der »Dreigroschenoper« ans Berliner Ensemble geholt. 1969 vertretungsweise Hauptrolle der Polly in der »Dreigroschenoper«. 1972 bis 1974 Volksbühne Berlin, 1975/76 erneut Berliner Ensemble, dann Übersiedlung nach Westberlin. 1977/78, 1981 und 1987 bis 1993 Schiller-Theater Berlin, daneben Arbeiten in Köln, Hamburg, am Schauspielhaus Zürich und am Pariser Palais Chaillot. Seit 1987 auch Regie, unter anderem am Schiller-Theater Berlin (»Macbeth«, »Liebe Macht Tod«, »Minna von Barnhelm«, »Wie es euch gefällt«) und am Thalia-Theater Hamburg (»Mann ist Mann«, »Dreigroschenoper«). Rollen u. a.: Venus/ Galatea in »Die schöne Helena«, Desdemona in »Othello«, Mira in »Speckhut«, Adelheid im »Biberpelz«, Rita in »Lovely Rita«, Käthchen von Heilbronn, Ophelia in »Hamlet«, Hase in »Hase Hase«, Titelrolle in »Mutter Courage und ihre Kinder«.
Filmrollen nach 1976 u. a. bei Thomas Brasch (»Engel aus Eisen«/ 1981, »Domino«/ 1982), Margarethe von Trotta (»Das zweite Erwachen der Christa Klages«/ 1977), Volker Schlöndorff (»Die Blechtrommel«/ 1979), Alan J. Pakula (»Sophies Entscheidung«/ 1982), Thomas Koerfer (»Glut«/ 1983), Thomas Mitscherlich (»Die Denunziantin«/ 1992) und Peter Sehr (»Kaspar Hauser«/ 1992).

DEFA-Kinofilme: Es ist eine alte Geschichte (1972), Der nackte Mann auf dem Sportplatz (1974), Johannes Kepler (1974), Lotte in Weimar (1975), Das blaue Licht (1975), Die Leiden des jungen Werthers (1976), Die Lügnerin (1992)

Hilmar Thate

Geboren am 17. April 1931 in Halle. 1947 bis 1949 Staatliche Hochschule für Theater und Musik Halle. 1949 bis 1952 Theater Cottbus, 1952/53 Theater der Freundschaft Berlin, 1953 bis 1958 Maxim Gorki Theater Berlin, 1958 bis 1969 Berliner Ensemble, 1969/70 Volksbühne Berlin. 1971 bis 1980 Deutsches Theater Berlin. Rollen u. a.: Osvald in »Gespenster«, Clavigo, Pawel in »Die Mutter«, Aufidius in »Coriolan«, Galy Gay in »Mann ist Mann«, König Richard III. Wichtige Fernsehrollen u. a. in »Optimistische Tragödie« (1972), »Zement« (1973), »Daniel Druskat« (1976) und »Fleur Lafontaine« (1977).
Seit 1980 Arbeit in der BRD und in Österreich, u. a. am Hamburger Schauspielhaus, am Burgtheater Wien, am Schiller-Theater Berlin, bei den Salzburger Festspielen, am Schauspielhaus Bochum, am Württembergischen Staatstheater Stuttgart und an den Münchner Kammerspielen. Rollen u. a. Enno Kluge und Fallada in »Jeder stirbt für sich allein«, Tartuffe, Sganarelle in »Don Juan« (Regie: Ingmar Bergman), Titus in »Anatomie Titus Fall of Rome«, Itsig Sager in »Stalin«. Bedeutende Filmaufgaben u. a. bei Thomas Brasch (»Engel aus Eisen«/ 1981) und Rainer Werner Fassbinder (»Die Sehnsucht der Veronika Voss«/ 1982). TV u. a. in »Die zweite Haut« (1981/ Regie: Frank Beyer).

DEFA-Kinofilme: Leuchtfeuer (1954), Einmal ist keinmal (1955), Robert Mayer – der Arzt aus Heilbronn (1955), Jahrgang 21 (1957), Das Lied der Matrosen (1958), Leute mit Flügeln (1960), Mutter Courage und ihre Kinder (1961), Der Fall Gleiwitz (1961), Professor Mamlock (1961), Der geteilte Himmel (1964), Die Wahlverwandtschaften (1974), Don Juan, Karl-Liebknechtstr. 78 (1980)

Ulrich Thein

Geboren am 7. April 1930 in Braunschweig. Gestorben am 21. Juni 1995 in Berlin. Abitur, Musikstudium, Schauspielunterricht. Erstes Engagement am Staatstheater Braunschweig, dann 1951 bis 1963 am Deutschen Theater Berlin. Rollen u. a.: Timur in »Timur und sein Trupp«, Fridolin in »Shakespeare dringend gesucht«, Ed Martin in »Hotelboy Ed Martin«, Ferdinand in »Egmont«, Schüler in »Faust«, Ernst in »Professor Mamlock«. Ab 1952 Rollen bei der DEFA, ab 1964 beim Fernsehen der DDR, hier unter anderem als »Martin Luther« (1983) und »Johann Sebastian Bach« (1985) sowie in Kriminalfilmen der Reihe »Polizeiruf 110« (»Der Teufel hat den Schnaps gemacht«/ 1980, »Trüffeljagd«/ 1981, »Unter Brüdern«/ 1991 u. a.).

Erste Fernsehregie »Der andere neben dir« (1963), dann u. a. »Titel hab' ich noch nicht« (1964), »columbus 64« (1966), »Mitten im kalten Winter« (1968), »Unbekannte Bürger« (1969), »Jule – Julia – Juliane« (1972), »Broddi« (1975), »Ein altes Modell« (1976), »Agentur Herz« (1990). Seit 1967 Regisseur von DEFA-Kinospielfilmen: »Geschichten jener Nacht« (Episode »Die Prüfung«, 1967), »Dach überm Kopf« (1980), »Romanze mit Amélie« (1981), »Mensch, mein Papa...!« (1987).

DEFA-Kinofilme als Schauspieler: Geheimakten Solvay (1953), Alarm im Zirkus (1954), Der Fall Dr. Wagner (1954), Hotelboy Ed Martin (1955), Thomas Müntzer (1956), Eine Berliner Romanze (1956), Schlösser und Katen (1957), Spur in die Nacht (1957), Sie kannten sich alle (1958), Das Lied der Matrosen (1958), SAS 181 antwortet nicht (1959), Ehesache Lorenz (1959), Haus im Feuer (1959, abgebrochen), Fünf Patronenhülsen (1960), Septemberliebe (1960), Professor Mamlock (1961), Der Traum des Hauptmann Loy (1961), Königskinder (1962), ...und deine Liebe auch (1962), Die Glatzkopfbande (1963), Jetzt und in der Stunde meines Todes (1963), Chronik eines Mordes (1965), Geschichten jener Nacht (Episode »Materna«, 1967), Das siebente Jahr (1969), Anton der Zauberer (1978), Mit Leib und Seele (1988)

Jutta Wachowiak

Geboren am 13. Dezember 1940 in Berlin. Stenotypistin. 1960 bis 1963 Schauspielstudium an der Filmhochschule Babelsberg, 1963 bis 1968 Engagement in Potsdam (u. a. Eliza in »Pygmalion«) und 1968 bis 1970 in Karl-Marx-Stadt (u. a. Luise Millerin in »Kabale und Liebe«). Seit 1970 am Deutschen Theater Berlin (erster großer Erfolg als Sonja in »Onkel Wanja«). Weitere Rollen u. a.: Giacinta in »Die Sommerfrische«, Arkadina in »Die Möwe«, Frau John in »Die Ratten«, Charlie in »Die neuen Leiden des jungen W.«, Yerma, Grete Grüntal in »Der blaue Boll«, Maria Stuart, Aase in »Peer Gynt«, Frau Wolff in »Der Bibelpelz«. Wichtige Fernsehrollen: Babka in »Der Streit um den Sergeanten Grischa« (1968), Grusche in »Der kaukasische Kreidekreis« (1974), danach vor allem unter der Regie von Thomas Langhoff: »Die Forelle« (1976), »Befragung – Anna O.« (1977), »Stine« (1979), »Muhme Mehle« (1980), »Guten Morgen, du Schöne« (1980) und »Stella« (1982). 1995 in Frank Beyers Fernsehfilm »Nikolaikirche« und in Tom Toelles TV-Verfilmung des Hans-Fallada-Romans »Der Trinker«.

DEFA-Kinofilme: Auf der Sonnenseite (1962), Ach, du fröhliche... (1962), Altweibersommer (1962, abgebrochen), Wind von vorn (1962, abgebrochen), Die Glatzkopfbande (1963), Mir nach, Canaillen! (1964), König Drosselbart (1965), Seine Hoheit – Genosse Prinz (1969), Netzwerk (1970), KLK an PTX – die Rote Kapelle (1971), Anflug Alpha 1 (1971), Unterm Birnbaum (1973), ...verdammt, ich bin erwachsen (1974), Blumen für den Mann im Mond (1975), Bankett für Achilles (1975), Sabine Wulff (1978), P. S. (1979), Glück im Hinterhaus (1980), Die Verlobte (1980), Märkische Forschungen (1982), Verzeihung, sehen Sie Fußball? (1983), Ab heute erwachsen (1985), Das Haus am Fluß (1986), So viele Träume (1986), Käthe Kollwitz – Bilder eines Lebens (1987), Fallada – letztes Kapitel (1988)

Angelika Waller

Geboren am 26. Oktober 1944 in Bärwalde. 1963 bis 1966 Ausbildung am Nachwuchsstudio des Deutschen Fernsehfunks Berlin. 1966 bis 1992 Engagement am Berliner Ensemble, hier u. a. als Babette in »Die Tage der Commune«, Kati in »Schweyk im zweiten Weltkrieg«, Valeria in »Coriolan«, Polly in »Die Dreigroschenoper«, Motja in »Zement«, Frau Gabor in »Frühlings Erwachen«, Ludowika in »Der kaukasische Kreidekreis«, Hitler in »Germania«. 1978 Hauptrolle in »Franziska Linkerhand« am Staatstheater Schwerin nach dem gleichnamigen Roman von Brigitte Reimann. 1982 Eva in »Berlin – Alexanderplatz«, 1984 Don Juan in »Don Juan und Faust« (beide Volksbühne Berlin). Rund 140 Fernsehrollen, u. a. in »Rotfuchs« (1973), »Die Frauen der Wardins« (1974), »Daniel Druskat« (1976), »Abschied vom Frieden« (1979), »Marta, Marta« (1979), »Der ungebetene Gast« (1981), »Wilhelm Meisters theatralische Sendung« (1982) und »Johann Sebastian Bach« (1985). Gastspiele mit »Lulu« in Dresden und Bern. Seit 1993 Professorin an der Hochschule für Schauspielkunst »Ernst Busch« Berlin. Eigene Regiearbeiten u. a.: Heiner Müllers »Frauenbilder 1 und 2«, Bruckners »Krankheit der Jugend« (Berliner Ensemble), Wedekinds »Musik« (Chemnitz), Strindbergs »Fräulein Julie« (Potsdam), »Titus« (Hebbel-Theater Berlin).

DEFA-Kinofilme: Die Glatzkopfbande (1963), Das Kaninchen bin ich (1965, verboten, UA: 1990), Schwarze Panther (1966), Geschichten jener Nacht (Episode »Materna«, 1967), Wir lassen uns scheiden (1968), 12 Uhr mittags kommt der Boß (1968), Mord am Montag (1968), Im Himmel ist doch Jahrmarkt (1969), Hut ab, wenn du küßt (1971), Euch werd' ich's zeigen (1972), Unterm Birnbaum (1973), Ein April hat 30 Tage (1979), Der Bruch (1989), Farßmann oder Zu Fuß in die Sackgasse (1991)

DIE AUTOREN

Heiner Carow, Regisseur,
drehte mit Angelica Domröse »Die Legende von Paul und Paula«, »Bis daß der Tod euch scheidet« und »Verfehlung«.

Dr. Bärbel Dalichow, Filmwissenschaftlerin,
ist Direktorin des Filmmuseums Potsdam.

Manfred Freitag
war freischaffender Schriftsteller und Filmautor.
Er verstarb im Juni 1995 in Potsdam.

Fred Gehler, Filmkritiker und -historiker,
ist Direktor des Leipziger Dokumentarfilmfestivals.

Roland Gräf, Regisseur,
drehte mit Hermann Beyer »Bankett für Achilles«, »Märkische Forschungen«, »Das Haus am Fluß« und »Der Tangospieler« und mit Dieter Franke »Mein lieber Robinson«, »Bankett für Achilles«, »P. S.« und »Märkische Forschungen«.

Egon Günther, Regisseur und Schriftsteller,
drehte mit Jutta Hoffmann u. a. »Der Dritte«, »Die Schlüssel«, »Lotte in Weimar« und mit Rolf Ludwig u. a. »Abschied«, »Der Dritte«, »Lotte in Weimar« und »Stein«.

Renate Helker, Filmwissenschaftlerin, ist Mitarbeiterin der FU Berlin und für Rundfunk und Fernsehen.

Renate Holland-Moritz
ist freischaffende Schriftstellerin und Filmkritikerin.

Herwig Kipping, Regisseur,
drehte mit Eva-Maria Hagen »Novalis – die Blaue Blume«.

Wolfgang Kohlhaase ist freischaffender Schriftsteller und Filmautor (»Solo Sunny«).

Stefan Kolditz ist freischaffender Filmautor (»Burning Life«).

Regine Kühn ist freischaffende Filmautorin (»Die Schauspielerin«).

Siegfried Kühn, Regisseur,
drehte mit Hilmar Thate »Die Wahlverwandtschaften« und »Don Juan, Karl-Liebknechtstr. 78«.

Lothar Kusche ist freischaffender Schriftsteller.

Harald Martenstein ist Journalist und Filmredakteur des Berliner »Tagesspiegel«.

Ingeborg Pietzsch ist freischaffende Theaterkritikerin und Buchautorin.

Rosemarie Rehahn
ist Filmkritikerin der »Wochenpost«.

Günter Reisch, Regisseur,
drehte mit Erich Franz »Maibowle« und »Silvesterpunsch« und mit Ulrich Thein u. a. »Spur in die Nacht« und »Anton der Zauberer«.

Dr. Hans-Jörg Rother ist freischaffender Filmpublizist.

Günther Rücker, Schriftsteller und Regisseur,
drehte mit Horst Drinda und Herwart Grosse »Die besten Jahre« und mit Jutta Wachowiak »Die Verlobte«.

Ralf Schenk, Filmjournalist und -historiker,
ist Mitarbeiter des Filmmuseums Potsdam.

Elke Schieber, Filmwissenschaftlerin,
ist Mitarbeiterin des Filmmuseums Potsdam.

Helga Schütz ist freischaffende Schriftstellerin und Filmautorin (»Fallada – letztes Kapitel«).

Rainer Simon, Regisseur,
drehte mit Kurt Böwe »Jadup und Boel« und mit Käthe Reichel »Wie heiratet man einen König«, »Männer ohne Bart« und »Jadup und Boel«.

Jutta Voigt ist Redakteurin der »Wochenpost«.

Margit Voss ist freischaffende Filmkritikerin.

Lothar Warneke, Regisseur,
drehte mit Christine Schorn »Addio, piccola mia«, »Unser kurzes Leben«, »Die Beunruhigung« und »Eine sonderbare Liebe«.

Ulrich Weiß, Regisseur,
drehte mit Uwe Kockisch »Dein unbekannter Bruder« und »Miraculi«.

Heidrun Wilkening, Filmwissenschaftlerin,
ist Mitarbeiterin des Filmmuseums Potsdam.

Klaus Wischnewski ist freischaffender Autor, Dramaturg und Kritiker.

Dr. Dieter Wolf ist freischaffender Dramaturg und Filmwissenschaftler.

BILDNACHWEIS

Die Abbildungen entstammen bis auf wenige Ausnahmen dem Archiv des Filmmuseums Potsdam. Mehrere Generationen von DEFA-Standfotografen sind daran beteiligt. Nicht immer waren deren Namen auf der Rückseite der Bilder verzeichnet. Auch die technische Qualität der zum Teil fast fünfzig Jahre alten Fotos entspricht nicht in jedem Fall den heutigen Maßstäben.

Bundesarchiv-Filmarchiv, DEFA-Archiv (Rücktitel, S. 24, 34, 36, 37, 44, 47, 112, 134, 139, 140, 142, 176, 182, 186, 194, 218, 244)
DEFA-Bangemann (S. 26, 224)
DEFA-Baxmann (S. 61, 159)
DEFA- Werner Bergmann (Titel, S. 31, 50, 116, 124)
DEFA-Blasig (S. 30, 47, 174, 228)
DEFA-Blümel (S. 16, 31, 57, 78, 108, 159, 172, 216, 225)
DEFA-Bredow (Titel)
DEFA-Borst (S. 23, 112, 220)
DEFA-Damm (Titel, S. 160, 165, 170)
DEFA-Daßdorf (Titel, S. 37, 46, 81, 96, 98, 99, 109, 118, 122, 199, 215)
DEFA-Dietrich (S. 56, 168)
DEFA-Ebert (Titel, Rücktitel, S. 13, 82, 86, 90, 91, 103, 114, 123, 151, 154, 165, 210, 241, 246)
DEFA-Erkens (S. 47, 75, 118, 174)
DEFA-Fleischer (S. 120)
DEFA-Goldmann (S. 13, 62, 71, 104, 151, 171, 179, 211, 240)
DEFA-Göthe (S. 90, 170)
DEFA-Hartkopf (S. 81)
DEFA-Hoeftmann (S. 37, 150, 225)
DEFA-Jaeger (Titel, S. 14, 27, 51, 52, 54, 67, 71, 94, 122, 160, 165, 178, 193)
DEFA-Jüttersonke (S. 84)
DEFA-Kilian (S. 64, 132, 220)
DEFA-Kleist (S. 26, 56, 119, 200, 240)
DEFA-Köfer (S. 17, 57, 88, 102, 123, 148, 150)
DEFA-Kowalewsky (S. 61, 74, 133, 144, 206)
DEFA-Kroiss (Titel, Rücktitel, S. 17, 40, 42, 65, 81, 108, 122, 126, 146, 155, 185, 198, 215, 230, 237)
DEFA-Kuhröber (Titel, S. 17, 27, 100, 102, 103, 113, 203, 208, 241, 242)
DEFA-Lück (S. 43, 152, 232)
DEFA-Meister (S. 13, 70, 95, 127, 147, 179, 206, 234)
DEFA-Mühlstein (S. 36, 76)
DEFA-Neufeld (Titel, Rücktitel, S. 30, 58, 72, 74, 130, 138, 178, 207, 214, 216, 235)
DEFA-Pathenheimer (Titel, S. 10, 12, 16, 23, 26, 38, 41, 42, 56, 65, 117, 118, 123, 128, 155, 158, 161, 166, 175, 180, 192, 196, 202, 204, 210, 216, 235, 236, 238, 246)
DEFA-Pufahl (Titel, S. 41, 85, 162)
DEFA-Rambow (Titel)
DEFA-Reinke (S. 51, 190)
DEFA-Schittko (S. 154)
DEFA-Schütt (S. 112, 160, 164, 231)
DEFA-Schwarz (S. 159)
DEFA-Skoluda (Rücktitel)
DEFA-Teschner (S. 22, 31, 61, 98, 108, 113, 127, 139)
DEFA-Wenzel (S. 20, 23, 57, 60, 66, 95, 99, 106, 109, 119, 133, 138, 164, 174, 188, 189, 212)
DEFA-Wunsch (S. 110, 138)
DEFA-Zähler (Titel, S. 18, 192, 237)
DEFA-Zillmer (S. 92, 199, 203, 247)
Bernd Gurlt (S. 136)
Günter Linke (S. 217, 222)
Klaus D. Schwarz (S. 28, 156, 246)

DANK

Herzlicher Dank für die Mitarbeit bei den Fotorecherchen an Frau Susanne Brömsel und Frau Birgit Scholz, Archiv des Filmmuseums Potsdam, sowie an die Mitarbeiterinnen des Bundesarchivs-Filmarchivs Berlin, Benutzungsbereich für filmbegleitende Unterlagen, Frau Kiel, Frau Klawitter, Frau Schulz und Frau Völschow. Dank an Helmut Morsbach, Bundesarchiv-Filmarchiv.

Ebenfalls Dank an die Bundesarchiv-Filmarchiv-Mitarbeiter Frau Teschner und Herrn Berger, die den Autoren noch einmal einige Filme am Schneidetisch vorführten, sowie Frau Martin und Frau Albert sowie Herrn Rudolf Freund für die organisatorische Hilfe. Dank an Frau Jutta Kleinert und Frau Hiltrud Schulz vom PROGRESS Film-Verleih, Frau Sigrid Ritter vom Deutschen Rundfunkarchiv, Standort Berlin, Frau Karin Beewen vom Castingbüro des Filmstudios Babelsberg und Herrn Horst Peter Koll, Redaktion »film-dienst«, Köln.

Für die Erarbeitung der Bio-Filmographien wurden vor allem Texte aus »CineGraph – Lexikon zum deutschsprachigen Film« (Hrsg.: Hans-Michael Bock, Edition Text + Kritik, Hamburg/München 1984 ff.) und »Filmschauspieler A-Z« (Joachim Reichow/Michael Hanisch, Henschelverlag Berlin 1987) herangezogen.

Weitere Quellen: »Das zweite Leben der Filmstadt Babelsberg. DEFA 1946-92« (Red.: Ralf Schenk, Filmmuseum Potsdam, Henschel Verlag Berlin 1994), »Lexikon Theater International« (Jochanan Ch. Trilse-Finkelstein / Klaus Hammer, Henschel Verlag Berlin 1995), »Theaterlexikon« (Hrsg.: C. Bernd Sucher, Deutscher Taschenbuch-Verlag München 1995), »Unsere Filmsterne« (Verlag Junge Welt Berlin 1962), »Mit Leib und Seele. Eine Porträtsammlung« (Helga Schwarz-Stötzer, Berliner Verlag 1990), »Schauspieler Theater Film Fernsehen« (Hrsg.: Renate Seydel, Henschelverlag Berlin 1980).

Herzlichen Dank an alle Schauspieler und Schauspielerinnen, die unserer Bitte um Korrekturen und Erweiterungen ihrer biographischen Angaben entsprachen.

Wie immer bei den Büchern des Filmmuseums gilt unser besonderer Dank Frau Siglinde Rosemann, Stahnsdorf, die auch diesmal die Manuskripte sorgsam und schnell abgeschrieben hat.